公共卫生法学

Public Health Law

李筱永◎主编

中国政法大学出版社

2023·北京

编 委 会

主　编

李筱永　首都医科大学医学人文学院教授　　法学博士

副 主 编

赵晓佩　首都医科大学医学人文学院副教授　法学博士
马　辉　首都医科大学医学人文学院副教授　法学博士

编　委

（以姓氏拼音为序）

常　青　山西医科大学管理学院讲师　　　　医学博士
杜瑞平　山西省政法管理干部学院副教授　　法学硕士
郭飞飞　首都医科大学医学人文学院讲师　　法学博士
乔　宁　首都医科大学医学人文学院讲师　　法学博士
徐　果　北京市朝阳区卫生健康委员会　　　管理学硕士

编写说明

坚持"坚持以人民为中心"是习近平法治思想的核心要义之一。以法律保障人民权益，保障我国医疗卫生事业健康发展是"人民性"的重要体现。党的十八大以来，以习近平同志为核心的党中央把维护人民健康摆在更加突出的位置，卫生健康法治工作坚持把体现人民利益、反映人民愿望、维护人民权益、增进人民福祉落实到卫生健康各领域全过程。2016年《"健康中国2030"规划纲要》强调，"强化覆盖全民的公共卫生服务"。党的二十大报告强调，推进健康中国建设，创新医防协同、健全公共卫生体系，提高重大疫情早发现能力，加强重大疫情防控救治体系和应急能力建设，有效遏制重大传染性疾病传播。深入开展健康中国行动和爱国卫生运动，倡导文明健康生活方式。

习近平法治思想强调"坚持建设中国特色社会主义法治体系"。党的十八大以来，卫生健康法律法规不断完善，形成了以《基本医疗卫生与健康促进法》为基础和统领，由15部法律、35部行政法规及80余部部门规章共同构成的卫生健康法律体系。完善的卫生健康法律体系，为健康中国战略提供法治保障。加强公共卫生法治建设，《突发公共公共卫生事件应对法》《传染病防治法》的制定和修订，为疫情防控取得重大战略成果提供有力法治保障。推进简政放权、放管结合、优化服务改革，提升卫生健康领域治理能力，是在习近平法治思想指引下我国公共卫生法治建设的显著成就。与如火如荼的公共卫生法治建设实践相呼应的是，近几年关于公共卫生的法理研究，尤其是突发公共卫生事件的法治应急应对和国际合作的相关研究成果逐步蔚为壮观。

本书主要分为两部分。总论主要介绍公共卫生法的基本理论、法律渊源和法律体系等问题。分论部分内容比较广泛地覆盖了食品安全法、传染性疾病防治法、非传染性疾病防治法、特殊人群健康保健法、突发公共卫生事件应急和应对法以及国际卫生法等内容。内容设计紧密结合我国当代公共卫生法治建设实践，始终坚持"课程思政"的理念，比较完整地体现了在习近平法治思想引领下我国公共卫生法治建设的重要实践成就和最新研究进展。内容兼具理论性、实践性、时代性，希望奉献给有志于卫生法学研学的师生，以及医药卫生及相关领域的科学研究和实践人士。借此促进我国卫生法学教育课程体系的健全和发展。

本书由李筱永教授主持编写，并负责全书的审稿、统稿。具体的编写分工为：第一章、第二章由赵晓佩编写，第三章由李筱永编写，第四章由郭飞飞编写，第五章由李筱永、马辉、常青、徐果编写，第六章由李筱永、赵晓佩、常青编写，第七章由乔宁编写，第八章由赵晓佩编写，第九章由李筱永、杜瑞平编写。

站在新时期，面临新形势，要坚持党的领导、人民当家作主、依法治国有机统一，更好发挥法治固根本、稳预期、利长远的保障作用，为医疗卫生健康建设事业高质量发展提供坚实法治保障。作为一门与民生福祉及公共健康紧密联系的学科，公共卫生法正随着不断变化的公共卫生环境与经济社会的发展而进行调整与完善。由于编者的水平有限，本书难免存在许多不足之处，敬请广大读者批评指正！

目 录

★ 公共卫生法学总论 ★

★ 公共卫生法学分论 ★

公 共 卫 生 法 学 总 论

第一章　公共卫生法

第一节　公共卫生概述

一、公共卫生的内涵

近代意义上的公共卫生主要起源于 18 世纪末到 19 世纪初。早期的公共卫生主要包括环境卫生与疾病的预防。被誉为英国"公共卫生之父"的查德威克（Edwin Chadwick）提出：要解决疾病和贫穷，必须要先改善环境卫生。受其思想影响，英国十分关注公共卫生问题，英国议会于 1848 年通过了《1848 年公共卫生法》，这是人类历史上第一部公共卫生法律。

20 世纪初，公共卫生已经逐渐发展成为一个具有重要的社会学意义、涉及范围较宽泛的概念。公共卫生是卫生服务的重要组成部分。公共卫生具有公共产品属性，其核心是公众健康，其实施状况直接关系到社会大众的健康水平。

在世界范围内，"公共卫生"都具有丰富的内涵和外延，其涵盖面甚广。美国公共卫生领袖人物耶鲁大学温斯洛教授（Winslow）早在 1920 年就描述了什么是公共卫生。他将公共卫生定义为"通过有组织的社区努力来预防疾病，延长寿命和促进健康和效益的科学和艺术。这些有组织的社区努力包括改善环境卫生，控制传染病，教育每个人注意个人卫生，组织医护人员为疾病的早期诊断和预防性治疗提供服务，建立社会机构来确保社区中的每个人都能达到适于保持健康的生活标准。组织这些效益的目的是使每个公民都能实现其与生俱有的健康和长寿权利"。1952年，上述观点被世界卫生组织接受，一直沿用至今。[1]

1988年，美国理论界普遍接受的定义是："公共卫生使命是确保人民处于健康的状态，实现社会利益。"[2] 1988年，美国医学研究院出版了一份对美国公共卫生法治具有深远意义的报告《公共卫生的未来》，提出"公共卫生是我们作为社会集体而采取的措施，以确保人民能够获得健康的条件"，公共卫生系统应努力完善三项公共卫生核心职能，即"评估卫生状态和卫生需求、制定政策和保证提供必需的服务"。

在《WTO与公共卫生协议案》中，公共卫生被分为八大类：一是传染病的控制，二是食品的安全，三是烟草的控制，四是药品和疫苗的可得性，五是环境卫生，六是健康教育与促进，七是食品保障与营养，八是卫生服务。[3]

从现代公共卫生理念的发展中，我们可以得出两个结论：其一，现代公共卫生的理念历经了传染病防治—公众健康保障—公众健康促进的变化，使得需要通过立法调整的公共卫生疆域不断扩大，公共卫生治理的任务愈加重大；其二，学者们往往采用手段与目的相结合的方式来界定现代公共卫生理念，即公共卫生是公共卫生技术与公共健康的结合。[4]

2003年7月28日，中国副总理兼卫生部部长吴仪在全国卫生工作会议上对公共卫生作了一个明确的定义：公共卫生就是组织社会共同努力，改善环境卫生条件，预防控制传染病和其他疾病流行，培养良好卫生习惯和文明生活方式，提供医疗服务，达到预防疾病、促进人民身体健康的目的。

---

〔1〕 黄建始：《什么是公共卫生？》，载《中国健康教育》2005年第1期。

〔2〕 汪建容、沈洁、何昌龄主编：《用法律保护公众健康——美国公共卫生法律解读》，中国科学技术出版社2008年版，第15页。

〔3〕 C. E. A. Winslow, "The Untilled Fields of Public Health", *Science*, Vol. 51, Issue 1306, 1920, pp. 22-33.

〔4〕 陈云良：《促进公共卫生法律体系向公共卫生法治体系转化》，载《法学》2021年第9期。

二、公共卫生的特点

现代公共卫生最简单的定义为"3P"，即 Promotion（健康促进），Prevention（疾病预防），Protection（健康保护）。现代意义的公共卫生应呈现以下基本特点：

（一）公共卫生的目标在于促进公众健康，延长人群寿命

公共卫生工作的目的是监控和评估健康状况，设计出各种策略和手段来减轻因伤害、疾病和残疾带来的困苦，更为普遍地促进公众的健康和安全。公共卫生措施降低发病率和死亡率，从而在人群层面挽救生命和预防疾病。公共卫生致力于探索人群整体罹患疾病（及健康）的条件及原因，力图确保人民能够获得维持健康的适宜环境。[1]

（二）公共卫生涉及多个学科

公共卫生的学科基础包括流行病学、生物统计学、医学、社会学、心理学等多个学科。

（三）公共卫生不仅涉及技术问题，更体现为社会问题

公共卫生的实施涉及社会的方方面面，因此应加强医防结合和多部门参与，强调社区的广泛参与。[2]

我国政府历来重视公共卫生事业的发展，并在推动该领域发展方面发挥了决定性作用。我国国家基本公共卫生服务项目自 2009 年启动，卫生部颁布了《国家基本公共卫生服务规范（2009 年版）》，在此基础上，专家于 2011 年和 2017 年对该规范进行两次修订和完善，当前为第三版，对基本公共卫生服务内容予以不断完善，以契合社会发展对基本公共卫生服务提出的新要求。当前我国的公共卫生主要包括以下类别：城乡居民健康档案管理、健康教育、预防接种、0~6 岁儿童健康管理、孕产妇健康管理、老年

---

〔1〕［美］劳伦斯·戈斯廷：《公共卫生法的理论和定义》，赵晓佩译，载［美］马克斯韦尔·梅尔曼等：《以往与来者——美国卫生法学五十年》，唐超等译，中国政法大学出版社 2012 年版，第 252 页。

〔2〕龚向光：《从公共卫生内涵看我国公共卫生走向》，载《卫生经济研究》2003 年第 9 期。

人健康管理、慢性病患者健康管理（高血压、糖尿病）、重性精神疾病患者管理、结核病患者健康管理、传染病及突发公共卫生事件报告和处理服务、中医药健康管理、卫生监督协管服务。2009 年，《中共中央 国务院关于深化医药卫生体制改革的意见》提出全面加强公共卫生服务体系建设，对公共卫生体系的构成、功能定位以及发展方向提出了具体要求[1]。深化医药卫生体制改革以来，公共卫生服务体系建设得到大力推进，国家基本公共卫生服务项目和重大公共卫生服务项目全面实施，公共卫生服务和突发事件卫生应急处置能力不断增强，基本公共卫生服务均等化水平不断提高，公共卫生服务体系建设取得明显效果。[2]

2021 年 7 月 13 日，国家卫生健康委、财政部、国家中医药局发布《关于做好 2021 年基本公共卫生服务项目工作的通知》（国卫基层发〔2021〕23 号）明确，2021 年，人均基本公共卫生服务经费补助标准为 79 元。应毫不松懈做好基层常态化疫情防控，优化基层医疗卫生机构预防接种单位服务，推进居民电子健康档案务实应用。各地要依据《国家基本公共卫生服务规范（第三版）》，指导医疗卫生机构通过多种渠道动态更新和完善档案内容，包括个人基本信息、健康体检信息、重点人群健康管理记录和其他医疗卫生服务记录等内容。

2016 年 8 月 19 日至 20 日，习近平总书记在全国卫生与健康大会上强调，健康是促进人的全面发展的必然要求，是经济社会发展的基础条件，是民族昌盛和国家富强的重要标志，也是广大人民群众的共同追求。我们党从成立起就把保障人民健康同争取民族独立、人民解放的事业紧紧联系在一起。改革开放以来，我国卫生与健康事业加快发展，医疗卫生服务体系不断完善，基本公共卫生服务均等化水平稳步提高，公共卫生整体实力

---

〔1〕《中共中央 国务院关于深化医药卫生体制改革的意见》，载中国政府网，http：//www. gov. cn/test/2009-04/08/content_1280069. htm，最后访问日期：2009 年 4 月 7 日。

〔2〕王坤、毛阿燕、孟月莉等：《我国公共卫生体系建设发展历程、现状、问题与策略》，载《中国公共卫生》2019 年第 7 期。

和疾病防控能力上了一个大台阶。经过长期努力，我们不仅显著提高了人民健康水平，而且开辟了一条符合我国国情的卫生与健康发展道路。习近平总书记强调，要坚定不移贯彻预防为主方针，坚持防治结合、联防联控、群防群控，努力为人民群众提供全生命周期的卫生与健康服务。要重视重大疾病防控，优化防治策略，最大程度减少人群患病。要重视少年儿童健康，全面加强幼儿园、中小学的卫生与健康工作，加强健康知识宣传力度，提高学生主动防病意识，有针对性地实施贫困地区学生营养餐或营养包行动，保障生长发育。要重视重点人群健康，保障妇幼健康，为老年人提供连续的健康管理服务和医疗服务，努力实现残疾人"人人享有康复服务"的目标，关注流动人口健康问题，深入实施健康扶贫工程。要倡导健康文明的生活方式，树立大卫生、大健康的观念，把以治病为中心转变为以人民健康为中心，建立健全健康教育体系，提升全民健康素养，推动全民健身和全民健康深度融合。

2020年3月2日，习近平总书记在北京考察新冠肺炎防控科研攻关工作时强调，坚持开展爱国卫生运动。2020年3月29日至4月1日，习近平总书记在浙江考察时强调，要深入开展爱国卫生运动，推进城乡环境整治，完善公共卫生设施，提倡文明健康、绿色环保的生活方式。爱国卫生运动是中国人民的一项伟大创举，是确保人民群众生命安全和身体健康的传家宝。新时代，我们要继续用好这一传家宝，把爱国卫生运动提高到新水平。2020年4月10日，习近平总书记主持召开中央财经委员会第七次会议时强调，要从顶层设计上提高公共卫生体系在国家治理体系中的地位，充实中央、省、市、县四级公共卫生机构，加强专业人才培养和队伍建设，提高履职尽责能力。要改善城乡公共卫生环境，加强农村、社区等基层防控和公共卫生服务。

第二节　公共卫生法概述

2020 年 2 月 14 日，习近平总书记在中央全面深化改革委员会第十二次会议上强调，要强化公共卫生法治保障，要全面加强和完善公共卫生领域相关法律法规建设，要健全公共卫生服务体系。公共卫生法律体系的不断完善是提升国家公共卫生治理水平的重要考量。

2021 年中共中央、国务院发布的《法治政府建设实施纲要（2021—2025 年)》规定，健全依法行政制度体系，加快推进政府治理规范化程序化法治化。加强重要领域立法。积极推进国家安全、科技创新、公共卫生、文化教育、民族宗教、生物安全、生态文明、防范风险、反垄断、涉外法治等重要领域立法，健全国家治理急需的法律制度、满足人民日益增长的美好生活需要必备的法律制度。制定修改传染病防治法、突发公共卫生事件应对法、国境卫生检疫法等法律制度。

公共卫生体系建设是国家医疗卫生建设的核心内容，是事关民生的重要事项。正如 2020 年 9 月 22 日，习近平总书记在教育文化卫生体育领域专家代表座谈会上的讲话中指出的，大力发展卫生健康事业。人民健康是社会文明进步的基础，是民族昌盛和国家富强的重要标志，也是广大人民群众的共同追求。要把人民健康放在优先发展战略地位，努力全方位全周期保障人民健康，加快建立完善制度体系，保障公共卫生安全，加快形成有利于健康的生活方式、生产方式、经济社会发展模式和治理模式，实现健康和经济社会良性协调发展。要坚定不移贯彻预防为主方针，坚持防治结合、联防联控、群防群控，建立稳定的公共卫生事业投入机制，加快理顺体制机制、完善基础设施、提升专业能力，加大疾病预防控制体系改革力度，增强早期监测预警能力、快速检测能力、应急处置能力、综合救治能力。

一、公共卫生法的概念

简言之，公共卫生法是指调整公共卫生活动中形成的社会关系的一系列法律规范的总和。公共卫生法并不是一部法典，而是由一系列不同效力的法律法规组成的体系，从广泛意义上看，它包括所有有关预防疾病、增进和保障公众健康的法律规范。

公共卫生法主要起到如下作用：

（1）促进依法治国基本方略的落实。《中华人民共和国宪法》（以下简称《宪法》）第 5 条第 1 款规定："中华人民共和国实行依法治国，建设社会主义法治国家。"贯彻依法治国，落实法治首先要有法可依。公共卫生领域同样也是如此。

（2）规范公共卫生工作，为确保政府公共卫生职能的有效落实，保障公共卫生事业稳定、健康和有序发展，提供必要的制度保障。

（3）保护公众健康权益，维护社会安定和谐，促进社会与经济的健康和可持续发展。

1989 年《中华人民共和国传染病防治法》（已被修改，以下简称《传染病防治法》）公布并施行，标志着我国公共卫生法制建设进入新时代。目前，我国公共卫生立法已初具规模，为初步形成符合我国国情的公共卫生法律体系提供了条件，为我国公共卫生法制建设奠定了坚实基础[1]。

二、公共卫生法的主要特点

公共卫生法在关于公共卫生问题的规定过程中，呈现出以下主要特征：

（一）不属于严格意义上的国内公法或私法，具有较强的社会法属性

美国学者海伦·克拉克在其所著的《社会立法》（*Social Legislation*）一书中对社会法所下的定义被广为援引，她指出："我们今天所称之'社会法'，这一名词的第一次使用与俾斯麦的贡献有关，他在 1880 年就曾立法

---

〔1〕 姜柏生：《论我国公共卫生法律体系的构建》，载《医学与社会》2005 年第 2 期。

规定社会保障，以预防疾病、灾害、残废、老年等意外事故。其立法意义一方面是为了保护在特别风险下的人群利益，另一方面是为了大众的利益，我们今天使用这一名词必须包括这两个方面的意义。"[1]

从这个著名的论断就可以看出，公共卫生法有着很强的社会法属性，这是公共卫生法在卫生法体系中最根本的特征。具体而言，公共卫生法所具有的社会法特征主要体现在：

（1）在调整对象上，它所涉及的领域并不局限于公法或私法，而是既有公法规范，也有私法规范；公共卫生法体现了公法、私法法域的相互渗透，而不是相互对立。

（2）在内容上，公共卫生法既有个人意思自治的内容，又对私权附以社会义务，对绝对的私权自治进行必要的限制；同时，又与传统公法不同，它并不局限于强制性的行政管理法律关系，而且还有许多服务性、政策性的内容。如个人健康档案的制定，保障母婴健康法律制度的施行等。

（3）在法律原则上，既不能完全适用公法原则，又不能完全适用私法原则。公共卫生的实施既要求政府依法履行义务，同时在一些领域又需要私人的配合。如《中华人民共和国人口与计划生育法》（以下简称《人口与计划生育法》）第2条第2款规定，国家采取综合措施，调控人口数量，提高人口素质，推动实现适度生育水平，优化人口结构，促进人口长期均衡发展。国家提倡适龄婚育、优生优育。在此过程中，既需要各级政府为保障生育质量制定政策，提升服务水平，同时在具体政策执行上又主要依靠行政指导的方式，具体生育问题仍取决于适龄夫妻的意愿，贯彻意思自治的精神，国家不能强制干涉。

（4）在实施保障上，公共卫生法体现了国家责任的基本原则，其往往要求各级政府积极行为，确保公共卫生工作的顺利进行。国家法律义务的履行和实施，是保障公共卫生实效的关键。如《传染病防治法》中对于保

---

〔1〕 吕小平：《对社会法概念的思考》，载《西部法学评论》2012年第5期。

障措施的规定，要求各级政府、相关责任人员在疫情防控中应当合法适当履行义务，提供财政支持，保障传染病防控的效果。

（二）范围广泛，渊源丰富，变动性较强

（1）公共卫生法的社会领域广泛性决定了公共卫生法调整的范围非常广泛。其包括从传染病、流行病防治，到职业卫生、环境卫生等诸多领域的法律法规及其他规范性文件。例如，在传染病与流行病防治方面的法律法规主要有：《传染病防治法》及其实施办法、《中华人民共和国国境卫生检疫法》（以下简称《国境卫生检疫法》）及其实施细则、《突发公共卫生事件应急条例》、《医疗废物管理条例》、《国内交通卫生检疫条例》、《食盐加碘消除碘缺乏危害管理条例》、《病原微生物实验室生物安全管理条例》、《疫苗流通和预防接种管理条例》（已失效）、《血吸虫病防治条例》、《艾滋病防治条例》等。

又如，在职业卫生方面的法律法规主要有：《中华人民共和国职业病防治法》（以下简称《职业病防治法》）、《中华人民共和国尘肺病防治条例》（以下简称《尘肺病防治条例》）、《使用有毒物品作业场所劳动保护条例》、《放射性同位素与射线装置安全和防护条例》等。在食品安全方面主要有：《中华人民共和国食品安全法》（以下简称《食品安全法》）及其实施条例、《乳品质量安全监督管理条例》等。在环境和学校卫生方面的法律法规有：《公共场所卫生管理条例》《学校卫生工作条例》《化妆品卫生监督管理条例》等。

（2）相比于其他法律部门包括卫生法在内，公共卫生法渊源的丰富性更为突出。首先，公共卫生法调整范围的广泛性本身就决定了其渊源的丰富性。其次，公共卫生立法在很大程度上受到各地的社会经济历史传统等具体情况的影响，因此难以用全国性法律予以整齐划一地规范，而应当允许各地及相关部门根据实际情况具体进行变通性规定。最后，公共卫生法所调整的诸如传染病、流行病防治、突发公共卫生事件等事项，本身就随着社会经济与科技发展状况而变动不居，并具有突发性、难以预料性。这决定了公共卫生法既需要高位阶立法，同时也应当允许大量的灵活性更强的规范性文件或政策进行调整。

（3）公共卫生法渊源的丰富性，尤其是它需要有更多的灵活性较强的规范性文件或政策的特点，也同时决定了公共卫生法有着更强的变动性。

（三）具有更强的专业技术性与政策性

公共卫生立法是以与公众健康相关的各种领域广泛的科学与技术作为基础和依据，公共卫生工作也是技术性很强的工作。公共卫生技术性规范一经有权机关通过法定程序制定和颁布，无论是作为国家标准还是地方标准，不仅是评价公共行政活动的规范依据，也是直接用以判断当事人行为是否合法的规范依据。

同时，由于公共卫生法调整范围广泛，受具体的社会经济状况影响较大并具有较强的变动性，又直接关乎公众健康权益这一重大事项，因此决定了公共卫生法具有很强的政策性。

（四）法律关系主体的多样性

公共卫生首先是政府的责任，因而相关的公共卫生机关自然是公共卫生法律关系的不可或缺的重要主体。有关机关根据国家法律法规的规定执行公共卫生公务，并承担相应的法律责任。

其次，公共卫生事业又决定了它不能仅依赖于政府，还需要充分发挥社会公益组织、市场主体和每个公众的作用。他们相应的权利义务同样应当受到法律的规范和调整。例如，公民不仅有义务维护公共卫生状况，而且对于危害公共卫生的行为有权检举和控告，对于重大公共卫生事项有了解、咨询和提出建议的权利，对于有损于公共卫生权益的违法行为还有权依法提起诉讼，并在遭受损害或特别牺牲时有权请求赔偿或补偿。

三、公共卫生法与卫生法

（一）公共卫生法属于卫生法体系的范畴

自 20 世纪 80 年代以来，卫生法的内部体系划分便一直成为众多学者孜孜不倦的研究议题之一。[1] 如王晨光教授在《疫情防控法律体系优化的逻辑及展开》一文中认为，卫生法包括：①医事法，调整和规范医护人员和医疗机构与个体患者之间基于医疗服务而形成的法律关系；应包括医疗服务、医师、医疗机构、医疗秩序、医疗纠纷预防与处理等内容的法律规范。②公共卫生法，调整和规范基于保障群体健康而形成的法律关系和机制；应包括健康促进、健康环境治理、传染病和突发公共卫生事件防控、其他如慢性病职业病等疾病防治内容的法律规范。③健康产品法，调整和规范基于健康产品的研发、生产、流通和使用而形成的法律关系；应包括药品管理、医疗器械管理、食品安全管理、化妆品管理、疫苗管理等方面的法律规范。④医疗保险法，调整和规范基于医疗经费的筹集、分配和使用而产生的法律关系；应包括医疗经费筹资、医疗保险、医疗经费监管等方面内容的法律规范。[2] 有学者认为，卫生法囊括了"基本医疗卫生与健康促进法""公共卫生服务法""医事保险法""疾病预防与控制法""健康相关产品与公共卫生监管法""突发公共卫生事件应急管理法""卫生新科技应用法""卫生环境保护法"和"国际公共卫生法"等 9 个不同类别的医疗卫生法律制度。[3] 亦有学者认为，现代卫生法的法律体系在很大程度上体现了卫生法在历史发展中形成了几个研究领域，具有明显的对应关系，这些领域有着不同的研究重心，形成了现代卫生法的几个主要分支：医事法、药事法、公共卫生法、医疗保障法和医学伦理法。[4]

虽然当前学者们对卫生法的内部体系存在诸多观点，然而可以明确的是：第一，公共卫生法与卫生法是种属关系，公共卫生法为卫生法的下位概念，是卫生法体系中的研究内容之一；第二，无论学者们观点如何，然而卫生法包括公共卫生法与医事法已经达成共识，公共卫生法和医事法构

---

〔1〕 陈云良：《促进公共卫生法律体系向公共卫生法治体系转化》，载《法学》2021 年第 9 期。
〔2〕 王晨光：《疫情防控法律体系优化的逻辑及展开》，载《中外法学》2020 年第 3 期。
〔3〕 吴崇其：《中国卫生法学》，中国协和医科大学出版社 2005 年版，第 1 页。
〔4〕 解志勇主编：《卫生法学通论》，中国政法大学出版社 2019 年版，第 6～9 页。

成卫生法中的核心组成部分。尤其是公共卫生法，随着 2020 年新冠疫情的暴发使全社会对公共卫生法的重视程度大为增加。

（二）公共卫生法与医事法

公共卫生法与医事法既相互区别，又具有内在联系。两者目的一致，都是为了促进和提升公众健康。然而，在具体的调整对象上，公共卫生法更着眼于公共健康的实现，更加关注社会群体的卫生健康问题。医事法更加关注患者个人健康的实现，患方和医方的诊疗法律关系是医事法中最为核心的法律关系。

当然，公共卫生也关注个人，因为个人作为群体的一部分，同时也具备社会性，只有当群体的构成者——个体，在一定程度上免于伤害与疾病时，才能有效保障群体的健康。[1] 例如，传染病防治法律制度的实施无疑是为了保证公共安全和公众健康，因此法律针对感染者和疑似感染者规定了诸多强制性措施，例如《传染病防治法》第 39 条第 1~3 款规定，医疗机构发现甲类传染病时，应当及时采取下列措施：对病人、病原携带者，予以隔离治疗，隔离期限根据医学检查结果确定；对疑似病人，确诊前在指定场所单独隔离治疗；对医疗机构内的病人、病原携带者、疑似病人的密切接触者，在指定场所进行医学观察和采取其他必要的预防措施。拒绝隔离治疗或者隔离期未满擅自脱离隔离治疗的，可以由公安机关协助医疗机构采取强制隔离治疗措施。医疗机构发现乙类或者丙类传染病病人，应当根据病情采取必要的治疗和控制传播措施。上述措施是为了保障公共安全和公共利益，对有关个人的自由权利给予必要的限制。但同时，上述措施的实施，也实现了患者的利益最大化，能够达到保障具体患者健康的效果。事实上，任何保障公共利益的法律制度的实施都是通过作用于个人而实现的。因为公共利益并不是个人利益的简单叠加或组合，而是最终通过保障

----

[1] Lawrence O. Gostin, Lindsay F. Wiley, *Public Health Law: Power, Duty, Restraint*, University of California Press, 2016, pp. 12-14. 转引自陈云良：《促进公共卫生法律体系向公共卫生法治体系转化》，载《法学》2021 年第 9 期，第 17~37 页。

个人利益的形式得以实现。虽然在实践执法层面,"他人"应当是特定的个体,但是在制定法律时,立法者并不能预见未来可能遭受权利侵害的具体个人,只能通过法律制度实现对整个社会的规范,保护的也是所有不确定人的合法权利,因此,必须从普遍的意义上界定受到某种违法行为侵害的所有个人都受到法律某一条款的保护。

在调整方式上,公共卫生法律体系属于行政法的范畴,其调整手段亦主要表现为行政行为,包括但不限于行政指导、行政给付、行政强制、行政处罚等;而医事法则是行政法规范和民法规范的综合体,在主体资质及机构管理层面,属于行政管理范畴,而在医疗活动中,医患双方则往往适用合同法、侵权责任法等民事法律调整。[1]

---

〔1〕 陈云良:《促进公共卫生法律体系向公共卫生法治体系转化》,载《法学》2021 年第 9 期。

第二章 公共卫生法律渊源和效力

第一节 公共卫生法律渊源

一、概念

公共卫生法的渊源，也称公共卫生法的法源，是指公共卫生法律规范的各种具体表现形式。我国公共卫生法的渊源，主要指以制定法为主的各种正式法律渊源。学习公共卫生法的法律渊源，对于全面了解掌握公共卫生法律依据、准确实施和适用公共卫生法，都非常重要。当前公共卫生领域已经基本形成了上有法律、行政法规，下有规章、规范性文件的较为系统的公共卫生法律体系。

二、表现形式

（一）宪法

宪法是国家的根本大法，具有最高的法律地位和效力，是制定法律和其他法规的法律依据。1982年《宪法》第5条第2款明确规定：一切法律、行政法规和地方性法规都不得同宪法相抵触。

我国现行2018年《宪法》对公民健康保护的多项规定，都与公共卫生紧密相关。其中第21条第1款"国家发展医疗卫生事业……开展群众性的卫生活动，保护人民健康"的规定，是公共卫生立法的最主要和直接的宪法依据。第26条规定，国家保护和改善生活环境和生态环境，防治污染和其他公害。该条关于改善生活和生态环境、防治污染的规定与公共卫生问题密切相关。《宪法》第 42 条第 2 款规定，国家通过各种途径，创造劳动就业条件，加强劳动保护，改善劳动条件，并在发展生产的基础上，提高劳动报酬和福利待遇。该条关于国家加强劳动保护改善劳动条件等规定，也与公共卫生法联系紧密。《宪法》第 45 条第 1 款规定，中华人民共和国公民在年老、疾病或者丧失劳动能力的情况下，有从国家和社会获得物质帮助的权利。国家发展为公民享受这些权利所需要的社会保险、社会救济和医疗卫生事业。该条明确了公民在特殊时期的公共卫生权利。

对于《宪法》的上述规定，有必要通过具体的法律法规予以不断落实。

（二）卫生法律

卫生法律是指由全国人民代表大会及其常务委员会制定颁布的有关卫生问题的规范性文件，其效力仅次于宪法。我国《宪法》第 62 条第 3 项规定，全国人民代表大会制定和修改刑事、民事、国家机构的和其他的基本法律；第 67 条第 2 项规定，全国人民代表大会常务委员会制定和修改除应当由全国人民代表大会制定的法律以外的其他法律。民事、刑事法律等基本法律中涉及卫生问题的规定，是卫生领域的重要法律渊源。除此之外，还有大量适用于卫生领域问题的专门法律，这些法律主要由全国人民代表大会常务委员会制定。

迄今为止，我国已经颁布的卫生领域的专门法律包括：《传染病防治法》、《国境卫生检疫法》、《中华人民共和国红十字会法》、《中华人民共和国母婴保健法》（以下简称《母婴保健法》）、《中华人民共和国食品卫生法》（已失效，以下简称《食品卫生法》）、《中华人民共和国献血法》（以下简称《献血法》）、《中华人民共和国职业病防治法》、《人口与计划生育法》、《中华人民共和国水污染防治法》（以下简称《水污染防治法》）、《中华人民共和国精神卫生法》（以下简称《精神卫生法》）等。

2019 年，我国卫生健康领域第一部基础性、综合性法律《中华人民共和国基本医疗卫生与健康促进法》（以下简称《基本医疗卫生与健康促进法》）问世，自2020年6月1日起施行，其对于我国卫生健康法治建设将起到重大作用，该法第16条第1款明确规定国家采取措施，保障公民享有安全有效的基本公共卫生服务，控制影响健康的危险因素，提高疾病的预防控制水平。该法的颁布施行，改变了我国卫生领域分头立法、分散立法的现状。清华大学法律专家王晨光教授说："新颁布的《基本医疗卫生与健康促进法》把现在这个领域当中零散的、分散的、单行的立法，整合成一个系统化的法律体系，在该领域内推行法治，形成法治状态。"全国人大常委会法工委行政法室主任袁杰表示："总的来说，这部法律就是总结我国医药卫生体制改革的经验，落实党中央、国务院在基本医疗卫生与健康促进方面的战略部署，做出顶层的、制度性的、基本的安排。"该法第35条第3款规定：专业公共卫生机构主要提供传染病、慢性非传染性疾病、职业病、地方病等疾病预防控制和健康教育、妇幼保健、精神卫生、院前急救、采供血、食品安全风险监测评估、出生缺陷防治等公共卫生服务。这为明确我国基本公共卫生服务的具体范围提供了法律依据。

（三）卫生行政法规

卫生行政法规是指国务院基于宪法和法律的规定制定的有关卫生问题的规范性法律文件。国务院作为我国最高国家权力机关的执行机关，作为我国的最高行政机关，具有行政法规制定权。《中华人民共和国立法法》（以下简称《立法法》）第72条第1、2款明确规定，国务院根据《宪法》和法律，制定行政法规。行政法规可以就下列事项作出规定：为执行法律的规定需要制定行政法规的事项；《宪法》第89条规定的国务院行政管理职权的事项。其中涉及卫生领域的职权为领导和管理教育、科学、文化、卫生、体育和计划生育工作。行政法规由国务院有关部门或者国务院法制机构具体负责起草，重要行政管理的法律、行政法规草案由国务院法制机构组织起草。行政法规在起草过程中，应当广泛听取有关机关、组织、人民代表大会代表和社会公众的意见。听取意见可以采取座谈会、论证会、听证会等多种形式。

我国当前公共卫生领域的行政法规主要有：《中华人民共和国传染病防治法实施办法》（以下简称《传染病防治法实施办法》）、《中华人民共和国食品安全法实施条例》（以下简称《食品安全法实施条例》）、《公共场所卫生管理条例》、《血液制品管理条例》、《医疗器械监督管理条例》、《中华人民共和国母婴保健法实施办法》（以下简称《母婴保健法实施办法》）、《突发公共卫生事件应急条例》、《医疗废物管理条例》、《艾滋病防治条例》、《中华人民共和国国境卫生检疫法实施细则》（以下简称《国境卫生检疫法实施细则》）、《中华人民共和国烟草专卖法实施条例》（以下简称《烟草专卖法实施条例》）等。

（四）卫生部门规章

卫生部门规章是指国务院部委制定发布的有关卫生问题的规范性文件。部门规章不得与宪法、法律、行政法规相抵触。

目前国务院卫生行政主管部门已制定颁布有：《消毒管理办法》《生活饮用水卫生监督管理办法》《血站管理办法》《卫生行政执法文书规范》《托儿所幼儿园卫生保健管理办法》《公共场所卫生管理条例实施细则》《食品安全国家标准管理办法》《抗菌药物临床应用管理办法》《医疗机构临床用血管理办法》等众多有关公共卫生的部门规章。

（五）卫生地方性法规与地方政府规章

地方性法规、规章在公共卫生法法源中也占有重要地位。它们分别是由《立法法》所规定的省级和地级市一级的地方人民代表大会及其常务委员会、地方人民政府制定的规范性文件。这些规范性文件只能在制定机关管辖范围内有效。地方性法规可以就下列事项作出规定：为执行法律、行政法规的规定，需要根据本行政区域的实际情况作具体规定的事项；属于地方性事务需要制定地方性法规的事项。

目前我国各地已经普遍出台了数量庞大的公共卫生方面的地方性法规和地方政府规章。如，在精神卫生方面，有《北京市精神卫生条例》《上海市精神卫生条例》《浙江省精神卫生条例》《内蒙古自治区精神卫生条例》《苏州市精神卫生条例》《山东省精神卫生条例》等。在人口与计划生育方面，有《青海省人口与计划生育条例》《江苏省人口与计划生育条例》《福建省人口与计划生育条例》《广东省人口与计划生育条例》等。在突发公共卫生事件管理方面，有《北京市突发公共卫生事件应急条例》《乌鲁木齐市突发公共卫生事件应急条例》《广东省突发公共卫生事件应急办法》《珠海经济特区突发公共卫生事件应急条例》。在食品安全方面，有《辽宁省食品安全条例》《广东省食品安全条例》《贵州省食品安全条例》《上海市食品安全条例》等地方性立法。

（六）其他渊源形式

1. 其他规范性文件

其他规范性文件，是指国家机关及被授权组织为实施法律和执行政策，在法定权限内制定的除行政法规或规章以外的决定、命令等具有普遍性行为规则的总称。

2. 卫生健康标准

2019年6月26日，国家卫生健康委发布《卫生健康标准管理办法》（国卫法规发〔2019〕44号）。其中第2条第1款规定，卫生健康标准，是指国家卫生健康委为实施国家卫生健康法律法规和政策，保护人体健康，在职责范围内对需要在全国统一规范的事项，按照标准化制度规定的程序及格式制定并编号的各类技术要求。

根据《卫生健康标准管理办法》，卫生健康标准按适用范围可分为国家标准（含国家职业卫生标准）和行业标准。对需要在全国卫生健康行业及其他有关行业统一的卫生健康技术要求，制定国家标准；对需要在全国卫生健康行业统一的卫生健康技术要求，制定行业标准。卫生健康标准按实施性质分为强制性标准和推荐性标准。保障公众健康安全且法律、行政法规规定强制执行的标准为强制性标准，其他标准为推荐性标准。

卫生健康标准实施后，相应的专业委员会应当根据科学技术发展和社会需要适时进行复审，复审周期一般不超过5年。

虽然卫生健康标准属于技术性规范，其与法律制度不同，并无直接的法律效力，但在具体的执法过程中，它们实际上有着极高的法律效力。因为法律、法规或规章对公共卫生的管理往往只能进行较为一般性、原则性的规定，而具体技术标准则仍要参照这些具体技术标准规范。所以从一定意义上说，只要卫生法律、法规对某种行为作了规范，那么卫生健康标准、规范和规程对这种行为的控制就有了当然的法律效力。而且，有的法律中对卫生健康标准的法律效力给予规定，赋予卫生健康标准法律效力。如《食品安全法》第三章对食品安全标准给予了专门规定，并规定食品安全标准是强制执行的标准。

公共卫生领域因具有强专业技术性的特征，卫生健康标准显得尤为重要。我国当前存在大量的卫生健康标准。如食品方面的，《干果食品卫生标准》（GB 16325-2005）、《油炸小食品卫生标准》（GB 16565-2003）等。涉及生活饮用水的，如《生活饮用水卫生标准》（GB 5749-2022）等。

3. 国际条约

公共卫生法的国际条约法源是指我国参加、承认并内化为国内法的公共卫生公约（条约）。如《国际卫生条例（2005）》是具有普遍约束力的国际条约，我国是该条约的缔约国。《世界卫生组织烟草控制框架公约》（WHO FCTC）于2003年5月21日经世界卫生大会批准，其目的在于倡导国家间的国际合作，控制烟草流行，中国于2003年11月10日正式签署《世界卫生组织烟草控制框架公约》。

4. 法律解释

法律解释包括立法解释、司法解释和行政解释。立法解释，是指享有立法权的国家机关对法律所做的解释。

我国《宪法》第 67 条第 1、4 项规定，全国人民代表大会常务委员会行使解释宪法和解释法律的职权。《立法法》第 48~53 条规定，法律解释权属于全国人民代表大会常务委员会。法律有以下情况之一的，由全国人民代表大会常务委员会解释：法律的规定需要进一步明确具体含义的；法律制定后出现新的情况，需要明确适用法律依据的。国务院、中央军事委员会、国家监察委员会、最高人民法院、最高人民检察院、全国人民代表大会各专门委员会，可以向全国人民代表大会常务委员会提出法律解释要求或者提出相关法律案。省、自治区、直辖市的人民代表大会常务委员会可以向全国人民代表大会常务委员会提出法律解释要求。常务委员会工作机构研究拟订法律解释草案，由委员长会议决定列入常务委员会会议议程。法律解释草案经常务委员会会议审议，由宪法法律委员会根据常务委员会组成人员的审议意见进行审议、修改，提出法律解释草案表决稿。法律解释草案表决稿由宪法和常务委员会全体组成人员的过半数通过，由常务委员会发布公告予以公布。全国人民代表大会常务委员会的法律解释同法律具有同等效力。

司法解释，是指最高国家审判机关（即最高人民法院）和最高国家检察机关（即最高人民检察院）在适用法律过程中对法律应用问题所做的解释。如《最高人民法院、最高人民检察院关于办理危害食品安全刑事案件适用法律若干问题的解释》《最高人民法院关于审理食品安全民事纠纷案件适用法律若干问题的解释（一）》《最高人民法院、最高人民检察院关于办理妨害预防、控制突发传染病疫情等灾害的刑事案件具体应用法律若干问题的解释》《最高人民法院、最高人民检察院关于办理非法生产、销售烟草专卖品等刑事案件具体应用法律若干问题的解释》。

行政解释，是指行政机关做出的，阐明行政性立法和规范的含义，为具体行政执法活动提供明确法律依据的解释。现代社会经济活动快速发展，行政权在任何国家都处于举足轻重的地位，而在此过程中，行政机关不仅执法，也制定了大量的行政性立法，成为规范执法活动的重要依据。公共卫生领域亦是如此。公共卫生法本身就属于行政法的范畴，体现着卫生行政主体对社会公众与卫生有关的行为予以监督的法律关系。卫生行政主体在具体执法过程中，更容易发现法律的疏漏和实践需求，同时因为公共卫生领域具有强专业技术性的特征，卫生行政主体制定了大量的行政性立法，对民众和组织有关公共卫生的行为予以规范，保障公共健康的实现。

第二节　公共卫生法的效力

一、概念

公共卫生法的效力指公共卫生法作为国家意志的法律约束力。具体包括效力等级和效力范围两个层面。

二、效力等级

根据宪法和有关法律的规定，《立法法》确定了法律冲突适用原则，包括上位法优于下位法原则、特别法优于一般法原则、新法优于旧法原则。这些原则同样适用于公共卫生法律。

（一）上位法优于下位法

即下位法与上位法冲突时，以上位法为据，不再适用下位法。

宪法具有最高的法律效力，一切法律、行政法规、地方性法规、自治条例和单行条例、规章都不得同宪法相抵触。法律的效力高于行政法规、地方性法规、规章。行政法规的效力高于地方性法规、规章。地方性法规的效力高于本级和下级地方政府规章。省、自治区的人民政府制定的规章的效力高于本行政区域内的设区的市、自治州的人民政府制定的规章。部门规章之间、部门规章与地方政府规章之间具有同等效力，在各自的权限范围内施行。

（二）特别法优于一般法，新法优于旧法

同一机关制定的法律、行政法规、地方性法规、自治条例和单行条例、规章，特别规定与一般规定不一致的，适用特别规定；新的规定与旧的规定不一致的，适用新的规定。

法律之间对同一事项的新的一般规定与旧的特别规定不一致，不能确定如何适用时，由全国人民代表大会常务委员会裁决。

行政法规之间对同一事项的新的一般规定与旧的特别规定不一致，不能确定如何适用时，由国务院裁决。

地方性法规、规章之间不一致时，由有关机关依照下列规定的权限作出裁决：同一机关制定的新的一般规定与旧的特别规定不一致时，由制定机关裁决；地方性法规与部门规章之间对同一事项的规定不一致，不能确定如何适用时，由国务院提出意见，国务院认为应当适用地方性法规的，应当决定在该地方适用地方性法规的规定；认为应当适用部门规章的，应当提请全国人民代表大会常务委员会裁决；部门规章之间、部门规章与地方政府规章之间对同一事项的规定不一致时，由国务院裁决。根据授权制定的法规与法律规定不一致，不能确定如何适用时，由全国人民代表大会常务委员会裁决。

三、效力范围

法的效力范围指法发生效力的适用范围，主要包括时间效力、空间效力和对象效力。公共卫生法的效力范围也不例外。

（一）时间效力

公共卫生法的时间效力主要指公共卫生法的生效时间、失效时间以及有无溯及力的问题。

公共卫生法的生效包括三种情形：一是确定公布后的特定时间生效，给法律宣传和实施留出时间。如《基本医疗卫生与健康促进法》于 2019 年

12月28日由第十三届全国人民代表大会常务委员会第十五次会议审议通过，同日习近平主席签署第三十八号主席令予以公布，自2020年6月1日起施行。《传染病防治法》于2004年8月28日由第十届全国人民代表大会常务委员会第十一次会议修订，并由第十七号主席令予以公布，自2004年12月1日起施行。二是明确自公布之日起生效。这种情况，法律文件往往会在附则中明确给予规定。如《母婴保健法实施办法》第八章第45条规定，本办法自公布之日起施行。《食品卫生法》于1995年10月30日由第八届全国人民代表大会常务委员会第十六次会议通过，并由第五十九号主席令予以公布，自公布之日起施行。三是不明确规定生效时间，这种情形一般认为自公布之日起生效。

公共卫生法的失效指公共卫生法律文件效力的废止，因特定情形的出现导致法律规定失去法律效力，实践中特定情形往往是由于法律规定的内容不符合现实情况而被废止。公共卫生法的失效包括两种情形：明示失效和默示失效。明示失效指明文规定法律的废止，一是通过新法规定旧法的废止。如2011年《公共场所卫生管理条例实施细则》自2011年5月1日起施行，原卫生部于1991年3月11日公布的《公共场所卫生管理条例实施细则》同时废止。二是通过清理程序集中清理，确定法律的失效。如原国家食品药品监督管理局发布《关于废止和宣布失效的规范性文件目录（第二批）的公告》（国食药监法〔2011〕285号），废止了一批规范性文件的法律效力。默示失效指基于新法优于旧法的原则，新的法律规定生效，旧的法律规定失效。

公共卫生法的溯及力指法对它生效前的行为是否适用。从法理的角度谈，对社会和人们的行为进行指引是法的重要功能和价值，因此人们不可能按照作出某一行为时不存在的法律规定做事，只有法律被公布并且生效后，法律对社会的规范效力才得以实现，人们才能根据生效的法律规范评价并决定自身的行为。因此"法不溯及既往"是重要的法律原则。我国

《立法法》第 104 条规定，法律、行政法规、地方性法规、自治条例和单行条例、规章不溯及既往，但为了更好地保护公民、法人和其他组织的权利和利益而作的特别规定除外。因此，我国确立了法不溯及既往是原则、法具有溯及力是例外的基本制度。如《医疗事故处理条例》在附则第 63 条中明确规定，本条例自 2002 年 9 月 1 日起施行。1987 年 6 月 29 日国务院发布的《医疗事故处理办法》同时废止。本条例施行前已经处理结案的医疗事故争议，不再重新处理。规定施行前已经处理结案的医疗事故争议不再基于新条例重新处理，明确了"法不溯及既往"的基本原则。

虽然法不溯及既往是原则，但《立法法》也明确了为更好地保护公民、法人和其他组织的权利和利益而作的特别规定除外。我国刑法中对于溯及力问题确立了"从旧兼从轻"的原则，如行为发生时的法律规定确定是违反刑法的行为或者制裁较重，而对该行为作出最终判决前新法生效，新法中对该行为在定性和制裁上轻于旧法，则适用新法的规定。"从旧兼从轻"原则在一定程度上承认了刑事法律的溯及力，是鉴于刑事法律的强惩戒性而给予的特别规定，符合立法法关于法律溯及力规定的基本精神。

（二）空间效力

公共卫生法的空间效力指公共卫生法律适用的地域范围。主要有以下情形：一是法律在全国范围内生效，适用于我国领域的全部范围，包括领土、领海、领空和我国延伸的领域范围，如使领馆、悬挂我国国旗的船舶和航空器。卫生法律、卫生行政法规、卫生部门规章一般在全国范围内有效。如《职业病防治法》第 2 条规定，本法适用于中华人民共和国领域内的职业病防治活动。二是在一定地域范围内生效。地方性的卫生法规和规章一般在当地生效。三是公共卫生法的域外效力。特定情形下，我国的公共卫生法律不仅在我国领域范围内有效，还有可能在域外有效。如《国境卫生检疫法》附则中第 25 条规定，中华人民共和国边防机关与邻国边防机关之间在边境地区的往来，居住在两国边境接壤地区的居民在边境指定地区的临时往来，双方的交通工具和人员的入境、出境检疫，依照双方协议办理，没有协议的，依照中国政府的有关规定办理。

（三）对象效力

公共卫生法的对象效力指公共卫生法对何人生效的问题，包括自然人、法人和组织。对象效力主要包括以下原则：一是属人原则。以人的国籍和组织的国别为标准，本国的公民和组织无论在哪里，都受到本国法的约束。属人原则主要确立了本国法对本国公民和组织具有规范效力。具体而言，一些法律针对所有公民有效，如《传染病防治法》《职业病防治法》等；一些法律针对特定主体有效，如《医师法》。二是属地原则。以地域为标准，本国法在本国领域范围内有效，而不论是本国公民，还是外国人、无国籍人，本国组织还是外国组织，只要相关人或组织在本国领域范围内，本国法就有权对其进行管辖。属地原则解决法的适用地域问题。上述两个原则往往综合适用。

第三节　公共卫生法的指导思想和基本原则

法的指导思想和基本原则是指贯穿于法的始终，指导法的制定和实施的思想和基本准则。具体来说，公共卫生法的指导思想和基本原则是指集中反映公共卫生法的本质和精神，指导整个公共卫生法体系，调整公共卫生关系所应遵循的思想和基本准则。公共卫生法的指导思想具体体现为基本原则，而基本原则是公共卫生法的核心和灵魂，具有指导性、普遍性和稳定性。

一、指导思想

（一）管理与服务并重

（1）公共卫生法既要重视调整公共卫生管理关系，也要重视调整相关

27

的公共服务关系，不能偏废。公共卫生有着非常典型的管理和服务并存的特点，而无论是管理还是服务的最终目的，都是为了维护和促进民众的健康权益。因此，不能割裂了管理与服务的联系，使之成为"两张皮"，把管理与服务对立起来，只偏重一端；也不能混淆了管理与服务的不同范畴，机械地用服务代替管理或者用管理代替服务。而要做到这些要求，就需要公共卫生立法提供应有的制度保障。

（2）公共卫生由于事关公共健康这一重大公共利益，因此在维护公众健康所必需的情形下，例如在烈性传染病预防、食品安全、环境卫生等方面，必需设定适当的强制性义务，并认真执行。

（二）政府与社会组织、个人、市场并重

政府对民众承担的公共卫生职责是一项重要的国家义务。但这并不等于政府要大包大揽、越俎代庖。事实证明，没有社会成员积极参与，公共卫生事业会成为政府难以承受的负担，也难以长久。因此，公共卫生法应当充分发挥政府、社会组织、个人以及市场机制的作用，形成合力，合理均衡各相关主体的权利、义务。

总之，凡是个人或单位自己能够解决的，政府不必大包大揽；凡是市场竞争机制能够自行调节的，政府不必进行干预；凡是社会公益组织包括国际公共卫生组织能够提供公共卫生服务或能够自我管理的，政府不必越俎代庖。因此，公共卫生法应当同时重视社会化、市场化原则，尽可能动员最广大的社会力量共同参与公共卫生事业。

（三）与社会经济状况相适应原则

公共卫生的实施应当以国家财政为保障。基于社会经济条件的限制，不同国家、不同地方应当根据自身的社会经济状况适当地制定、实施相应的公共卫生法，不应过高或过低。一方面，允许各国与各地方的公共卫生立法和执法标准根据各自的实际情况有所差异，逐步提高，而不能削足适履，做过高要求。另一方面，也不能以社会经济条件不具备为由，人为降低公共卫生立法或执法的标准，或只考虑部分群体的公共卫生权利，而应随着社会的发展不断提高。

二、基本原则

(一) 平等原则

我国现行《宪法》第 33 条第 2 款明确规定，中华人民共和国公民在法律面前一律平等。这一规定既表明平等是我国一项基本宪法原则，也意味着平等权是我国公民的一项基本权利。《宪法》的这一规定要求，无论是在公共卫生管理还是公共卫生服务中，对所有公民应一视同仁，"相同情形下相同对待，不同情形下根据情形不同的程度予以不同的对待"；而不得采取不合理的差别待遇，侵犯公民平等权。同时，坚持平等原则，并不排除基于合理理由，对特殊地区、特殊群体在具体公共卫生标准上实行特别对待。

例如，在基本公共卫生服务上，每个公民，无论其性别、年龄、种族、居住地、职业、收入，都能平等地获得基本公共卫生服务。主要包括逐步在全国统一建立居民健康档案，并实施规范管理。定期为 65 岁以上老年人做健康检查、为 3 岁以下婴幼儿做生长发育检查、为孕产妇做产前检查和产后访视，为高血压、糖尿病、精神疾病、艾滋病、结核病等人群提供防治指导服务等。

(二) 应急性原则

应急性原则是现代法治原则的重要内容，是指在某些特殊的紧急情况下，出于国家安全、社会秩序或公共利益的需要，行政机关可以采取没有法律依据的或与法律相抵触的措施。应急性原则是合法性原则的例外，但是它并非排斥法律控制。

公共卫生法可以说是应急性原则存在的主要领域。诸如突然发生，造成或者可能造成社会公众健康严重损害的重大传染病疫情、群体性不明原因疾病、重大食物和职业中毒以及其他严重影响公众健康的事件等重大公共卫生事件，正是需要应急性原则发挥作用的典型情形。这些情况的发生会对大众的生命健康、社会秩序的稳定乃至国家安全，造成严重威胁。因此，就完全有必要采取相应的应急措施，即使没有法律规定或与法律相抵触，也应视为有效。由于紧急事件的特殊性，紧急权力经常脱离明确细致的法律规范，以改变常规体制、悬置法律执行、中止某些权利保障等方式灵活运行。[1] 此种做法一定程度上体现了行政应急性原则的基本精神。

对此，我国依照《传染病防治法》的规定，特别是针对 2003 年防治非典型肺炎工作中暴露出的突出问题，专门制定了《突发公共卫生事件应急条例》，以有效预防、及时控制和消除突发公共卫生事件的危害，保障公众身体健康与生命安全，维护正常的社会秩序。2020 年新冠肺炎疫情在世界范围内暴发，这是一场新中国成立以来传播速度最快、感染范围最广、防控难度最大的重大突发公共卫生事件。在对抗新冠疫情的过程中，我国政府始终以"生命至上"为最高指导，展现出了快速反应、积极应对、高水平的突发公共卫生防控能力。同时，疫情也暴露出我国公共卫生应急法律制度、传染病防治法律制度中的一些短板，如新发突发传染病的上报与控制制度、应急物资储备制度、信息公开制度以及防控应急措施等方面存在明显不足，应基于此次疫情防控中的问题，加快相关法律制度的修订和完善，建立常态化的公共卫生防控法律机制，有效保障和捍卫公众健康。

（三）预防原则

预防原则是公共卫生领域的基本原则，因为对于很多公共卫生问题而言，如果预防措施到位，将能在很大程度上降低甚至消灭公共卫生问题出现的频率或可能。因此，防患于未然、加强事前预防工作的实施和监督极为重要。预防原则体现在公共卫生领域的诸多法律规定中。例如《职业病防治法》中关于前期预防和劳动中的防护与管理的规定，用人单位必须采用有效的职业病防护设施，并为劳动者提供个人使用的职业病防护用品，均是为了避免职业病发生而采取的事前措施。如《传染病防治法》第二章

---

〔1〕 孟涛：《紧急权力法及其理论的演变》，载《法学研究》2012 年第 1 期。

专门规定了传染病的预防，要求各级人民政府组织开展群众性卫生活动，进行预防传染病的健康教育，倡导文明健康的生活方式，提高公众对传染病的防治意识和应对能力，加强环境卫生建设，消除鼠害和蚊、蝇等病媒生物的危害，国家实行有计划的预防接种制度、建立传染病预警和监测制度等。对于突发公共卫生事件的预防，《突发公共卫生事件应急条例》中规定的应急预案的制定、突发事件监测与预警系统的建立和完善、物资储备和技术保障，均是突发公共卫生事件的预防举措。

第三章　公共卫生法律体系[*]

第一节　公共卫生法的历史发展

公共卫生法是一个发展的概念。随着医学知识和技术不断进步所带来的人们认知改变，影响健康的因素也处于不断地拓展变化中。不同历史时期的公共卫生法有着不同的含义。回顾公共卫生法历史演变，有助于我们寻找适应公共卫生法发展趋势的规律性内容，博采众长，最终服务于我国的公共卫生法治建设。

一、从朴素的卫生预防措施向警察权力发展

在医学发展早期，人类关于所有传染病的认知程度一无所知。医学界一直认为疾病是通过空气中的"瘴气"进行传播的。"瘴气说"把病因指向了人体的外部宏观环境，潮湿肮脏是一切病因的主要特征。因此采取卫生措施，消除"污秽"是预防传染病发生和传播的唯一途径。公共卫生治理专注于环境改善，而不是隔离。事实上，卫生理念是建立在一项工程而不是一种医疗模式上的。通过建造高效的排污系统，提供清洁的饮用水，护卫清洁的空气，建筑坚固、通风、防潮、光照充沛的住所，以及拓宽街道来减少"污物"和疾病。

---

[*] 本文题为《公共卫生法治的制度逻辑》，发表于《医学与哲学》2021 年第 11 期，作者略有修改。

19 世纪中期，霍乱在全球肆虐。主流的"瘴气说"不能解释霍乱的病因，卫生措施无法控制霍乱的暴发。"现代流行病学之父"约翰·斯诺（John Snow）通过科学调查采取拆除泵柄的干预措施，有效地控制了霍乱的暴发[1]。之后随着霍乱弧菌的分离，人们发现细菌、病毒是致病的原因。"细菌说"标志着人类向微观世界和人体内部寻找病因和解决方案的开端。因此，当时公共卫生实践基础是识别威胁公共卫生的病原体，并控制或消除它们。

在古代，人的生命健康就被认为是不可剥夺和不可侵犯的。但健康只是被认为是关于个人肉体的功能性问题，因此在立法上不会形成对公权力介入的要求和规范。从民法纬度上考虑健康权的体系框架和保护问题，权利内容主要是禁止侵害身体健康，与权利主体对应的义务主体，也仅限于私人，国家对个人健康不承担法定义务[2]。到了近代，关于健康的认识，已不再是单纯的身体问题，而是关乎人格尊严的问题。与此同时，除了在民法领域确立作为人格权的健康权之外，人们开始逐渐关注公共卫生问题。以欧洲为例，1848 年英国议会通过了人类历史上第一个公众健康法——《1848 年公共卫生法》，该法案正式确立了保障国民健康的国家责任，意味着国家由自由放任向干预社会事务的转变[3]。随后的几十年，"公共卫生的立法范围急剧扩大"，而这些立法缺乏整体性，更多的是零敲碎打、带有一定的随意性。这种局面的终结以《1875 年公共卫生法》的出台为标志，该法案被称为"1936 年以前的公共卫生大宪章"。值得注意的是，该法案在某种程度上代表了一个分水岭。当时，国家职能——至少在公共卫生方面——越来越官僚化，并以一种"命令控制"的方式运作。该模式的立法体现之一是强制报告制度的确立。其第 84 条规定，居住有"患有发烧或任

---

〔1〕 朱同宇、张本心：《危机启示录：影响人类历史的传染病》，中国宇航出版社 2003 年版，第 20 页。

〔2〕 邓海娟：《健康权的国家义务研究》，法律出版社 2014 年版，第 62 页。

〔3〕 李广德：《健康作为权利的法理展开》，载《法制与社会发展》2019 年第 3 期。

何传染病人"的"公共宿舍的管理员"应"立即通知地方当局医务人员";同时规定被列为需要呈报的疾病有:天花、霍乱、义膜型喉炎、猩红热等,以及下列有发烧症状的其他疾病:斑疹伤寒、肠热病、产褥期等[1]。立法体现之二是针对天花的强制接种制度。然而,杰弗里·罗斯(Geoffrey Rose)提出的"预防悖论"理论对预防接种制度产生了巨大挑战。疫苗接种可以防止传染病的传播,却没有给每位参与受种的个体带来什么个人利益,尤其是接受免疫接种的个体可能遭受不良反应的风险,在利益与负担的分配上是不公平的[2]。因此,该制度遭到了一些家长的强烈抵制。一些家长宁愿每次选择缴纳罚款,甚至接受监禁,都不愿意让自己的孩子接种疫苗。家长们反对强制接种疫苗的理由各不相同,除了宗教信仰或者对医疗行业不信任的原因之外,他们充满了国家对私人家庭生活干预主义的敌意。同时期,美国发生的具有公共卫生法里程碑意义的"雅各布森诉马萨诸塞州案"[3]意味着强制预防接种制度成为公共卫生治理的重要工具。此后,世界各个国家纷纷制定了公共卫生法案,1953年,法国将各有关公共卫生的法律及法令进行了大规模的汇编并颁布了《公共卫生法典》,主要内容包括:健康保护的一般规定;性与生殖健康、妇女及儿童的健康权利保护;抵抗疾病与毒瘾;公共卫生职业;健康产品;公共卫生机构与部门。[4]该时期确立了命令控制型的传统公共卫生法律规制模式。该时期公共卫生法的定位就是"传染病的预防控制"。规制工具主要是传染病的预防(疫苗接种)、监测(筛查和上报)以及传染病控制的强制隔离这样的"警察权力"。

---

〔1〕 [英]约翰·科根等:《公共卫生法:伦理、治理与规制》,宋华琳等译,译林出版社2021年版,第76~77页。

〔2〕 史军:《公共健康领域权利与善的冲突》,载《学术论坛》2008年第11期。

〔3〕 汪建荣、沈洁、何昌龄主编:《用法律保护公众健康——美国公共卫生法律解读》,中国科学技术出版社2008年版,第42~45页。

〔4〕 解志勇:《卫生法学通论》,中国政法大学出版社2019年版,第354页。

二、从传染病预防控制向疾病治疗发展

"细菌说"对公共卫生立法产生了重大影响。重点从外部宏观环境转移到作为传播媒介的个人成为国际立法的普遍趋势。随着疫苗研发和可有效治疗传染病的抗生素的出现,对公共卫生的主要威胁已经不是传染性疾病。人类开始把注意力转向临床,治疗成了现代医学活动的中心。以治疗为中心开始主导公共卫生。公共卫生的目标仅限于"没有疾病",这显然和公共卫生"提升幸福感"目标相差很远。人们越来越觉得公共卫生是无关紧要的。

当公共卫生运转良好时,其重要性被视为理所当然。立法重点放在治疗医学上,有限的公共卫生立法仍然根植于过时的疾病概念和建立在传统监管模式之上。针对特定的公共卫生威胁,立法机构的反应有限,比如:在烟草对健康的危害方面,英国禁止向儿童出售烟草的立法严重滞后。1921年美国《母婴保护法案》引起的医学领域和公共卫生领域的矛盾证明了同时期的美国与欧洲情况极为相似[1]。与公共卫生法边缘化形成鲜明对比的是,关于环境保护立法的增多。由于环保法对"损害"的定义主要是用生态术语来表示的,而关于对"人"的损害,却没有具体提到健康,因此有学者认为很难将其解释为"公共卫生法"。

同时期著名的"磺胺酏剂致死事件"直接催生了美国对食品、药品和化妆品安全的立法。1938 年美国通过了《联邦食品、药品和化妆品法案》(Federal Food,Drug,and Cosmetic Act,FD&C Act),尽管制药企业担心赋予规制机构太大的裁量权,药品规制机构将变成"至高无上的沙皇",但核心内容"所有新药上市前必须通过安全性审核"还是被保留下来[2]。美国通过立法对药物的疗效和安全性进行把关,也成为公共卫生和临床医学分裂的实证。然而公共卫生法和医事法所依据的基础原理并不相同。医事法

---

〔1〕 曾晓琳:《公共卫生领域中的政府职能研究——以美国公共卫生法为视角》,中共中央党校 2016 年硕士学位论文。

〔2〕 傅蔚冈、宋华琳:《规制研究:第 1 辑》,上海人民出版社 2008 年版,第 154~160 页。

侧重于与个别患者治疗有关的法律结构，法律核心原则强调"保护患者的最大利益"。相反，公共卫生法则侧重于预防疾病和改善人群健康。公共卫生法不是在研究医疗保健作用，而是主要关注确定疾病的根源，并采取适当的法律干预措施。

三、从命令控制规制模式向公共治理模式发展

从20世纪后半叶开始，公共卫生学者认识到人类行为方式会导致疾病，行为干预成为新公共卫生工作的主要内容。面对慢性病，针对传染病的卫生手段无能为力。人们普遍认为，对这些行为风险因素的应对属于新公共卫生的范围，尽管特定行为的公共卫生干预可能极具争议性。防控肥胖措施似乎很难逃避其对个人自主选择的"保姆式国家"干预作风的责难[1]。

传染性疾病往往是急性的，但非传染性疾病是慢性的，因此对卫生系统资源造成更大的压力，加剧了服务和治疗的需求和供应之间不可避免的不匹配。因此，减少慢性病发病率的措施不仅从社会角度来看是必要的，经济原因也是关键的决定因素。

法以社会为基础。从动态意义上讲，社会变迁的规模、深度和速度都可以在法的领域得到反映。法应当及时反映社会的变迁并满足新的需求而加强自身的修改、补充和完善，已成为现代法制的一个基本特征[2]。从传染病到慢性非传染病、从传统公共卫生到新公共卫生，公共卫生的内涵得到进一步扩充。新公共卫生的认识论是建立在预防医学、社会学、社会心理学、卫生经济学、环境卫生、系统分析和政治学等多学科融合的基础上。新公共卫生时代，面对非传染病，隔离传染源、切断传播途径这些针对传染病的传统模式无法发挥作用，在个人自由理念的庇护下——理性人能够做出对自己最有利的决定，使得政府干预公民吸烟行为与不健康饮食习惯等个人行为深受质疑。国家试图在规制和放权之间寻求第三条道路。公共

---

〔1〕 洪延青：《公共卫生法制的视角转换——基于控烟和肥胖防控等新兴公共卫生措施的讨论》，载《环球法律评论》2012年第1期。

〔2〕 季卫东：《宪政新论：全球化时代的法与社会变迁》，北京大学出版社2005年版，第192页。

卫生法突破了行政管理的藩篱，向公共治理模式迈进。公共卫生规制中，除保留必要的传统规制工具之外，引入信息披露、侵权诉讼等新的规制工具，如政府可以要求企业给产品贴标签，告诉消费者如何安全使用、披露产品内容或者材料、向消费者发布健康警示披露特定信息，以此希望相对人在充分掌握信息的背景下做出政府所期待的正确选择。

风险社会背景下，在"新公共卫生"模式中，各国的公共卫生法与2005 年修订的《国际卫生条例（2005）》保持一致，不再针对某些特定形式的疾病，而是针对各种形式的风险[1]，如化学品污染或辐射等。2008 年英国《健康和社会保健法》试图通过对公共卫生威胁，采取"一切危害"的方法进行解释。该法赋予了比传统公共卫生法更广泛的权力。

公共卫生问题不仅可能由自然事件引发，同时也可能来自人为故意，通过人为释放炭疽、埃博拉、禽流感等病毒就有可能造成大面积的疾病暴发。2002 年，美国国会通过《国土安全法》（Homeland Security Act），设立国土安全部（Department of Homeland Security），负责应对包括生物袭击在内的恐怖袭击带来的公共卫生问题，其履行职责的主要方式是协调各个公共卫生主管机构做出应急响应[2]。2006 年，国会通过《大流行和所有危害物准备法》（Pandemic and All-Hazards Preparedness Act），将国家灾难医疗机制的组织实施权转交给卫生和人类健康事务部，由其负责在发生恐怖袭击导致的公共卫生事件时组织包括美国公共卫生服务委任队（Commissioned Corps of the United States Public Health Service）在内的卫生技术人员投入应急响应。20 世纪 90 年代，法国政府吸取"血液污染事件"的教训，于1992 年成立国家公共卫生监督院，其主要任务是加强和协调全国公共卫生监督工作，密切监视公众健康及其变化，对各种危害公民健康因素及疫病流行进行监督调查和危险性评估，并根据调查和评估结果，制定和实施预

---

〔1〕　See Agnew& Alison, "A Combative Disease: The Ebola Epidemic in International Law", *Boston College International and Comparative Law Review*, Vol. 39: 1, pp. 97-128 （2016）.

〔2〕　解志勇:《卫生法学通论》，中国政法大学出版社 2019 年版，第 510 页。

防和控制措施[1]。

四、从疾病预防控制向健康促进发展

随着科技的推动，人们认识到病原体和个人行为方式仅仅是疾病的直接原因，这些致病因素是更为深层次社会因素的映射。个人行为并不是简单的个人选择，是多种因素在组织的各个不同层面上互相作用发挥影响的结果。增加得病或死亡可能性的因素，除了生物学之外，还有心理、社会、环境等因素。按照"社会梯度"理论，社会地位越高的人，他们的健康水平就越高。实践证明，自然和社会环境，生活方式和习惯对健康的影响远远大于生物学因素的影响。

关于健康影响因素的判断使公共卫生陷入泥沼。如果视野过于狭窄，就会被指责公共卫生缺乏远见。这会导致看不到影响健康的根本原因，也无法利用全面的社会、经济、科学工具使人群更健康。但是如果视野过于宽泛，就会被指责为超越和入侵了一个为政治而非科学保留的领域[2]。在此背景下，公共卫生法的范围界定进退两难、争论不休。斯科特·伯里斯教授（Scott Burris）将公共卫生法分为干预性、基础性和附带性法律[3]。其中附带性法律关注影响健康的社会因素，其是否属于公共卫生法范畴争议最大。但是他认为，不喜欢体育运动的个人生活方式选择根源于他所处社区没有提供娱乐休闲场所。因此，政府可以通过城市规划在居民区建立娱乐休闲场所；提供便捷的公交系统，鼓励步行和自行车使用；在学校周围有效安排零售商的分布等措施促进个人健康行为与安全。

为了减少社会决定因素对健康的影响，健康教育和健康促进显然是最有效的办法。通过健康教育改变个人健康素养；通过国家干预改变社会、

---

〔1〕 孙俊：《法国公共卫生管理体制特点简介》，载《中国公共卫生》2000 年第 8 期。

〔2〕 See Lawrence O. Gostin, "A Theory and Definition of Public Health Law", *Journal of Health-Care Law & Policy*, Vol. 10：1, pp. 1–12（2007）.

〔3〕 See Berman & Micah L, "Defining the Field of Public Health Law", *DePaul Journal of Health-Care Law*, Vol. 15：2, pp. 45–92（2013）.

自然环境以及经济条件，从而削弱社会因素对大众及个人健康的不良影响。将健康融入万策，公共卫生法的范围不断丰富与扩大。1961 年为了提升国民健康水平，加拿大颁布了《健康与业余体育法》，明确政府有责任提供给居民参加体育活动的机会[1]。2019 年我国公布的《基本医疗卫生与健康促进法》第六章专章规定了健康促进的内容。经过长期的探索，公共卫生法经历了紧急的预防健康威胁，向常态化的健康权益保障，再向主动促进公众健康几个阶段的发展。

第二节　公共卫生法的性质、概念

一、公共卫生法与卫生法、医事法的关系

公共卫生法与卫生法、医事法、劳动法、环境保护法等之间边界模糊并有重叠之处。若想给公共卫生法下定义并揭明其特质，并不容易。西方学者关于公共卫生法定义的争论一直存在。

马克·罗斯坦（Mark Rothstein）认为公共卫生法即政府的权力、职责及应受到的限制。他将视野限定在传统公共卫生法，国家干预公共卫生的合法范围和界限在于传染病防控方面的监测、筛查、报告和强制隔离等措施。他认为，一旦将干预公民行为方式选择的防治肥胖措施纳入到公共卫生法的调整对象，私人自治领域将会被公权力所干涉和"侵蚀"，他强烈反对将更广泛影响健康的社会生态因素纳入公共卫生法的定义。乔治城大学法学院的劳伦斯·戈斯廷（Lawrence Gostin）在公共卫生法领域造诣颇深。他在 2008 年版定义中保留了其 2004 年版定义的核心特征，但增加了一些内容。两版定义均将美国医学研究所（Institute of Medicine，IOM）于 1988 年

---

〔1〕　姜熙：《加拿大〈国家身体健康法〉和〈健康与业余体育法〉研究及启示》，载《成都体育学院学报》2015 年第 1 期。

提出的关于公共卫生概念中保障人人健康的各种"条件"纳入，同时增加解释，更为清晰地突出了人群视角方向。但是其并未描述哪些"条件"是影响健康的相关因素，这就增加了"公共卫生"的模糊性。其保留的核心特征是：维护公共健康与安全是国家责任。为了实现集体利益，需要国家权力对个体自由与权利加以限制，如报告制度之于隐私权，强制检测或筛查之于自主权，环境标准之于财产权，强制隔离之于行动自由等。但这种权力的行使，必须符合宪法和制定法对国家行为的限制[1]。2008 年版增加的重点内容是明确了公共卫生法的规范目标：社会正义。他赞成对公共卫生进行广泛定义，将影响健康的社会和经济因素纳入其中进行探讨。社会正义要求政府采取系统行动，确保所有社会成员健康状况都能得到改善。根除各类不公平的制度，要体现出对所有国民健康利益的同等尊重，尤其是弱势群体。科学所带来的好处，不能只落到那些有钱人的头上，而应该惠及整个社会[2]。

温迪·马里纳（Wendy Mariner）则从健康权的尊重、保护和实现三个维度对公共卫生法进行分类，将其分为政府对公民健康权有尊重义务的法律，制定安全和健康标准保护国民免受一切健康危害的法律，以及满足人们的健康需求，确保其能充分获得医疗服务的法律。该分类将为患者提供医疗服务视为公共卫生法内容，极大地模糊了卫生法、医事法与公共卫生法之间的界限。

卫生法是公共卫生法更上位的概念是被普遍认可的观点。美国学者斯科特·伯里斯认为卫生法包括公共卫生法、卫生保健法和生命伦理学三部分。公共卫生法包括：疾病控制、事故控制、有害产品控制、有害行为控制、食品安全。卫生保健法包括：职业培训与执照办法、服务质量、医患

---

〔1〕 ［美］劳伦斯·高斯丁等：《公共卫生法：权力、责任、限制》，苏玉菊等译，北京大学出版社 2020 年版，第 18~61 页。

〔2〕 ［美］马克斯韦尔·梅尔曼等：《以往与来者：美国卫生法学五十年》，唐超等译，中国政法大学出版社 2012 年版，第 252 页。

保护、监管与财政、药品问题。生命伦理学包括：对研究对象尊重、技术研发与应用、有关安乐死、人工生殖等的伦理法律问题。我国台湾学者黄丁全认为"医事法学已包括卫生法学，卫生法学已成为医事法学之一部分"，但是黄丁全先生所说的"卫生法"仅指公共卫生法，而非广义的卫生法范畴[1]。国内有学者认为，建构我国卫生法律体系应该以健康权为逻辑起点。宏观上建构强调以基础性保障健康权的卫生立法作为统领；从对健康权的保障方式路径切入，在微观体系上以事前的预防与保障、事中的管理与服务及事后的救济与监督为框架，拟建构一个兼具动态连续性与包容开放性的卫生法律体系。事前的预防与保障法律制度包括：与健康促进相关的法律制度、与突发公共卫生应急相关的法律制度、与卫生公益事业相关的法律制度、与传统民族医药保护相关的法律制度、与环境保护相关的法律制度。事中的管理与服务法律制度包括：与医疗管理与服务相关的法律制度、与医疗保障相关的法律制度、与人体健康有关产品管理相关的法律制度。事后的救济与监督法律制度包括：医疗纠纷处理与医疗损害赔偿法律制度、公共卫生监督法律制度。[2]

公共卫生法不应与医事法相混淆，因为医事法仅适用于为个人提供医疗与外科服务时所涉的法律问题——公共卫生不是医学的一个分支学科，而是自立的学科。医疗关注的是个体病人，其核心是医生诊断疾病并采取措施减轻病症、预防并发症并治愈疾病。公共卫生更关注群体，这一观点的理论依据是公共卫生的基础学科——流行病学与生物统计学。流行病学采用的是一种群体策略，"以控制事件的决定因素，降低危险因子的平均水平，将风险暴露分配转向有利方向"。流行病学关注人群中普发性疾病或伤害的潜在原因，确保在最广泛的人口层面减少疾病的发生与过早死亡的可能性。因此公共卫生领域注重的是疾病与伤害的预防。许多最有力的公共

---

〔1〕 李筱永：《卫生法学的概念及基本范畴辨析》，载《医学与社会》2011 年第 8 期。

〔2〕 刘莘、覃慧：《卫生法理论体系建构的前提》，载《行政法学研究》2015 年第 4 期。

卫生行动都以社区预防与初级预防为导向。其中社区预防的主要内容包括：为减少传染性媒介接触而建立的卫生与废物消除系统，为减少环境性毒性接触而建立的商业管理制度，为防止龋齿而采取的饮用水加氟行动，为减少危险暴露而制定的职业与消费品法规，为保证孕妇、婴儿与学生获得足够的营养而设立安全网项目。初级预防的主要内容包括：为预防传染性疾病而进行疫苗接种，为减少危险行为而开展健康教育，为避免伤害而使用安全带或摩托车安全帽。[1]

二、公共卫生法的调整领域

法律是促进健康的有效工具之一。公共卫生法就是将一般的法律原则运用于公共卫生实践的法律。公共卫生法的逻辑起点是公共卫生。影响健康因素的不同时期观点决定了公共卫生范围，公共卫生法的调整对象随之处于不断拓展变化当中。从最初"瘴气说"的一切外部卫生措施，到"细菌说"的传染性疾病预防控制，到"行为说"的慢性非传染性疾病预防控制，再到"社会生态说"的环境监控、职业健康保护等，现代公共卫生法的调整领域不断延伸。美国学者编纂的现代公共卫生法教材收录的议题包括：传染病防治法（主要研究突发情况下的紧急措施，如隔离以及其他限制自由的措施）、公共卫生监管（如强制医疗信息披露和患者隐私保护、传染病监管、健康保险权利和责任、环境疾病监管、基因检测和生物银行等）、烟草控制（吸烟及其对他人的伤害）、健康促进与教育（包括肥胖控制、体育锻炼等）以及武器枪支管控、核武器、恐怖主义和生物恐怖武器等诸多方面。牛津大学出版社的权威公共卫生法教材将其领域概括为九个方面：遗传学、疫苗接种、食源性疾病、血源性传播感染和性传播感染疾病、烟草使用、生殖健康、环境危害、工伤和职业场所环境。此外，以世界卫生组织《国际卫生条例》为治理框架，并将公共卫生与贸易、人权等

---

〔1〕 ［美］劳伦斯·高斯汀等：《公共卫生法：权力、责任、限制》，苏玉菊等译，北京大学出版社 2020 年版，第 3~16 页。

作一体考虑的全球公共卫生法治实践也成为现代公共卫生法治的重要组成部分。一方面，现代公共卫生法不仅仅是传染病的防控规范，而进一步纵深地扩张到调整包括恐怖袭击、核武器、生物恐怖主义、战争等在内的由现代政治和科技发展所引起的所有突发公众健康安全问题，这一类型的公共卫生法常涉及紧急状态的处理，因而可将这些内容概括为紧急公共卫生法治。另一方面，现代公共卫生法的调整议题也由政府紧急权力的行使扩张到针对个体行为和健康意识引导的健康教育和针对影响健康的社会因素控制所展开的健康促进两个方面。这一类型的公共卫生法可被概括为常规公共卫生法治。[1]

陈云良教授根据公共卫生理念的差异，将公共卫生法划分为公共健康促进法和公共健康保障法。前者旨在于改善个体的内部健康水平，以提升自身对外在健康风险的抵抗能力；后者则通过发现、控制、减少或消除外在影响健康的风险因素，以防止外部风险对健康的损害。在健康保障目的之下，依照主要法律关系之不同，又可划分为公共卫生监督法（行政监督）、公共卫生服务法（行政给付）、公共卫生危机管理法（行政强制）三大领域。公共卫生法可以划分为健康促进、公共卫生监督、公共卫生服务、公共卫生危机管理四大领域。[2]笔者认为，公共卫生监督并不是一个法学概念。法律的实施，不论是守法、执法抑或是司法均需要法律监督。公共卫生监督与其他三大领域并非泾渭分明。而且新公共卫生已经突破了传染病控制，其目标不只是为了应对疾病等不良健康状态，还旨在促进积极的健康状态。根据世界卫生组织前总干事布伦特兰在 2000 年的第五届全球健康促进大会中提出的，健康促进就是要使人们尽一切可能让他们的精神和身体保持在最优状态，宗旨是使人们知道如何保持健康，在健康的生活方式下生活，并有能力做出健康的选择。公共卫生的目标从疾病预防与控制，

---

〔1〕　参见李广德：《我国公共卫生法治的理论坐标与制度构建》，载《中国法学》2020 年第 5 期。

〔2〕　陈云良：《促进公共卫生法律体系向公共卫生法治体系转化》，载《法学》2021 年第 9 期。

扩展到健康促进。随着公共卫生疆域板块的不断扩大，公共卫生服务与健康促进日趋融合成为趋势，以上划分方式显然不够周延。

本书将公共卫生置于不同的情境中，根据公共卫生法的调整对象，将其分为：食品安全法律制度、传染性疾病防治法律制度、非传染性疾病防治法律制度、特殊人群健康保健法律制度、突发公共卫生事件应急和应对法律制度以及国际公共卫生法六个部分。具体而言，食品安全法律制度部分，基于《食品安全法》的具体规定，阐述我国食品安全领域的法律制度；传染性疾病防治法律制度包括生活饮用水卫生法律、公共场所卫生法律、传染病防治法律、艾滋病防治法律、国境卫生检疫法律，分别基于相关法律规定予以具体研究；非传染性疾病防治法律制度主要包括烟草控制法律、职业卫生法律和精神卫生法律；特殊人群健康保健法律制度包括人口与计划生育法律、母婴保健法律、老年人保健法律制度；突发公共卫生事件应急和应对法，基于我国当前突发公共卫生事件应急规定予以阐述；国际公共卫生法主要围绕国际卫生条例展开阐述。

公共卫生法就其性质而言，其研究对象决定了其与行政法的天然关系。然而，从保护在预防疾病、灾害、残疾、老年等特别风险下人群利益的立法意义来看，公共卫生法具有极强的社会法属性[1]。在公共卫生关切的情景下，去审视所有可利用的法律和规制措施，我们坚决反对将公共卫生法局限于诸如行政法之类的某个既定单一法律学科。[2] 公共卫生法需要纵观整个法律领域，考虑到公共卫生的广度，如果它影响到人群健康，就不应将其限定于某个特定的法律领域，或将某个特定的法律领域排除在外。公法模块探讨了宪法、公共行政规则和原则，以此约束和赋予国家及政府行为主体的权力；侵权法模块研究了我们对其他私人主体所怀有合理预期的可能标准；刑法模块解释了什么构成犯罪行为，以及刑事司法系统中承载

---

〔1〕 吕小平：《对社会法概念的思考》，载《西部法学评论》2012年第5期。

〔2〕 ［英］约翰·科根等：《公共卫生法：伦理、治理与规制》，宋华琳等译，译林出版社2021年版，第76~77页。

的强制机制、道德机制如何定义社会标准，并考虑在违反这些标准时回应以相应的惩罚。公众健康需广泛的先决条件，这跨越了多重领域，包括信息（健康交流、广告、标签）、环境（空气、水）、建筑（农村、城市和郊区）和社会经济（税收、支出、住房、贫困）。除了硬法之外，公共卫生治理秉承了"偏软"的模式，它对人群健康也会产生极其重要的影响。为了完成公共卫生法的蓝图，至关重要的是，要理解非公共机构能影响范围广袤的公众，或对公共卫生产生巨大影响，理解这些主体如何被支配，如何自我管理，其权力行使如何影响人群健康，对它们的决策又能施加怎样的约束。[1] 因此，约翰·科根（John Coggon）认为公共卫生法应该被界定为一个研究领域和实务领域。它所涉及法律、政策和规制的一些方面，无论如何理解，它们或者推动了人群中、人群之间和跨人群的健康保护与促进，或者构成了相应的约束。[2]

第三节　公共卫生法的核心价值

一、健康责任主体均衡性

按照古典的自然权利理论的观点：政府负有护卫公众健康的永恒责任。然而鉴于政府对公共事务的大包大揽以及科层式体制惯例的必然结果是规制的低效和政府的失灵，于是出现了公共卫生服务的私有化，政府在提供公共卫生方面的作用日益减弱，政府同意改革限制竞争的法律等趋势，国家将健康责任向各种责任主体分摊。政府机构的职责不是一定要直接采取行动来护卫人群健康，有时还得与各种公私机构结成伙伴关系，来共同促

----

〔1〕 ［英］约翰·科根等：《公共卫生法：伦理、治理与规制》，宋华琳等译，译林出版社2021年版，第130~131页。

〔2〕 ［英］约翰·科根等：《公共卫生法：伦理、治理与规制》，宋华琳等译，译林出版社2021年版，第132页。

进公共卫生事业的发展。医疗保健机构负有收集并向公共行政部门报告信息的义务，为人们接种疫苗，治疗对公众构成威胁的传染病人，并提供一系列的服务来改善社区健康（例如母婴保健、计划生育、应急服务等）；科研机构负责在传染病防控中找出病原体、探清传播途径和规律，研发检测试剂、预防疫苗和治疗药物等；企业在促进职工及当地居民健康方面发挥重要作用，如工人的健康（例如工作场所安全与风险暴露）、自然环境（例如有毒或污染物质的排放）、物理环境（例如绿色空间）；新闻与娱乐媒介能塑造舆论并影响决策，对于人群健康有着至关重要的影响。健康行为的知识，依靠媒体传播，在发生公共卫生紧急状态时，更需要媒体传递信息。

片面强调政府责任，忽略公民个体的责任担当，难免陷入"福利陷阱"。在国家健康保障职责之外，赋权公民个人参与公共卫生事业和健康管理并要求其承担相应的责任，应当是未来立法的一项重要内容。立法应该赋权公民参与公共卫生事务治理活动，通过建立相应的法律程序，反映和吸纳公民健康保障诉求。强调个人的公共卫生责任在伦理方面具有一定说服力，即人们负有保护和促进自身健康的社会责任。《英格兰国民医疗服务体系章程》第三部分"患者和公众"中规定：国家医疗服务体系属于我们所有人，我们可以为自己、为彼此做一些事情，以帮助国民医疗服务体系有效运作，并确保负责任地利用资源。区别于对公共卫生机构工作人员责任的规定，章程均运用了"请"这一礼貌用语。"请认识到，您可以为您自己和家人的健康和福祉贡献良多，并为个人健康承担责任"；"请参与诸如接种疫苗之类的重要公共卫生项目"。

综上，国家可以将一些公共卫生服务任务交由非国家行为主体执行，但是国家负有监督责任，负有积极促其履行健康保障义务并实现公共福祉之责任。当非国家行为主体无法实现目标或者规制失灵时，国家就应该承担最终的"网罗责任"[1]。在担保国家下，国家对承担具体结果的责任越来越少，特别是对公民需求的直接执行；在问题解决的处理上，国家却不断增加他人（特别是私人）的参与，并确保处理问题方法的可操作性，使担保国家得以完全及部分地替代执行福利国家与干预国家。担保国家概念主张虽非必然的均由国家承担该公共任务，但任务却得借由民间私人及社会力量去完成；此时，国家应对该公共任务之确实完成，负起担保责任。[2]

二、规制工具多样性

为了预防伤害和疾病，促进公众健康，政府有许多"杠杆"，法律干预是非常有效的。同时，法律干预可能会引起争议，引发重大的道德、社会、宪法和政治问题[3]。要实现维护公众健康的目的，就必须对各种造成了不可接受风险的私人活动加以束缚。然而行为人有时系以关于自主权、选择权或者不受政府干预的自由的哲学论说为依据对政府的规定进行抵制，企业时常主张政府干预不符合经济学原则，极力鼓动政界取消强制标准。

英国生命伦理学智库纳菲尔德生命伦理学理事会提出的"干预阶梯"（intervention ladder）理论[4]为不同公共卫生政策的可接受性和正当性提供了一种新的思考方法。干预的措施从轻到重依次为：①什么都不做或只是监控当前的情况；②提供信息，宣传和教育公众。例如作为运动的一部分，鼓励人们多走路或每天吃五份水果和蔬菜；③支持选择，使个人能够改变他们的行为。例如通过提供国民健康服务的"戒烟"计划，建设自行车道，或在学校提供免费水果；④通过更改默认策略来指导选择，例如在餐馆里，菜单可以改变，不再提供薯片作为标准配菜，而是提供更健康的标准选择；

---

〔1〕 苏玉菊：《"新公共卫生"法律规制模式研究：基于治理的视角》，法律出版社2015年版，第234页。

〔2〕 李翔甫：《担保国家理念下警察任务之公私协力》，台北大学2020年博士学位论文。

〔3〕 Lawrence O. Gostin, "The Future of Public Health Law", *American Journal of Law & Medicine*, Vol. 12：3，pp. 461–490 (1986).

〔4〕 参见纳菲尔德生命伦理学理事会：《公共卫生：伦理问题》，载《生命伦理学通讯》2009年第1期。

⑤通过激励来引导选择。可以通过财政和其他激励措施来指导选择，例如为购买自行车提供税收优惠；⑥通过抑制来引导选择。可以采取财政和其他方面的抑制措施来影响人们不去从事某些活动，例如，出售像烟草、酒精饮料这样的危险商品，政府则课加重税；⑦限制选择。管制的方式是限制人们为保护自己而提供的选择；⑧消除选择。以完全消除选择的方式进行管理，例如强制隔离传染病患者。

干预阶梯理论巧妙地概括了公共卫生治理方法的范围。并不是所有的问题都需要选择法律规范体系来作为解决问题的手段。随着公共卫生措施对权利限制的干预程度越来越强、持续时间越来越长，以证明行动的正当性理由就要越来越充分。只有当有明确证据表明，一项更具干预性的政策举措将产生的预期效果，能与可能导致限制的自由相抗衡时，公众才可能接受它。我们尽力回避强制性规制工具的争议，试图寻求通过更温和的治理方式来实现良好的政策目标。我们有充足的理由选择采取一种家长式的政府干预方式，在不剥夺选择自由的情况下，促进个人和集体利益。在助推理论（nudge theory）影响下，被他们描述为"真正的第三条道路——一条可以突破当代民主中最不容易驾驭的辩论主题的道路""自由主义式的家长制"的道路可以实现自由主义理想和福利国家目标的兼容。与传统的家长式统治的工具（如授权、禁令、税收）不同，推动改变选择环境（或选择架构）选项，运用相同的认知偏差和功能障碍的影响，以可预见的方式改变人们的行为，而不禁止任何选项或显著改变他们的经济动机。与传统规制模式相比，助推并不具有强制性。例如，为了在不排除任何选择的前提下，在员工中推广健康饮食，经理选择把更健康的食物放在货架的最前面，在最好的光线下，虽然顾客可以自由选择光线差、够不着的布丁，但经理会利用人们的懒惰倾向和灯光明亮的物品看起来更美味的错觉，引导他们做出更健康的选择。这样的"选择架构"有利于更好的健康结果，而不会侵犯人们选择不健康选项的权利[1]。简而言之，就像用胳膊肘轻轻地推别人，而不是用刀枪逼着别人去选择，政府可以通过一种更隐性的政策实现既定目标[2]。

综上，公共卫生的规制模式，其范围包括具有强烈的规范性、强制性的干预以及近乎完全放任的干预形态。在此范围的一端是所谓的命令和控制型规制，这种规制是规范性的（规范私人主体从事或不得从事某种行为）和强制性的（通过惩罚的威慑来获得遵从）；此范围的另一端是自愿性的和自我规制的，间接规制模式，例如侵权责任和税收，也可以被包含在此范围中。侵权诉讼是减少损害和疾病负担的一种有效工具。总检察长、公共卫生机构以及普通公民可以诉诸民事诉讼以救济各种公共卫生损害：环境破坏；暴露在有毒物质中；不安全的医药品、疫苗或医疗器材；危险物品；瑕疵产品；已经市场上销售的貌似健康实则劣质的食品和饮料。这种责任会阻止有害行为的实施并鼓励安全措施的创新。侵权诉讼也可以是为实现公共卫生的目标，通过提高人们的健康和安全风险意识，让公众通过披露程序来获悉更多的产业行为信息，并提高创建或加强广泛监管制度的政治意愿。[3]

三、风险预防为导向

随着时代演变与社会发展，尤其是科学与技术的进步，国家活动从维持现状转换为计划未来，目前正呈现出新的面貌。由于新技术的使用，即核技术、信息技术、遗传技术与新化学物质之使用，造成多方面远超过工业化第一阶段所带来危害之风险，该危害经常超出人感官上的知觉，或需要经过一段长时间，或在遥远宽广的空间，方能感受到其作用之影响；其

---

〔1〕 Sherzod Abdukadirov, *Nudge Theory in Action：Behavioral Design in Policy and Markets*, Springer International Publish, 2016, pp. 13-14.

〔2〕 王湘红、范智伟：《助推政策优于"自由放任"和"一刀切"》，载《中国社会科学报》2014 年 12 月 10 日，第 3 版。

〔3〕 ［美］劳伦斯·高斯丁：《公共卫生法：权力、责任、限制》，苏玉菊等译，北京大学出版社 2020 年版，第 18~61 页。

所带来的危害，以现今科技知识体系并不能进行自我规制。此外，开放的公民社会，更需考虑潜在的风险已经广泛地散播。安全已提升为国家首要的新任务，且为 21 世纪国家正当性存在的基础，且该任务之实现，并非仅是追求国家物质上的富有，更升华为人权主体地位之要求。在此基础上，国家已经不能利用传统的危害防止手段保障社会安全，此乃该手段对已经发生之危害采取防止措施，从而透过安全措施即可予以控制及遏止。但对于新技术与公众聚集及空间范围宽广所存在之潜在风险，在缺乏经验且难以运用新科技加以避难模拟检视并分析下，是无法精确制定出防范该危害发生或确保该危害不发生之规定的。因此，国家任务就从维持或回复现状之无干扰状态为目的的危害防止，转向为以未来为目标之调控社会的科技变革过程中的风险预防。

公共卫生预防可以被界定为，为了避免伤害或疾病所做的干预。公共卫生最为有力的措施大多指向的都是预防：接种疫苗之于传染病，健康教育之于风险行为，氟化作用之于龋齿，安全带或摩托头盔之于交通事故，等等。然而我们发现无论是预防接种还是健康教育，这些举措针对的都是已知的危险。现代社会的治理是建立在可知与可控之上，针对突发"不明原因"的风险，防控模式是模糊的。[1]。

对于风险，尽管传统的"危险消除模式"规制方式陷入困境，但我们不能裹足不前，我们应该积极地面对现实的需要，寻找更好的应对措施。我们应该坚持风险预防原则。预防原则专注于风险的可能根源，其目标在于通过公共机关的管制来干预危险源，进而影响人们的行为，最终使损害得以避免。这意味着立法设计的重点发生了变化，它试图在可能的危机初露端倪时就通过防范措施在萌芽状态使其得以遏制[2]。然而，由于风险通

---

〔1〕 颜厥安：《鼠肝与虫臂的管制：法理学与生命伦理探究》，北京大学出版社 2006 年版，第143 页。

〔2〕 张恩典：《"司法中心"环境权理论之批判》，载《河南大学学报（社会科学版）》2015年第 3 期。

常是不确定的、无法预见的、偶然发生的，因此对特定领域风险的预防极其复杂，充满争议，不具有清晰明确的特性，而只能确立一种相对客观和具体的标准[1]。风险评估通常是在科学不确定的情况下进行的，尽管如此，在可能的范围内，风险评估应基于客观、可靠的科学证据。是否采取防控措施？采取何种防控措施？需要评估四个方面：风险的性质、风险的持续性、风险导致危害发生的可能性、危害的严重程度。这属于技术性评估。此外采取的任何防控措施都会涉及个人负担和社会成本，这属于政策性评估[2]。政策性评估显然比技术性评估复杂。是否需要干预往往需要在相互竞争的风险之间进行权衡。因为当政府干预以减少一种风险时，它可能会增加另一种风险。例如政府制定需要化学消毒的饮用水标准，该干预措施降低了暴露于水传播病原体的风险，但可能增加癌症风险。另外，政府的干预措施是否合理需要考虑该措施对个人负担和社会成本的影响程度。如果影响程度小，那么干预的证明程度就会降低。相反，证明程度就要高。

---

〔1〕　王旭：《论国家在宪法上的风险预防义务》，载《法商研究》2019 年第 5 期。

〔2〕　陈越峰：《从形式合法到裁量正义——传染病防治中限制人身自由措施的合法性证成》，载《政治与法律》2011 年第 10 期。

| 公 | 共 | 卫 | 生 | 法 | 学 | 分 | 论 |

第四章　食品安全法

　　国以民为本，民以食为天，食以安为先，安以法为基。人类对食物的第一要求就是安全。从古到今，人类对食物安全的探索从来就没有停止过，同时，食物不安全因素对人类的威胁也从未中断过。食品安全关系人们的身体健康和生命安全，食品安全也是保护人类健康，提高人类生活质量的基础。目前，食品安全已成为全球性的重大问题，并越来越受到世界各国政府和消费者的高度重视。2019 年，国际食品安全会议、国际食品安全与贸易论坛重申了食品安全对实现可持续发展目标的重要性，指出各国政府应当将食品安全作为一项公共卫生重点。

　　在我国经济快速发展的今天，虽然人们的生活水平得以极大提高，生活方式不断发生变化，但原有的食品不安全因素依然存在，新的食品不安全问题还在不断涌现。前些年，危及人们健康和生命安全的重大食品安全事件屡屡发生："苏丹红""霉青菜""瘦肉精""三聚氰胺奶""牛肉膏"等，数不胜数。这些形形色色的食品安全事件大幅降低了老百姓对食品安全的信任程度，食品安全问题已经成为人们最为关注的问题之一。针对食品安全问题，我国施行"重典治乱"，通过《食品安全法》，落实"最严谨的标准、最严格的监管、最严厉的处罚、最严肃的问责"要求，建立食品安全现代化治理体系，提高从农田到餐桌（From Farm to Table）全过程监管能力，提升食品全链条质量安全保障水平，让人民吃得放心，确保人民群众"舌尖上的安全"。

第一节　食品安全法概述

一、食品及食品安全

（一）食品

1. 食品的含义

什么是食品？正如圣·奥古斯丁说，时间是什么？如果无人问我我则知道，如果我欲对发问者说明，则我不知道。对食品下定义，也并不容易。食品是一个动态的概念，作为物质，它与经济社会发展、社会习俗文化等均有密切的关系，不同的年代，食品的含义也不尽相同。

古人曰："食，命也"，意思是说，凡是能够延续人体生命的物质，都称之为食品。我国《现代汉语词典》将"食品"定义为商店出售的经过加工制作的食物。美国《联邦食品、药品和化妆品法案》中将"食品"定义为：人或动物食用或饮用的物品；口香糖；用作以上物品构成的材料。加拿大《食品与药品法》（Food and Drugs Act，FDA）将"食品"定义为：包括经过加工、销售及其直接作为食品和饮料为人类消费的物品，口香糖和以任何目的混合在食品中的各种成分及原料。欧盟有关食品安全监管的第178/2002号法规中对"食品"的定义是：不论是否加工、部分加工或者是未加工过的任何用于人类或者可能被人类摄入的物质或产品[1]。《日本食品安全基本法》适用排除法界定食品，将"食品"定义为：除《药事法》规定的药品、准药品以外的所有饮食物。[2] 国际食品法典委员会（CAC）将"食品"定义为：用于人食用或者饮用的经加工、半加工或者未经加工

---

〔1〕　钱永忠、王芳：《"农产品"和"食品"概念界定的探讨》，载《科技术语研究》2005年第4期。

〔2〕　蒋慧：《论我国食品安全监管的症结和出路》，载《法律科学（西北政法大学学报）》2011年第6期。

的物质，并包括饮料、口香糖和已经用于制造、制备或处理食品的物质，但不包括化妆品、烟草或者只作为药品使用的物质[1]。

我国 1995 年《食品卫生法》对"食品"的定义为：指各种供人食用或者饮用的成品和原料以及按照传统既是食品又是药品的物品，但是不包括以治疗为目的的物品。我国《食品安全法》沿用了《食品卫生法》中关于"食品"的定义，将"食品"定义为：各种供人食用或者饮用的成品和原料以及按照传统既是食品又是中药材的物品，但是不包括以治疗为目的的物品。"按照传统既是食品又是药品的物品，但是不包括以治疗为目的的物品"，作这样的规定主要是将"食品"与"药品"进行区分。《中华人民共和国药品管理法》第 2 条第 2 款规定，本法所称药品，是指用于预防、治疗、诊断人的疾病，有目的地调节人的生理机能并规定有适应症或者功能主治、用法和用量的物质，包括中药、化学药和生物制品等。其中，我国中药包括中药材、中药饮片、中成药。中医药学在中国有着悠久的历史，"医食同源，食药同用"一直沿袭到现在。在传统中医实践中，一些物品既是药品，又具有相当长食用历史，在加入食品中时是作为食品原料加入的，如山药、山楂、金银花、天麻、三七等[2]。我国的食品不仅包括经过加工制作的能够直接食用的各种食物，还包括未经加工制作的原料，囊括了农田到餐桌的整个食物链中的食品。另外还包括按照传统既是食品又是药品的物质，但是不包括以治疗为目的的物品，保健品属于食品。根据我国《食品安全法》的定义，食品应具有以下特征：①食品是供人类所用的物品，而非动物或其他所用物品；我国的定义不同于美国《联邦食品、药品和化妆品法案》规定，美国的食品定义是供人或动物饮食的；②食品是供人类食用或者饮用的物品，而非其他衣、住、行所需物品；③食品包括食物成品、原料，也包括按照传统既是食品又是药品的物品，但是不包括以

---

〔1〕 倪楠、舒洪水、苟震：《食品安全法研究》，中国政法大学出版社 2016 年版，第 4 页。

〔2〕 参见原卫生部于 2002 年 3 月公布的《关于进一步规范保健食品原料管理的通知》。

治疗为目的的物品。

2. 食品与农产品

《现代汉语词典》中"农产品"是指：农业中生产的物品，如稻子、小麦、高粱、棉花、烟叶、甘蔗等。《中国大百科全书（农业）》将农产品分为广义和狭义，广义的农产品包括农作物、畜产品、水产品和林产品；狭义的农产品则仅指农作物和畜产品。《中华人民共和国农产品质量安全法》（以下简称《农产品质量安全法》）中"农产品"，是指来源于种植业、林业、畜牧业和渔业等的初级产品，即在农业活动中获得的植物、动物、微生物及其产品。美国农业部把"农产品"定义为耕作或放牧活动所形成的产品，如乳品业、养蜂、水产业、家畜和禽蛋的生产，以及任何同类活动或类似活动所形成的副产品。《中国和美国关于中国加入世界贸易组织的协议》中，美国把来源于农业的未加工和已经加工的产品全部以农产品的形式加以命名和进行贸易上的谈判，"农产品"包括：谷物及其谷物产品、棉花等纤维类农产品、奶及其奶制品、动物及其动物产品、油脂产品、鱼类产品以及林业产品等。《加拿大农产品法》第2条第2款中，将"农产品"定义为：①动物、植物或动植物产品；②整个或部分来自动植物的产品，包括任何食品和饮料，或③本法案规定的产品。日本《农林产品标准和正确标识法》将"农林产品"定义为以下项目中所提到的产品：①饮料、食物、油料和脂类；②农产品、林产品、畜产品和水产品，以及用这些产品作为原料或成分的加工产品。联合国粮农组织（FAO）将农产品分为广义农产品和狭义农产品两类，其中广义农产品包括：农作物（粮食和经济作物）、水产品、畜产品、林产品；狭义农产品则主要指粮食、水产品、畜产品，以及经济作物中的橡胶、纤维等[1]。

从以上定义可以看出，"农产品"和"食品"两者的概念没有科学意

---

〔1〕 钱永忠、王芳：《"农产品"和"食品"概念界定的探讨》，载《科技术语研究》2005年第4期。

上的明确界定，两者在许多方面难以划分。"农产品"概念的范围较大，农产品不仅包括农业的源性产品，还包括其源性产品的加工品和制成品；从农产品用途上看，不仅包括来源于农业的可食用的产品和制成品，还包括来源于农业的非食用产品和初级加工品。

对于食品包不包含可以直接食用的初级农产品，我国理论界学者有不同的看法。有些学者根据《食品安全法》第2条第2款"供食用的源于农业的初级产品（以下称食用农产品）的质量安全管理，遵守《中华人民共和国农产品质量安全法》的规定"，认为我国食品安全法中的"食品"隐含着"经加工"的条件，未加工的可食用的农业源性产品属于"农产品"，经过加工的可食用的农业源性产品的加工品和制成品属于"食品"。[1] 笔者认为，我国《食品安全法》将食品定义为各种供人食用或饮用的成品和原料以及按照传统既是食品又是药品的物品，并没有要求"加工条件"，《食品安全法》第2条第2款的规定只是为了从法的调整范围进行划分，因为我国同时还存在《农产品质量安全法》。从《食品安全法》第2条第2款"但是，食用农产品的市场销售、有关质量安全标准的制定、有关安全信息的公布和本法对农业投入品作出规定的，应当遵守本法的规定"也可以看出，立法其实没有将可食用的初级农产品排除在"食品"的范围外。

（二）食品安全

食品安全是人们对食品的首要要求。食也，命也，食品安全关乎人的生命健康。随着食品安全事件的不断爆发，食品安全问题已经成为人们最为关注的问题之一。食品安全的概念是一个不断发展的概念，人们对食品安全的理解也是一个逐渐发展的过程。

1974年11月，联合国粮农组织在世界粮食大会上通过了《世界粮食安全国际约定》，在国际上第一次提出了"食品安全"的概念，指的是食品的数量安全，是从数量上满足人们基本需要的角度提出。1984年，世界卫生

---

〔1〕 曾祥华等：《食品安全法新论》，法律出版社2016年版，第3页。

组织在《食品安全在卫生和发展中的作用》中把"食品安全"与"食品卫生"等同，定义为："生产、加工、储存、分配和制作食品过程中确保食品安全可靠，有益于健康并且适合人消费的种种必要条件和措施"。1996 年，世界卫生组织发表的《加强国家级食品安全性计划指南》中将食品安全定义为"对食品按其用途进行制作和食用时不会使消费者受到损害的一种担保"。2003 年，联合国粮农组织，世界卫生组织将食品安全定义为：食品安全是指所有那些危害，无论是慢性的还是急性的，这些危害会使食物有害于消费者健康。[1] ISO22000：2005《食品安全管理体系——对食品链中的任何组织的要求》对食品安全定义为：食品按照预期用途进行制备和（或）食用时不会伤害消费者的保证。在其注释中强调：食品安全与食品安全危害的发生有关，但不包括其他与人类健康相关的方面，如营养不良。[2]

我国食品安全的概念随着社会的发展而发展，也随着食品安全问题的发生在立法上逐步完善。如《食品卫生法》第 1 条将食品安全定义等同于食品卫生，规定"为保证食品卫生，防止食品污染和有害因素对人体的危害，保障人民身体健康，增强人民体质，制定本法"。第 6 条规定，食品应当无毒、无害，符合应当有的营养要求，具有相应的色、香、味等感官性状。但该定义导致对一些行为无法很好地规范，如掺假食品，只要掺假食品是卫生的，就无法依据食品卫生法对该行为进行处罚；又如注水猪肉，如果猪肉里的注水是卫生的，就不可能依据《食品卫生法》对该行为进行处罚。另外，《食品卫生法》也不可能对假冒伪劣食品进行监管。所以，我国后续立法用"食品安全"取代了"食品卫生"。2006 年施行的《国家重大食品安全事故应急预案》（已被修改）规定，食品安全：是指食品中不应包含有可能损害或威胁人体健康的有毒、有害物质或不安全因素，不可导

---

〔1〕 刘录民、侯军歧、景为：《食品安全概念的理论分析》，载《西安电子科技大学学报（社会科学版）》2008 年第 4 期。

〔2〕 裴山：《最新国际标准 ISO22000：食品安全管理体系建立与实施指南》，中国标准出版社 2006 年版，第 47 页。

致消费者急性、慢性中毒或感染疾病，不能产生危及消费者及其后代健康的隐患。食品安全的范围：包括食品数量安全、食品质量安全、食品卫生安全。本预案涉及的食品安全主要是指食品质量卫生安全。2009 年《食品安全法》第 99 条第 2 款则规定：食品安全，指食品无毒、无害，符合应当有的营养要求，对人体健康不造成任何急性、亚急性或者慢性危害。[1] 相较于《国家重大食品安全事故应急预案》的规定，该定义表述简洁但特别强调了"营养要求"，这恐怕与该法颁布之前发生的"三聚氰胺"奶制品事件密切相关[2]。之后我国的《食品安全法》对于"食品安全"定义沿用至今。

食品安全是个综合概念，食品包括了食品（食物）种植、养殖、加工、包装、贮藏、运输、销售、消费等环节，因此，涵盖食品所有环节的食品安全包括食品卫生安全、食品质量安全、食品营养等相关方面的内容，单个的食品卫生、食品质量、食品营养等均无法涵盖上述全部内容和全部环节。如前所述，关于食品安全的定义，有广义和狭义之分，广义的食品安全除了狭义的食品安全的范围外，还包括食品数量安全。狭义的食品安全，包括食品卫生、食品质量安全等，有的定义包含了营养，有的概念没包括营养安全。我国的食品安全概念，包括了食品卫生、食品质量安全、食品营养安全等。同时，食品安全也是一个发展的概念，随着社会、科技进步、时代发展，食品安全涵盖的内容范围也会随之发展，如转基因食品的安全问题，就有学者提出，食品安全应包括食品生物安全[3]。

食品卫生安全。根据世界卫生组织《加强国家级食品安全性计划指南》的定义，食品卫生是指为确保食品安全性和适用性在食物链的所有阶段必

---

〔1〕 孙效敏：《论食品安全法草案立法新理念》，载《河北法学》2009 年第 3 期。
〔2〕 韩永红：《论食品安全法律概念的泛化及其法律意蕴》，载《中南大学学报（社会科学版）》2010 年第 3 期。
〔3〕 秦天宝：《生物安全立法模式之实证考察：比较法的视角》，载《吉林大学社会科学学报》2013 年第 5 期。

须采取的一切条件和措施。食品的基本要求是卫生和必要的营养，其中食品卫生是食品的最基本要求，强调保证食品卫生，是解决吃得干净与不干净、有害与无害、有毒与无毒的问题，也就是食品安全与卫生的问题。食品卫生是创造和维持一个有益于人类健康的生产环境，必须在清洁的生产加工环境中，由身体健康的食品从业人员加工食品，防止因微生物污染食品而引发的食源性疾病。同时，使引起食品腐败微生物的繁殖减少到最低程度。食品安全是以食品卫生为基础。食品安全包括了卫生的基本含义，即"食品应当对人体无毒、无害"。

食品质量安全。食品质量是指食品满足消费者明确的或者隐含的需要的特性，包括功用性、卫生性、营养性、稳定性和经济性。食品质量安全是指食品产品品质的优劣程度，食品的外观和内在品质，如感官指标色、香、味、形；内质包括口感、滋味、气味等。食品要符合产品标准规定的应有的营养要求和相应的色、香、味、形等感官性状。

食品营养安全。食品营养安全是指食品能够提供人类的日常生活中需要的、人体发育必需的营养元素供给，以达到完善的食品安全。食品的营养成分指标要平衡、结构要合理。食品必须要有营养，如蛋白质、脂肪、维生素、矿物质、纤维素等各种人体生理需要的营养素要达到国家相应的产品标准，食品要能促进人体的健康。如果食品达不到国家相应的产品标准，这种食品在营养上就是不安全的。

二、食品安全立法历程

(一) 我国食品安全立法历程

我国党和政府高度重视食品安全问题，把食品安全提升到不仅是民生问题，更是政治问题的高度来进行治理。习近平总书记历来高度重视食品安全问题。2013 年 12 月 23 日，习近平总书记在中央农村工作会议上讲话中指出，食品安全关系群众身体健康，关系中华民族未来。能不能在食品安全上给老百姓一个满意的交代，是对我们执政能力的重大考验。

　　我国的食品安全立法是在新中国成立后不断发展与完善的。在新中国成立初期，食品安全的概念主要局限于数量安全方面，因为解决温饱问题是当时食品安全最大的目标。当时的食品安全事件大部分是发生在食品消费环节的中毒事件，因此从某种意义上来说，当时的食品质量安全就几乎等同于食品卫生。1965 年当时的卫生部、商业部、第一轻工业部、中央工商行政管理局、全国供销合作总社联合制定实施的《食品卫生管理试行条例》，就成为新中国成立后我国第一部中央层面上综合性的食品卫生管理法规，它在内容上体现了计划经济时代我国政府食品安全管控的体制特色。1966 年至 1976 年这段时间，食品安全卫生立法，卫生监督体系建设和卫生检疫防疫工作几乎全面停顿，没有任何进展。

　　改革开放之后，大量的个体经济和私营经济进入餐饮行业和食品加工行业，食品生产经营渠道和面貌日益多元化、复杂化，污染食品的因素和食品被污染的机会随之增加，出现了食物中毒事故数量不断上升的态势，严重威胁人民的健康和生命安全。这阶段的食品安全事件如食物急性中毒，农药、工业三废、霉变食品中毒素等有害物质对食品的污染情况，食品达不到标准……有的食品卫生严重违法事件得不到应有的法律制裁，全社会改善食品卫生环境的需求日益迫切，对健全食品卫生法治建设提出了新的要求。1982 年 11 月 19 日全国人大常委会通过了《中华人民共和国食品卫生法（试行）》（以下简称《食品卫生法（试行）》），该法自 1983 年 7 月 1日起施行。1995 年 10 月 30 日，第八届全国人大常委会第十六次会议通过了《食品卫生法》，并经第五十九号主席令公布施行。《食品卫生法》的制定和施行，对改革开放后食品工业迅猛发展过程中产生的新情况新问题的解决发挥了巨大的作用，对当时的食品卫生监管产生了积极的效应。

　　随着我国农业食品产业的发展，《食品卫生法》中一些滞后和不足的地方也逐渐显现出来，于是《农产品质量安全法》等法律作为补充性的立法应运而生。

2004 年安徽阜阳劣质奶粉事件后，国务院办公厅及相关部委几乎每年都要颁布有关食品安全监管的法规或规章，加大对食品违法行为的打击力度，取得了明显的效果。2006 年，修订《食品卫生法》被列入年度立法计划。但由于食品卫生概念局限于餐饮消费环节，已无法适应食品产业外延的变化，远远不能满足社会公众对食品安全的质量要求，而强调食品种养殖、生产加工、流通销售和餐饮消费四大环节综合安全的食品安全概念更加符合社会和公众对于食品安全消费的标准和需求。因此，修订《食品卫生法》改为制定《食品安全法》。2007 年，《中华人民共和国食品安全法（草案）》[以下简称《食品安全法（草案）》] 首次提请全国人大常委会审议。2008 年 4 月，《食品安全法（草案）》公布，广泛征求各方面意见和建议。同年三鹿奶粉引发的"三聚氰胺事件"爆发，《食品安全法（草案）》又进行了多方面修改。2009 年，《食品安全法》在第十一届全国人大常委会第七次会议上以 158 票赞成、3 票反对、4 票弃权获得通过，并于 2009 年 6 月 1 日正式施行，《食品卫生法》同时废止。2009 年，为配合《食品安全法》的施行，国务院颁布实施了《食品安全法实施条例》。

《食品安全法》实施后，我国食品安全形势稳中向好。但我国食品企业违法生产经营现象仍然存在，食品安全事件时有发生，监管体制、手段和制度等尚不能完全适应食品安全需要，法律责任偏轻，食品安全形势依然严峻。2013 年 10 月，国务院法制办就《中华人民共和国食品安全法（修订草案送审稿）》公开征求意见。在此基础上形成的《中华人民共和国食品安全法（修订草案）》[以下简称《食品安全法（修订草案）》] 经国务院第四十七次常务会议讨论通过。2014 年 6 月，《食品安全法》自 2009 年实施以来迎来首次大修，《食品安全法（修订草案）》提交第十二届全国人大常委会第九次会议审议。2015 年 10 月 1 日，修订后的《食品安全法》施行。2015 年《食品安全法》由原来的 104 条增加到 154 条。修改主要是从八个方面强化了制度构建。第一，完善统一权威的食品安全监管机构，由分段监管变成统一监管。第二，明确建立最严格的全过程的监管制度，对食品生产、流通、餐饮服务和食用农产品销售等各个环节，都进行了细化和完善。第三，更加突出预防为主、风险防范，对食品安全风险监测、风险评估这些食品安全中最基础的制度进行了进一步的完善。第四，实行食品安全社会共治，充分发挥各方面，包括媒体、广大消费者在食品安全治理中的作用。第五，突出对特殊食品的严格监管，诸如保健食品、特殊医学用途配方食品、婴幼儿配方食品等，监管措施进一步完善。第六，加强了对农药的管理，强调对农药的使用实行严格的监管，推动替代产品的研发应用，鼓励使用高效低毒低残留的农药。第七，加强对食用农产品的管理，将食用农产品的市场销售纳入食品安全法的调整范围。第八，建立最严格的法律责任制度，进一步加大违法者的违法成本。2018 年 12 月 29 日，根据第十三届全国人民代表大会常务委员会第七次会议通过的《全国人民代表大会常务委员会关于修改〈中华人民共和国产品质量法〉等五部法律的决定》，2021 年 4 月 29 日根据第十三届全国人民代表大会常务委员会第二十八次会议通过的《全国人民代表大会常务委员会关于修改〈中华人民共和国道路交通安全法〉等八部法律的决定》，《食品安全法》又进行了 2 次修正。

我国目前已经初步形成了以《食品安全法》《农产品质量安全法》为核心，其他专门法律为支撑，并且与产品质量检验检疫、环境保护等法律相衔接的综合性食品安全法律体系。

（二）发达国家/地区食品安全立法历程

1. 美国食品安全立法历程

美国食品安全立法始于 1906 年的《食品和药品法》。在 1783 年 9 月 3 日之前，美国是英国的殖民地之一，所实施的与食品安全相关的法规，是英国 1202 年颁布的第一部食品法——《面包法》。该法规定，严禁在面包里掺入豌豆或蚕豆粉造假。美国独立之后，19 世纪中叶，美国一方面完成了领土扩张，形成了东北部传统工业区，西部农业区的专业化经济布局，各区间的互补和加强商品流通促使联邦需要对食品安全问题进行全国范围内的统一监管；另一方面在第一次工业革命浪潮的推动下，美国的食品工业也得到了迅速发展，在巨额利润的驱使下，食品出现了制伪掺假掺毒欺诈的现象，据说当时牛奶掺水、咖啡掺炭的现象在纽约十分普遍，甚至做出牛奶加甲醛，肉类浸硫酸，黄油掺硼砂等严重损害消费者健康的恶劣行为。1899 年国会开始对食品掺假问题进行调查，1906 年 6 月 30 日，美国国会通过了《食品和药品法》，并于 1907 年 1 月 1 日正式实施，该法主要是防止食品掺假和乱贴标签。与此同时，国会还通过了《肉类检查法》。

《食品和药品法》通过之后，美国低劣食品充斥市场，为增强法律的权威性，加强管理力度，1938 年美国国会制定并通过了《联邦食品、药品和化妆品法案》。该法案将管理范围扩大到化妆品和医疗器械领域，并对食品安全监管体系做出了较大调整，主要表现为扩大了美国药品和食品管理局（FDA）在食品安全监管方面的权力。随着科技的进步以及人们环保、饮食健康意识的增强，美国于 1996 年颁布了《食品质量保护法》，要求对通过膳食和非膳食途径摄入的农药残留对人体造成的健康风险进行全面评估。"9·11"事件发生后，出于对来自生物恐怖主义威胁的担心，美国国会于 2002 年通过了《公共健康安全与生物恐怖主义预防应对法案》。该法案授权美国食品药品管理局针对国际或意外事件造成的污染和其他与食品相关的公共卫生突发事件造成的威胁，采取行动以维护美国食品供应安全，将保障食品安全提高到国家安全的战略高度，提出了实行从农场到餐桌的风险管理，对食品安全实施强制性管理。

在造假掺伪、化学污染得到有效的控制后，生物危害又以不同的形式袭击着大众的饭桌。2006 年 9 月美国"毒菠菜事件"，导致美国 26 个州 200余人感染大肠杆菌，其中 3 人死亡；2009 年 1 月爆发的"花生酱事件"更是震惊全美，造成 9 人死亡⋯⋯这些重大食品安全事件，促使美国形成了

《2009 年食品安全加强法案》（HR2749），并经多次修改，美国总统奥巴马于 2011 年 1 月 4 日签署了《FDA 食品安全现代化法案》，该法案是 70 多年来美国对《联邦食品、药品和化妆品法案》的重大修订，授予 FDA 更大的监管权力。

2. 欧盟食品安全立法历程

欧盟食品安全立法主要从 2002 年《通用食品法》开始。1996 年，英国疯牛病再次暴发（早在 1985 年疯牛病就已经在英国出现），因为食用病牛肉引发了 10 例病人。1996 年 3 月 20 英国卫生部部长斯蒂芬·杜瑞尔于众议院宣布疯牛病可因食用被感染牛肉而传播给人，引起全球范围的"恐牛症"，严重动摇了消费者对欧洲牛肉，特别是英国牛肉的信心。1996 年 3 月 27 日，欧盟委员会为了维护欧洲牛肉市场的整体利益，保障公众健康，绝对禁止英国向欧盟市场及第三国出口活牛及牛肉制品。1997 年 4 月，欧盟委员会发布了关于欧盟食品法规一般原则的《欧盟食品安全绿皮书》。2002 年 1 月，欧盟制定了欧洲议会和理事会第 178/2002 号法规，该法规就是著名的《欧盟食品安全基本法》，也称《通用食品法》。该法所确立的从农场到餐桌的管理方法已经成了欧盟食品安全政策的一般原则。与此同时，欧盟据此也成立了欧盟食品安全局。2004 年 4 月，欧盟公布了 4 个补充性法规，分别是食品生产及加工企业经营者确保食品卫生的通用规则；动物源性食品的卫生准则；动物源性食品实施官方控制的原则；食品，饲料，动物健康与福利等法律的实施方面进行了官方监管，在检查成员国或第三国是否正确履行了欧盟食品安全法律或条例所规定的职责方面作出了规定。

2005 年 2 月，欧盟委员会提出了新的《欧盟食品及饲料安全管理法规》，该法规于 2006 年 1 月 1 日起实施。该法规对欧盟各成员国生产的，以及从第三国进口到欧盟的水产品，肉类，食品，肠衣，奶制品，以及部分植物源性食品的官方管理与加工企业基本卫生等提出了新的要求，适用于所有成员国，所有成员国都必须遵守。如果不符合法规要求的产品出现在欧盟市场，无论该产品由哪个成员国生产，一经发现立即取消其市场准入资格。欧盟外国家的产品要输入欧盟市场，也必须符合该法规所规定的标准，否则不准进入欧盟市场。2006 年欧盟又通过了一项新的法规（第1924/2006 号）并于 2007 年 7 月 1 日生效，该法包含了在商业交流中使用的所有与营养和健康声明有关的相关规则。2015 年 12 月 11 日，欧盟针对新食品发布了第 2015/2283 号新法规，该法规的全面适用从 2018 年 1 月 1 日开始，新法规有 36 条规定，目的在于确保安全、卫生食品的自由流通及较高的人类健康和消费者利益保护水平。

三、我国食品安全法的调整范围及主要内容

自 2015 年 10 月 1 日起施行的《食品安全法》成为我国有史以来在监管力度上最为严格，在监管理念上最为先进，在监管制度上最为合理的食品安全法律。《食品安全法》共十章，154 条，包括总则、食品安全风险监测和评估、食品安全标准、食品生产经营、食品检验、食品进出口、食品安全事故处置、监督管理、法律责任、附则共十个部分。下面就该法的调整范围及主要内容做简单介绍。

（一）我国食品安全法的调整范围

我国《食品安全法》第 2 条规定，在中华人民共和国境内从事下列活动，应当遵守本法：①食品生产和加工，食品销售和餐饮服务；②食品添加剂的生产经营；③用于食品的包装材料、容器、洗涤剂、消毒剂和用于食品生产经营的工具、设备的生产经营；④食品生产经营者使用食品添加剂、食品相关产品；⑤食品的贮存和运输；⑥对食品、食品添加剂、食品相关产品的安全管理。供食用的源于农业的初级产品的质量安全管理，遵守《农产品质量安全法》的规定。但是，食用农产品的市场销售、有关质量安全标准的制定、有关安全信息的公布和本法对农业投入品作出规定的，应当遵守本法的规定。

《食品安全法》第 151 条规定，转基因食品和食盐的食品安全管理，本

法未作规定的，适用其他法律、行政法规的规定。第 152 条规定，铁路、民航运营中食品安全的管理办法由国务院食品安全监督管理部门会同国务院有关部门依照本法制定。保健食品的具体管理办法由国务院食品安全监督管理部门依照本法制定。食品相关产品生产活动的具体管理办法由国务院食品安全监督管理部门依照本法制定。国境口岸食品的监督管理由出入境检验检疫机构依照本法以及有关法律、行政法规的规定实施。军队专用食品和自供食品的食品安全管理办法由中央军事委员会依照本法制定。

（二）我国食品安全法的主要内容

《食品安全法》总则包括第 1 条至第 13 条，就立法宗旨，适用范围，基本原则，食品生产经营者义务，食品安全监督管理机构，县级以上地方人民政府食品安全监督管理责任，食品行业协会监管，食品安全教育，食品安全研究，食品举报、建议，表彰、奖励进行了规定。

第二章食品安全风险监测和评估包括第 14 条至第 23 条，对食品安全风险评估制度、食品安全风险评估制度、食品安全风险评估结果的建立、依据、程序等进行规定。第 14 条确定了食品安全风险监测制度，对食源性疾病、食品污染以及食品中的有害因素进行监测。国务院卫生行政部门会同国务院食品安全监督管理等部门，制定、实施国家食品安全风险监测计划。国务院食品安全监督管理部门和其他有关部门获知有关食品安全风险信息后，应当立即核实并向国务院卫生行政部门通报。对有关部门通报的食品安全风险信息以及医疗机构报告的食源性疾病等有关疾病信息，国务院卫生行政部门应当会同国务院有关部门分析研究，认为必要的，及时调整国家食品安全风险监测计划。省、自治区、直辖市人民政府卫生行政部门会同同级食品安全监督管理等部门，根据国家食品安全风险监测计划，结合本行政区域的具体情况，制定、调整本行政区域的食品安全风险监测方案，报国务院卫生行政部门备案并实施。

第三章食品安全标准涵盖第 24 条至第 32 条，规定食品安全标准是强制执行的标准，统一了食品安全国家标准。第 27 条第 1 款规定，食品安全国家标准由国务院卫生行政部门会同国务院食品安全监督管理部门制定、公布，国务院标准化行政部门提供国家标准编号。第 29 条规定，对地方特色食品，没有食品安全国家标准的，省、自治区、直辖市人民政府卫生行政部门可以制定并公布食品安全地方标准，报国务院卫生行政部门备案。食品安全国家标准制定后，该地方标准即行废止。

第四章食品生产经营包括第 33 条至第 83 条。《食品安全法》强化了食品生产经营者对其生产经营食品的安全负责，是第一责任人，要承担社会责任，并确立了以下制度：生产、流通、餐饮服务许可制度；索证索票制度，台账制度；建立食品召回制度；停止经营制度；企业食品安全管理制度；建立风险预警机制。

第五章食品检验涵盖第 84 条至第 90 条。《食品安全法》规定国家施行食品检验制度，其中第 84 条第 1 款规定，食品检验机构按照国家有关认证认可的规定取得资质认定后，方可从事食品检验活动。第 86 条规定，食品检验实行食品检验机构与检验人负责制。食品检验报告应当加盖食品检验机构公章，并有检验人的签名或者盖章。食品检验机构和检验人对出具的食品检验报告负责。第 87 条规定，县级以上人民政府食品安全监督管理部门应当对食品进行定期或者不定期的抽样检验，并依据有关规定公布检验结果，不得免检。进行抽样检验，应当购买抽取的样品，委托符合本法规定的食品检验机构进行检验，并支付相关费用；不得向食品生产经营者收取检验费和其他费用。

第六章食品进出口共 11 条，涵盖第 91 条至第 101 条。其中第 91 条规定，国家出入境检验检疫部门对进出口食品安全实施监督管理。第 92 条规定，进口的食品、食品添加剂、食品相关产品应当符合我国食品安全国家标准。进口的食品、食品添加剂应当经出入境检验检疫机构依照进出口商品检验相关法律、行政法规的规定检验合格。进口的食品、食品添加剂应当按照国家出入境检验检疫部门的要求随附合格证明材料。第93条规定，进口尚无食品安全国家标准的食品，由境外出口商、境外生产企业或者其委托的进口商向国务院卫生行政部门提交所执行的相关国家（地区）标准或者国际标准。国务院卫生行政部门对相关标准进行审查，认为符合食品安全要求的，决定暂予适用，并及时制定相应的食品安全国家标准。进口利用新的食品原料生产的食品或者进口食品添加剂新品种、食品相关产品新品种，依照本法第37条的规定办理。出入境检验检疫机构按照国务院卫生行政部门的要求，对前款规定的食品、食品添加剂、食品相关产品进行检验。检验结果应当公开。

第七章食品安全事故处置包括第102条至第108条。第103条规定，发生食品安全事故的单位应当立即采取措施，防止事故扩大。事故单位和接收病人进行治疗的单位应当及时向事故发生地县级人民政府食品安全监督管理、卫生行政部门报告。县级以上人民政府农业行政等部门在日常监督管理中发现食品安全事故或者接到事故举报，应当立即向同级食品安全监督管理部门通报。发生食品安全事故，接到报告的县级人民政府食品安全监督管理部门应当按照应急预案的规定向本级人民政府和上级人民政府食品安全监督管理部门报告。县级人民政府和上级人民政府食品安全监督管理部门应当按照应急预案的规定上报。任何单位和个人不得对食品安全事故隐瞒、谎报、缓报，不得隐匿、伪造、毁灭有关证据。第106条规定，发生食品安全事故，设区的市级以上人民政府食品安全监督管理部门应当立即会同有关部门进行事故责任调查，督促有关部门履行职责，向本级人民政府和上一级人民政府食品安全监督管理部门提出事故责任调查处理报告。涉及两个以上省、自治区、直辖市的重大食品安全事故由国务院食品安全监督管理部门依照前款规定组织事故责任调查。

第八章监督管理涵盖范围为第109条至第121条。第109条第1、2款规定，县级以上人民政府食品安全监督管理部门根据食品安全风险监测、风险评估结果和食品安全状况等，确定监督管理的重点、方式和频次，实施风险分级管理。县级以上地方人民政府组织本级食品安全监督管理、农业行政等部门制定本行政区域的食品安全年度监督管理计划，向社会公布并组织实施。第 110 条第 1 款规定，县级以上人民政府食品安全监督管理部门履行食品安全监督管理职责。

第九章法律责任共涵盖了第 122 条至第 149 条，规定了食品安全各主体相关的民事、行政、刑事三种法律责任，以切实保障人民群众生命安全和身体健康。三大法律责任并行不悖，充分发挥法律的补偿、制裁、教育、引导、保护与规范的社会功能。关于刑事责任的追究，第 149 条规定，违反本法规定，构成犯罪的，依法追究刑事责任。我国民事损害赔偿确立了惩罚性赔偿制度。第 148 条规定，消费者因不符合食品安全标准的食品受到损害的，可以向经营者要求赔偿损失，也可以向生产者要求赔偿损失。接到消费者赔偿要求的生产经营者，应当实行首负责任制，先行赔付，不得推诿；属于生产者责任的，经营者赔偿后有权向生产者追偿；属于经营者责任的，生产者赔偿后有权向经营者追偿。生产不符合食品安全标准的食品或者经营明知是不符合食品安全标准的食品，消费者除要求赔偿损失外，还可以向生产者或者经营者要求支付价款 10 倍或者损失 3 倍的赔偿金；增加赔偿的金额不足 1000 元的，为 1000 元。但是，食品的标签、说明书存在不影响食品安全且不会对消费者造成误导的瑕疵的除外。

第十章附则共 5 条，从第 150 条至第 154 条。

第二节　我国食品安全法基本原则

食品安全法基本原则属于食品安全法学理论研究的基本范畴，它集中体现了食品安全法的根本价值和基本原理，反映着食品安全法的本质。食品安全法的基本原则是有关食品安全法的立法、执法和法理研究的指导思想，也是食品安全法立法宗旨的集中化、具体化的体现。客观、准确、科学地概括、分析、提炼我国食品安全法的基本原则，对于我国食品安全法理论和实践都具有重要的意义。我国理论界对食品安全法的基本原则并不统一，不同学者从不同的角度对食品安全法基本原则进行了概括。有的学者根据食品行业的特点提出我国食品安全法的基本原则包括食品安全至上原则、预防为主原则、食品生产经营者承担主体法律责任的原则、全程监管原则、政府主导和社会共治原则、信息公开和及时反映处理的原则、严格执法原则；〔1〕有的学者将食品安全法的基本原则概括为：分段监管原则、信息公开原则、预防性原则、风险分析原则；〔2〕有的实务人员将基本原则分为：至高无上的食品安全原则、预防为主的原则、全程监管原则、及时反馈和信息公开的原则、执法严格的原则、社会共治以及政府主导的原则；〔3〕有的总结为五个：风险分析原则，预防性原则，全过程管理原则，食品安全责任原则，透明度原则等〔4〕。理论界关于食品安全法基本原则的归纳一般有预防性原则、风险原则、社会共治原则等。另外，我国食品安全法的基本原则也随着立法的修订而不断完善，比如我国食品安全法基本原则从曾经的"分段监管原则"到最新的"全过程监管原则"等。

根据我国《食品安全法》第3条规定，食品安全工作实行预防为主、风险管理、全程控制、社会共治，建立科学、严格的监督管理制度，我们可以将食品安全法的基本原则分为以下基本原则：

一、预防性原则

对于何谓预防性原则（也称"预防原则"），立法上并没有形成统一、无争议的概念。在诸多环境与食品安全的国际公约中也鲜有对预防原则概

〔1〕　王晨光：《食品安全法制若干基本理论问题思考》，载《法学家》2014年第1期。
〔2〕　倪楠：《论我国食品安全法基本原则》，载《法制与社会》2012年第24期。
〔3〕　杨俊召：《遵循六大原则构建食品安全法治社会》，载《中国食品》2020年第16期。
〔4〕　谭德凡：《论食品安全法基本原则之风险分析原则》，载《河北法学》2010年第6期。

念与内涵作出明确界定，而是经常使用预防策略、预防措施或是其他描述性语言指示预防原则。

预防原则的提出与风险社会紧密相连。1986 年德国社会学家贝克首次提出了"风险社会"理论。他认为，不同于以往"商品分配"作为社会的核心，风险社会的分配是对于"风险的分配"，风险导致了社会基本的、普遍的不安全，然而正是这种不安全感促使了人们开始不断地反思。风险社会中的"风险"似乎无处不在，而预防就成了应对风险的最佳选择。由此，作为风险社会应对之策的预防原则逐步为人们所重视和发展起来。与此同时，随着科学的发展，科学研究和应用中的不确定性逐渐显现，原因和结果之间的关系趋于复杂和模糊，不确定性在现代科技中普遍存在，这也意味着风险。预防原则"要求风险规制者在颁布旨在保护人体健康和环境生态的标准与政策时，将科学不确定性的因素考虑在内"。[1]

预防原则在法律领域的适用，最早出现在环境法领域，之后逐步发展和完善，并在食品安全领域占有了重要地位。20 世纪 70 年代，德国通过的议会法令确定了风险预防原则四个要素：一是损害应该避免；二是科学研究在确定威胁时有重要作用；三是预防危害的行动是最基本的，即使在缺乏因果关系的结论证明之前；四是所有的技术发展应当满足不断减少环境负担的要求。国际法方面，在 1980 年的《世界自然宪章》、1982 年的《内罗毕宣言》中预防原则都有所体现。[2] 1992 年《里约环境与发展宣言》对预防原则进行了界定："为了保护环境，各国应根据它们的能力广泛采取预防性措施。凡有可能造成严重的或不可挽回的损害的地方，不能把缺乏充分的科学肯定性作为推迟采取防止环境退化的费用低廉的措施的理由。"[3] 随着食品安全问题的出现，该原则被世界各国发展演绎，并运用到食品安全法律领域。英国疯牛病的暴发也使得欧盟在预防性原则问题上的立法不断推

---

〔1〕 孔繁华：《论预防原则在食品安全法中的适用》，载《当代法学》2011 年第 4 期。
〔2〕 谭德凡：《论食品安全法之预防性原则》，载《求索》2011 年第 10 期。
〔3〕 崔立群、王传干：《论食品安全管理中的预防原则》，载《学术界》2015 年第 3 期。

进。1997 年 4 月，欧盟委员会发布了关于欧盟食品法规一般原则的《欧盟食品安全绿皮书》，指出为确保高水平的保护和一致性，保护性措施应基于风险评估，考虑所有相关的风险因子，包括技术方面、最有效的科学证据、检查取样和测试方法的有效性。若风险评估不可能完全实现，措施则应以预防性原则为基础。欧盟必须要有适当的方式对严重、紧急的公共健康风险采取预防性措施。2000 年 1 月 12 日，欧盟委员会发布了《欧盟食品安全白皮书》，确立了食品安全的基本框架，其中第 14 条规定："哪里合适，预防原则就将在风险管理的决定中得到运用。"2002 年 1 月 28 日，欧州议会和理事会颁布了《欧盟食品安全基本法》，该法第 7 条第 1 款将预防原则解释为："在特定情况下，根据对现有信息的评估，可确定可能的健康危害效应但还无科学依据，此时，为确保在共同体选择高水平的健康保护得以采用，可以采纳临时风险管理措施，然后再根据进一步的科学信息得出广泛的风险评估。"至此，风险预防原则成为欧盟食品安全监管的正式法律依据。美国《2009 年食品安全加强法案》卷 I 食品安全中的子卷 A "预防"，其中的第 102 节对危害分析、基于风险的预防控制、食品安全计划、企业的终产品检测结果进行了详细的规定，要求企业的所有者、运营者或代理人应当开展一项危害分析（可能的话开展多项），制订并实施有效的预防控制，启动纠偏措施，实施验证，保持监测，纠偏及验证记录，并且重新分析危害；要求企业的所有者、运营者或代理人应对是否存在危害进行评估，包括来自原材料的危害——即不经预防控制就极可能会发生影响企业生产、加工、包装、运输和贮存食品的安全卫生的危害。对于确定的危害，企业的所有者、运营者或代理人应制订实施有效的预防控制措施防止、消除危害，或将危害控制到可接受水平。[1]

我国 1973 年《关于保护和改善环境的若干规定（试行草案）》已提到贯彻"预防为主"的方针。1983 年发布了《国务院关于结合技术改造防治

---

〔1〕　孔繁华：《论预防原则在食品安全法中的适用》，载《当代法学》2011 年第 4 期。

工业污染的几项规定》（已失效），随后《中华人民共和国大气污染防治法》
《中华人民共和国水污染防治法》《中华人民共和国清洁生产促进法》和
《中华人民共和国环境影响评价法》等环境法规也有预防污染、综合防治和
清洁生产的内容。在食品安全法领域，《农产品质量安全法》在风险预防理
念指导下主张从源头对农产品质量进行管理和控制，将原本局限于流通领
域的现实风险防控延伸到生产源头的潜在风险预防。我国《食品卫生法》中
没有体现预防原则的主导思想。中国社科院发布的首部食品安全绿皮书《中
国食品安全报告（2007）》将食品安全的基本原则概括为 6 项：以科学为基
础、立足当前与预见未来相结合、食品供应全过程监管、预防原则、可追
溯性原则和透明原则。该报告对预防原则的解释是由于对一些新产品和技
术的安全性不能确定，因此食品安全管理与控制应该采取预防原则，任何
新产品和技术必须提供充分的证据，证明其安全性后才能上市。我国 2009
年《食品安全法》虽然没有明确规定风险预防原则或预防原则，但该法在
总则之后增加了食品安全风险监测与评估这一章，贯彻了"建立以食品安
全风险评估为基础的科学管理制度，坚持预防为主"的立法思路。在具体
内容方面，单列一章规定"食品安全风险监测和评估"，充分体现了风险预
防的原则与思想。2015 年《食品安全法》第 3 条明确提出了预防原则。

预防性原则之所以成为食品安全法的基本原则之一，是因为食品安全
问题导致的严重后果，而这些影响是巨大而危险的，且通常是不可挽回的。
预防性原则是针对可能产生的生命或健康风险，无论是否具有充分确实的
科学证据，都应当采取积极的预防措施以避免危害性行为或事件的发生。
这一原则针对食品安全问题的特点，明确了防治食品安全问题的基本方法，
是在科学不确定条件下保障公众身体健康和生命安全的重要理念。[1]

二、风险分析原则

风险分析原则，是指对食品中可能存在的风险进行评估，进而根据风

---

〔1〕 谭德凡：《论食品安全法之预防性原则》，载《求索》2011 年第 10 期。

险程度来采取相应的风险管理措施以控制或者降低风险，并且在风险评估和风险管理的全过程中保证风险相关各方保持良好的风险交流状态[1]。

　　风险分析原则是对食品安全进行科学管理的体现，也是制定食品安全管理措施和食品安全标准的重要依据，现已成为国际公认的食品安全管理理念。1997 年 1 月 27 日至 1 月 31 日，FAO/WHO 联合专家咨询会议在罗马 FAO 总部召开，会议提交了题为《风险管理与食品安全》的报告，该报告规定了风险管理的框架和基本原理。1997 年 4 月 30 日，欧盟委员会发布了关于欧盟食品法规一般原则的《欧盟食品安全绿皮书》，为欧盟食品法确定了 6 个基本目标，"确保法规主要以科学证据和风险评估为基础"是其中之一。2000 年 1 月 12 日发布的《欧盟食品安全白皮书》第二章食品安全原则中认为，风险分析必须成为食品安全政策的基础，欧盟必须把它的食品政策建立在三项风险分析的运用之上：风险评估（科学建议和信息分析）、风险管理（管理与控制）和风险交流。2003 年颁布的《日本食品安全基本法》第二章第 11 条指出，在制定有关确保食品安全性的措施时，应对人体健康带来损害的生物学的、化学的或物理的要素或状态，食品本身含有的或加入到食品中有可能带来损害的物质，在摄取该食品时有可能对人体健康带来的危害，进行"食品影响健康评估"。同时该法还规定在内阁中设立食品安全委员会，专门从事食品安全风险评估和风险交流工作。[2] 根据《欧盟食品安全白皮书》，风险分析包括：风险评估（科学建议和信息分析）、风险管理（管理与控制）和风险交流。依据 ISO31000：2009 标准，风险管理定义为：指导和控制某一组织与风险相关问题的协调活动。在我国立法中，2002 年 12 月 31 日，原国家质量监督检验检疫总局发布专门针对风险分析管理的部门规章——《进境动物和动物产品风险分析管理规定》（已被修改），该规章第 3 条规定，国家质量监督检验检疫总局统一管理进

---

[1]　国家标准化管理委员会农轻和地方部编：《食品标准化》，中国标准出版社 2006 年版。
[2]　谭德凡：《论食品安全法基本原则之风险分析原则》，载《河北法学》2010 年第 6 期。

境动物、动物产品风险分析工作。2006 年《农产品质量安全法》（已被修改）第 6 条规定，国务院农业行政主管部门应当设立由有关方面专家组成的农产品质量安全风险评估专家委员会，对可能影响农产品质量安全的潜在危害进行风险分析和评估。国务院农业行政主管部门应当根据农产品质量安全风险评估结果采取相应的管理措施，并将农产品质量安全风险评估结果及时通报国务院有关部门。2009 年《食品安全法》（已被修改）在总则中指出，国务院设立食品安全委员会，国务院卫生行政部门负责食品安全风险评估；第二章以专章的形式规定食品安全风险监测和评估，要求建立食品安全风险监测制度和食品安全风险评估制度。2021 年《食品安全法》明确提出要进行风险管理，第二章仍是食品安全风险监测和评估。

如前所述，食品安全风险分析通常包括风险评估、风险管理和风险交流三个部分。食品安全风险评估是对人体接触食源性危害而产生的已知或潜在的对健康不良影响的科学评估，是一种系统地组织科学技术信息及不确定性信息，来回答关于健康风险的具体问题的评估方法。风险评估要求对相关资料作评价，并选用合适的模型对资料作出判断。同时，要明确地认识其中的不确定性，并在某些情况下承认根据现有资料可以推导出科学上合理的不同结论。食品安全风险评估，是指对食品、食品添加剂中生物性、化学性和物理性危害对人体健康可能造成的不良影响所进行的科学评估，包括危害识别、危害特征描述、暴露评估、风险特征描述等[1]。食品安全风险管理，是指根据风险评估的结果，同时考虑社会、经济等方面的相关因素，对各种管理措施方案进行权衡，并且在需要时加以选择和实施。其目的是确定是否需要以及需要何种监管措施方可将风险降低至社会可以接受的水平。其首要目标是通过选择和实施适当的措施，尽可能有效地控制食品风险，从而保障公众健康。风险管理一般分为两步：第一步是在风

---

〔1〕 王小龙：《论我国食品安全法中风险管理制度的完善》，载《暨南学报（哲学社会科学版）》2013 年第 2 期。

险概述的基础上，对需要进行风险评估的食品及危害物作出具体的风险评估要求；第二步是依据风险评估的结果，权衡管理决策方案，并在必要时，选择实施适当的控制措施的过程，其产生的结果就是制定食品安全标准、准则和其他建议性措施。食品安全风险交流，是指食品安全监督管理部门、食品安全风险评估机构，就危害、风险、风险相关因素和风险认知在风险评估人员、风险管理人员、消费者、产业界、学术界和其他感兴趣各方中对食品安全的信息和看法所进行的互动式的交流沟通。风险交流可以使风险管理和风险管控取得不同的效果，为保护消费者利益以及公共安全做出巨大贡献。因此，成功的风险交流也是一项消费者健康保护的重要措施。[1]

我国《食品安全法》对风险分析原则的落实，体现在建立食品安全风险监测制度、评估制度以及风险警示制度。食品安全风险监测制度，是通过系统和持续地收集食源性疾病、食品污染以及食品中有害因素的监测数据及相关信息，并进行综合分析和及时通报的活动。食品安全风险评估制度，是对食品、食品添加剂中生物性、化学性和物理性危害进行风险评估。食品安全风险评估结果是制定、修订食品安全标准和对食品安全实施监督管理的科学依据。食品安全风险预警制度，是根据食品安全风险评估结果、食品安全监督管理信息，对食品安全状况进行综合分析。对经综合分析表明可能具有较高程度安全风险的食品，国务院卫生行政部门应当及时提出食品安全风险警示，并予以公布。该规定的执行将较好的实现食品安全风险警示，真正保障公众获得食品安全信息的权利。[2]

三、全程监管原则

全程监管原则，是指由中央政府的某一职能部门负责食品安全监管工作，并负责协调其他部门来对食品安全工作进行监管，或由中央政府成立专门的独立的食品安全监管机构，由其全权负责国家的食品安全监管工作，

---

〔1〕 孙颖：《风险交流——食品安全风险管理的新视野》，载《中国工商管理研究》2015 年第8 期。

〔2〕 谭德凡：《论食品安全法基本原则之风险分析原则》，载《河北法学》2010 年第 6 期。

在这种监管体制下实施从农田到餐桌的全程监管。全程监管与分段监管体制相对应，分段监管体制是按照食品生产、加工、流通，每一个环节由一个行政部门负责，采取以分段监管为主，品种监管为辅，各尽其责为主导方针的多机构分段监管体制。

分段监管首先形成于美国。美国在 1998 年成立了总统食品安全管理委员会来协调全国的食品安全工作，这样就形成了由一个委员会总协调 6 个部门来分别对各自领域的食品安全问题进行分段监管，充分落实了分段监管的特性。但分段监管在发挥了其积极作用之后也充分暴露了其弊端。食品涉及多个环节，种植、养殖、生产、加工、储存、运输、销售、餐饮等各个环节都有可能由于生产技术、操作规范的缺陷或外部环境污染等原因而导致安全问题。国际上食品分段监管的体制也发生了变化，例如《欧盟食品安全基本法》规定，"由于食品生产链中的每一个因素都可能对食品安全产生潜在影响，为了保证食品安全，必须将食品生产链中的所有方面作为统一整体考虑，其中包括初级生产和上游的饲料生产以及食品向消费者运输和销售"。[1]"从农田到餐桌"全过程监管重在源头的理念，符合食品安全监管的国际发展趋势。各国都强调食品安全法律对食品链条的全程控制。纵观欧美等国家的食品安全监管法律制度，不难发现这些国家也强调"从农田到餐桌"的整个过程的有效监管，其环节包括生产、收获、加工、包装、运输、贮藏和销售等；其对象包括化肥、农药、饲料、包装材料、运输工具、食品标签等。《欧盟食品安全白皮书》用 116 项条款对食品安全问题进行了详细阐述，指出食品安全法以控制"从农田到餐桌"全过程为基础。联合国粮农组织与世界卫生组织于 2003 年发布了《保障食品质量与安全——强化国家食品控制体系指南》，特别强调了"从农田到餐桌"监管的综合概念。通过全程监管，对可能会给食品安全构成潜在危害的风险预先加

---

〔1〕 吴鹏、宋凯利、任荣波：《〈食品安全法〉修订中的十大问题》，载《食品科学》2015 年第 3 期。

以防范，避免重要环节的缺失，并以此为基础使食品追溯制度的实行成为可能。对食品安全必须实行"从农田到餐桌"的全过程无缝隙监管。

国务院于2004年出台了《国务院关于进一步加强食品安全工作的决定》（已失效），将《食品卫生法》的监管体制变为分段监管为主、品种监管为辅的食品安全监管体制，充分体现了分段监管原则在我国食品安全监管中的作用。2009年《食品安全法》的颁布进一步明确规定了我国食品安全遵循分段监管原则，对应地实行分段监管体制。食品安全监督管理权限主要分属农业、质监、工商、卫生等9个部门，不同部门仅负责食品从农田到餐桌的全过程中的一个环节。多部门管理有其优点，但是同样存在着严重的弊端，由于牵涉不同部门的利益，因此在管理上存在效率低，责任不明确等问题。由于监管职能的分散，结果就是发生食品安全事件后，各个部门皆可推诿卸责，导致监管存在一些真空状态。多头管理的结果就是有利抢着管，无利都不管，造成了部门间职责不清、管理重叠等问题[1]。实践证明，监管部门越多，监管边界模糊地带就越多，既存在重复监管，又存在监管盲点，难以做到无缝衔接，监管责任难以落实，食品安全"九龙治水"的监管体制饱受各方诟病。2013年，国务院调整食品安全监管机构和职责，根据中国政府的机构改革方案，新组建国家食品药品监督管理总局，将国务院食品安全委员会办公室以及国家食品药品监督管理局的职责、国家质量监督检验检疫总局的生产环节食品安全监督管理职责、国家工商行政管理总局的流通环节食品安全监督管理职责加以整合。这就整合了食品安全监管机构和职责，将对生产、流通、消费环节的分段管理，改为对食品安全实施统一监管。2018年，根据《中共中央关于深化党和国家机构改革的决定》《第十三届全国人民代表大会第一次会议关于国务院机构改革方案的决定》，我国组建国家市场监督管理总局，作为国务院直属机构，不再保留国家工商行政管理总局、国家质量监督检验检疫总局和国家食品药品

---

〔1〕 李鑫生：《加强和完善食品安全全程监管》，载《青海畜牧兽医杂志》2011年第6期。

监督管理总局，涉及原来这 3 个部委的食品安全监管职责一并划入国家市场监督管理总局（进出口食品监管职责划入海关总署），形成了在国务院食品安全委员会宏观协调下，以国家市场监督管理总局为主，其他部委参与监管的食品安全监管模式。新组建的国家市场监督管理总局负责除食用农产品的安全生产（种/养殖质量监管）、食品安全风险评估、进出口食品安全监管外的，食品从生产、加工、流通到餐桌的所有食品链条的质量监管，使得我国的食品安全监管更加集中、高效、合理。[1]

四、社会共治原则

社会共治是融合"行政引导"与"社会自治"的创新社会治理模式，实现了政府行政管理手段和社会力量自治能力的互补协同。社会共治的体制机制设计有助于政府部门将社会建设的职能下放至其他社会主体，加快社会公共领域"放管服"的改革进程，推动"服务型政府"的职能转型。同时，社会共治鼓励多元主体参与社会共建，促进了社会组织的公共性成长以及民众公共意识的培育[2]。

社会共治是食品安全治理中的一个新原则、新理念，2005 年艾伦朗（Eijlander）从法律的角度定义了社会共治：针对某一特定问题，社会共治是一种多方位的管理手段，包括立法执法主体管理、自我管理以及其他利益攸关方参与管理。"社会共治"强调的就是发挥社会各主体的责任意识，共同监管食品安全。社会共治，包括"社会协同"与"公众参与"，因此可将社会共治的主体分为：企业、政府与第三方监管力量。第三方监管力量，独立于食品安全保证主体（企业和政府），也叫作社会监管力量，包括媒体、消费者、非政府组织等。在社会共治的框架下，包括政府在内的各种

---

〔1〕 边红彪：《中国食品安全监管的进程智慧和经验》，载《食品安全质量检测学报》2021 年第 4 期。

〔2〕 陈怡俊、黄海峰：《融合"行政引导"与"社会自治"的社会共治模式研究》，载《中国延安干部学院学报》2020 年第 3 期。

社会力量交织成监管网络，从而确保食品安全[1]。

在食品领域，社会共治强调食品安全治理不能仅依靠政府，也不能仅依靠监管部门单打独斗，应当调动社会方方面面的积极性，大家有序参与到这项工作中来，才能够形成工作合力，达到好的食品安全治理效果。从社会管理到社会共治，其实质是从由上而下的管理模式转变为上下结合、国家与社会相结合的治理模式。

食品安全社会共治模式下，政府在食品安全监管中除了对企业直接管控外，营造良好的食品市场环境是关键问题。这要求政府对食品企业安全生产进行激励，对消费者及时进行信息交流，以及鼓励更多的社会力量加入到社会共治中来。社会共治更强调的是事前管理，从政府传统监管到社会共治，对不安全生产行为是从处罚到预防的转变。这种转变是在传统的政府管理方式上加入更多的信息传递手段而达到的。政府在社会共治中发挥的信息传递角色体现在教育企业，完善对消费者传递信息的机制方面。此外，政府还可以完善对消费者和食品供应链中各主体的信息披露机制。例如，奖励和标签制度的实施可作为食品市场的正面信号。同时，第三方监管力量对食品的监管也可作为一种信息补充披露机制，从而引导食品市场良性发展。在美国、欧盟各国等西方国家，媒体、非政府组织（NGO）、消费者协会、行业自律组织等第三方社会力量，常常通过组织化和群体化的示威、抗议、宣传、联合抵制等社会活动来进行监管。由于信息不对称是食品安全管理的主要难题，而社会共治的一大优势是信息传递和披露机制更加完善[2]。

我国从最初的《食品卫生管理试行条例》《食品卫生管理条例》，到《食品卫生法（试行）》《食品卫生法》，再到现行的《食品安全法》，正式

---

〔1〕　陈怡俊、黄海峰：《融合"行政引导"与"社会自治"的社会共治模式研究》，载《中国延安干部学院学报》2020 年第 3 期。

〔2〕　陈怡俊、黄海峰：《融合"行政引导"与"社会自治"的社会共治模式研究》，载《中国延安干部学院学报》2020 年第 3 期。

的食品安全监督已经走过了近 50 年的历程，也逐步形成了从"监管"到"治理"的理念转变，从单纯依靠行政权进行日常监管转向从社会力量中汲取资源实现食品安全的全面治理。治理具有以下特征：①治理主体多元化，如个人，组织，公私机构，权力机关、非权力机构等。②在治理的基础上体现平等，政府已不再享有唯一的、独占性的统治权威。③在治理的方式上，既有强制管理，又有民主协商谈判妥协；政府实行分权化改革，将权力充分授予下级、非政府组织乃至企业、个人，政府在治理中的主要责任，不再是直接生产和提供公共物品和服务，而是制定与其他社会单元合作生产和提供公共物品和服务的规则并执行规则。

食品安全社会共治原则是指食品安全共同体在开展食品安全工作时应当遵循一同或一道管（治）理的准则。从效力上看，其应当贯穿我国食品安全工作的全过程；从形式上看，其要求食品安全共同体成员实现权义共担；从功能上看，其要解决我国食品安全工作中的基本矛盾。该原则隐含着一种混合的政治理论，倡导一种混合的制度秩序，试图将市场、国家、非政府组织等秩序的力量有机地结合起来，彼此合作，相互监督，以便确保食品安全。该原则的理论特色则体现为平等协商与理性沟通的工作机制、相互信任的推进机制、信息共享和公开透明的保障机制，以及灵活高效的评价机制等方面。

第三节　我国食品安全管理主要法律制度

法律制度包括司法监督、司法、立法、执法等，我国依法治国的要求就是违法必究、执法必严、有法必依、有法可依。食品安全管理法律制度是食品安全的重要保证，是食品安全行政执法的法律依据和理论基础，也是涉及食品安全管理的现行法律规范的有机整体。[1] 本节就我国《食品安全法》中食品安全管理的主要法律制度进行介绍。

一、食品安全风险监测和评估制度

我国 2009 年颁布的《食品安全法》首次提出我国实施食品安全风险监测和评估制度，标志着我国食品安全监管从经验监管向科学监管、从传统监管向现代监管迈进。

（一）食品安全风险监测制度

1. 食品安全风险监测概述

根据 2010 年《食品安全风险监测管理规定（试行）》第 2 条规定，食品安全风险监测，是通过系统和持续地收集食源性疾病、食品污染以及食品中有害因素的监测数据及相关信息，并进行综合分析和及时通报的活动。而食源性疾病，指食品中致病因素进入人体引起的感染性、中毒性等疾病，包括食物中毒。食品污染，指根据国际食品安全管理的一般规则，在食品生产、加工或流通等过程中因非故意原因进入食品的外来污染物，一般包括金属污染物、农药残留、兽药残留、超范围或超剂量使用的食品添加剂真菌毒素以及致病微生物、寄生虫等。食品中有害因素是指，在食品生产、流通、餐饮服务等环节，除了食品污染以外的其他可能途径进入食品的有害因素，包括自然存在的有害物、违法添加的非食用物质以及被作为食品添加剂使用的对人体健康有害的物质。

食品安全风险监测是针对某种食品的食用安全性展开的评价、预警和检测，是对食品安全风险进行评估的基础和前提，也是风险评估阶段的数据来源。食品安全风险监测总体上来说，是为了掌握和了解食品安全状况，对食品安全水平进行检测、分析、评价和公告的活动。食品安全风险监测作为一项系统性、专业性、科学性的技术活动，有利于了解掌握特定食品

---

〔1〕 裴磊、陈庭强、王磊等：《江苏省食品安全监管信息透明度状况评价研究》，载《中国调味品》2018 年第 1 期。

类别和特定食品污染物的污染水平，掌握污染物的变化趋势，以便为制定和实施食品安全监督管理政策、制定食品安全标准提供依据；有利于公众加强自身保护，指导食品生产经营企业做好食品安全管理。[1]

我国 2009 年《食品安全法》第 11 条第一次确立了我国建立食品安全风险监测制度。2015 年修订的《食品安全法》第 14 条进一步完善了食品安全风险监测制度，明确了食品风险监测计划的参与主体，规定了调整风险监测计划的情形，新增了食品安全风险监测方案的备案制，并对风险监测有了新的规定。

2. 食品安全风险监测体系

根据 2021 年《食品安全法》第 14、15、16 条规定，国务院卫生行政部门会同国务院食品安全监督管理等部门，制定、实施国家食品安全风险监测计划。国务院食品安全监督管理部门和其他有关部门获知有关食品安全风险信息后，应当立即核实并向国务院卫生行政部门通报。对有关部门通报的食品安全风险信息以及医疗机构报告的食源性疾病等有关疾病信息，国务院卫生行政部门应当会同国务院有关部门分析研究，认为必要的，及时调整国家食品安全风险监测计划。省、自治区、直辖市人民政府卫生行政部门会同同级食品安全监督管理等部门，根据国家食品安全风险监测计划，结合本行政区域的具体情况，制定、调整本行政区域的食品安全风险监测方案，报国务院卫生行政部门备案并实施。

承担食品安全风险监测工作的技术机构应当根据食品安全风险监测计划和监测方案开展监测工作，保证监测数据真实、准确，并按照食品安全风险监测计划和监测方案的要求报送监测数据和分析结果。食品安全风险监测工作人员有权进入相关食用农产品种植养殖、食品生产经营场所采集样品、收集相关数据。采集样品应当按照市场价格支付费用。

食品安全风险监测结果表明可能存在食品安全隐患的，县级以上人民

---

〔1〕 倪楠、舒洪水、苟震：《食品安全法研究》，中国政法大学出版社 2016 年版。

政府卫生行政部门应当及时将相关信息通报同级食品安全监督管理等部门，并报告本级人民政府和上级人民政府卫生行政部门。食品安全监督管理等部门应当组织开展进一步调查。

（二）食品安全风险评估制度

1. 食品安全风险评估概述

根据我国《食品安全法》及《食品安全风险评估管理规定》第 3 条第 1 款规定，风险评估是指对食品、食品添加剂、食品相关产品中的生物性、化学性和物理性危害对人体健康造成不良影响的可能性及其程度进行定性或定量估计的过程，包括危害识别、危害特征描述、暴露评估和风险特征描述等。食品安全风险评估是食品安全风险分析的核心，旨在为食品安全法律法规和食品安全标准制定或修订等风险管理措施提供科学依据。危害识别是风险评估的第一步，是确定一种因素能引起人体或（亚）人群发生不良作用的类型和属性的过程，其主要内容是根据现有毒性和毒作用模式研究数据，在证据权重的基础上对不良健康效应进行评价。危害识别主要解决两个问题，一是识别任何可能引起人体健康危害的因素特征，二是明确可能出现危害的条件。危害识别应基于对多方面数据的分析，这些数据可来源于人群流行病学调查及意外事故调查、动物实验和体外试验研究、化学物的构效关系分析等。危害特征描述是对一种因素引起的不良作用进行定性或定量描述，一般应包括剂量—反应评估及其伴随的不确定性评估。暴露评估是对特定（亚）人群暴露于某因素（物质及其衍生物）的实际情况进行的评价。对于食品中的化学物，膳食暴露评估时要考虑该化学物在膳食中是否存在、存在的浓度、含有该化学物的食物的消费模式、大量食用"问题食物"的高消费人群以及食物中含有高浓度该物质的可能性等多方面的因素。通常情况下，暴露评估可得出一系列暴露量的估计值，也可以根据不同人群进行分组评估。风险特征描述旨在阐明某种因素对特定（亚）人群在确定的暴露情况下产生的已知或潜在不良健康影响的可能性及其相关的不确定性进行定性，并尽可能进行定量描述。风险特征描述能给出不同暴露情形下可能发生的人类健康风险的估计值，包括所有的关键假设以及描述任何健康风险的特征、相关性和程度。风险特征描述最终需要将暴露评估和危害特征描述的信息整合为提供给风险管理决策者的建议。[1]

2. 我国食品安全风险评估体系

我国《食品安全法》第 17 条规定，国家建立食品安全风险评估制度，运用科学方法，根据食品安全风险监测信息、科学数据以及有关信息，对食品、食品添加剂、食品相关产品中生物性、化学性和物理性危害因素进行风险评估。国务院卫生行政部门负责组织食品安全风险评估工作，成立由医学、农业、食品、营养、生物、环境等方面的专家组成的食品安全风险评估专家委员会进行食品安全风险评估。食品安全风险评估结果由国务院卫生行政部门公布。对农药、肥料、兽药、饲料和饲料添加剂等的安全性评估，应当有食品安全风险评估专家委员会的专家参加。食品安全风险评估不得向生产经营者收取费用，采集样品应当按照市场价格支付费用。第 19 条规定，国务院食品安全监督管理、农业行政等部门在监督管理工作中发现需要进行食品安全风险评估的，应当向国务院卫生行政部门提出食品安全风险评估的建议，并提供风险来源、相关检验数据和结论等信息、资料。属于本法第 18 条规定情形的，国务院卫生行政部门应当及时进行食品安全风险评估，并向国务院有关部门通报评估结果。第 20 条规定，省级以上人民政府卫生行政、农业行政部门应当及时相互通报食品、食用农产品安全风险监测信息。国务院卫生行政、农业行政部门应当及时相互通报食品、食用农产品安全风险评估结果等信息。

因此，我国食品安全风险评估工作由国务院卫生行政部门负责，农业行政部门则负责农产品风险评估工作，遇到《食品安全法》第 18 条规定的

---

〔1〕 张立实、李晓蒙、吴永宁：《我国食品安全风险评估及相关研究进展》，载《现代预防医学》2020 年第 20 期。

6 种情形，必须组织食品安全风险评估：①通过食品安全风险监测或者接到举报发现食品、食品添加剂、食品相关产品可能存在安全隐患的；②为制定或者修订食品安全国家标准提供科学依据需要进行风险评估的；③为确定监督管理的重点领域、重点品种需要进行风险评估的；④发现新的可能危害食品安全因素的；⑤需要判断某一因素是否构成食品安全隐患的；⑥国务院卫生行政部门认为需要进行风险评估的其他情形。

国务院食品安全监督管理、农业行政等部门属于国务院食品安全风险评估相关机构，它们有权向国务院卫生行政部门提出食品安全风险评估的建议并提供风险来源、相关检验数据和结论等信息、资料。经食品安全风险评估，得出食品、食品添加剂、食品相关产品不安全结论的，国务院食品安全监督管理等部门应当依据各自职责立即向社会公告，告知消费者停止食用或者使用，并采取相应措施，确保该食品、食品添加剂、食品相关产品停止生产经营；需要制定、修订相关食品安全国家标准的，国务院卫生行政部门应当会同国务院食品安全监督管理部门立即制定、修订。

我国食品安全风险评估不得向生产经营者收取费用，采集样品应当按照市场价格支付费用。

二、食品安全标准制度

食品安全标准是保障食品安全的重要技术手段，是食品法律法规体系的重要组成部分，也是政府公共管理政策的重要组成部分，是政府依法进行食品安全治理的主要技术规范，是促进食品国际贸易的基本规则。

（一）食品安全标准概述

食品安全标准是我国标准体系中的一部分。根据《中华人民共和国标准化法》（以下简称《标准化法》），本法所称标准（含标准样品），是指农业、工业、服务业以及社会事业等领域需要统一的技术要求。关于食品安全的定义，根据我国《食品安全法》第 150 条第 2 款规定，食品安全，指食品无毒、无害，符合应当有的营养要求，对人体健康不造成任何急性、亚急性或者慢性危害。据此，食品安全标准应指食品无毒、无害，符合应当有的营养要求，对人体健康不造成任何急性、亚急性或者慢性危害的统一技术要求。

食品安全标准分为国际标准和国内标准。食品安全国际标准有两大体系：第一大体系是 ISO 框架下的食品安全标准体系，即由 1SO 的技术委员会（TC）、分支委员会（SC）和工作组（WG）负责制定。负责制定食品国际标准的技术委员会主要有：农产食品技术委员会（TC34）、香精油技术委员会（TC54）、包装技术委员会（T122）和接触食品的陶器器皿、玻璃器皿委员（TC166）。第二大体系是纳入世界贸易组织（WTO）协议框架下的国际食品法典委员会（CAC）体系，国际食品法典委员会是一个以促进国际食品贸易，并由联合国粮农组织和世界卫生组织共同于 1962 年设立的政府间国际食品标准机构，国际食品法典委员会的标准被世界贸易组织在《实施卫生与植物卫生协定》（Sanitary and Phytosanitary，SP）中认定为解决国际食品贸易争端的依据之一，而成为公认的食品安全国际标准[1]。国内标准包括国家标准、行业标准、地方标准和团体标准、企业标准。

（二）我国食品安全标准

根据我国《食品安全法》第 26 条规定，我国食品安全标准包括：①食品、食品添加剂、食品相关产品中的致病性微生物，农药残留、兽药残留、生物毒素、重金属等污染物质以及其他危害人体健康物质的限量规定；②食品添加剂的品种、使用范围、用量；③专供婴幼儿和其他特定人群的主辅食品的营养成分要求；④对与卫生、营养等食品安全要求有关的标签、标志、说明书的要求；⑤食品生产经营过程的卫生要求；⑥与食品安全有关的质量要求；⑦与食品安全有关的食品检验方法与规程；⑧其他需要制定为食品安全标准的内容。

食品标准是指在一定范围内为达到食品质量、安全、营养等要求，以

---

〔1〕 王艳林主编：《食品安全法概论》，中国计量出版社 2005 年版，第 18 页。

及为保障人体健康，对食品及其生产加工销售过程中的各种相关因素所做的管理性规定或技术性规定。而对于食品安全标准，我国的新旧《食品安全法》和《食品安全法实施条例》及《标准化法》都没有给出一个统一、清晰的定义。我们认为食品安全标准是指为了保证食品安全，对食品生产经营过程中影响食品安全的各种要素以及各关键环节所规定的统一技术要求。这种要求主要包括：对食品安全、相关的标签、标识、说明书的要求；食品生产经营过程的卫生要求和与食品安全有关的质量要求；食品检验方法与规程等。为使食品安全标准制度能更好贯彻实行，我国围绕食品安全标准构建了食品安全标准体系。食品安全标准体系是我国食品安全法律法规体系的重要组成部分，是指以系统科学和标准化原理为指导，按照风险分析的原则和方法，将食品生产、加工和流通整个食品链中的食品生产全过程、各个环节影响食品安全和质量的关键要素及其控制所涉及的全部标准，按内在联系组成的系统、科学、合理的有机体。

按照《食品安全法》及相关规定，我国的食品安全标准可以分为食品安全国家标准、食品安全地方标准和食品安全企业标准。食品安全国家标准由国务院卫生行政部门会同国务院食品安全监督管理部门制定、公布，国务院标准化行政部门提供国家标准编号。食品中农药残留、兽药残留的限量规定及其检验方法与规程由国务院卫生行政部门、国务院农业行政部门会同国务院食品安全监督管理部门制定。屠宰畜、禽的检验规程由国务院农业行政部门会同国务院卫生行政部门制定。

对没有推荐性国家标准、需要在全国某个行业范围内统一的技术要求，可以制定行业标准。行业标准由国务院有关行政主管部门制定，报国务院标准化行政主管部门备案。

对地方特色食品，没有食品安全国家标准的，省、自治区、直辖市人民政府卫生行政部门可以制定并公布食品安全地方标准，报国务院卫生行政部门备案。食品安全国家标准制定后，该地方标准即行废止。

另外，除了国家食品安全标准体系外，企业还制定了大量的企业食品安全标准。企业生产的产品没有国家标准和行业标准的，应当制定企业标准，作为组织生产的依据。企业的产品标准须报省、自治区、直辖市人民政府卫生行政部门备案。已有国家标准或者行业标准的，国家鼓励企业制定严于国家标准或者行业标准的企业标准，在本企业内部适用，并报省、自治区、直辖市人民政府卫生行政部门备案。

三、食品生产经营法律制度

市场有眼睛，法律有牙齿。在科技水平不断提高的今天，食品安全事件频发一些食品生产经营者为追逐不法利益而肆意践踏食品安全制度。因此，对不法食品生产者和经营者，《食品安全法》确立了严格的法律义务。我国《食品安全法》第四章食品生产经营包括第33条至第83条，规定了食品生产经营法律制度。《食品安全法》强化了食品生产经营者对其生产经营食品的安全负责，是第一责任人，要承担社会责任。《食品安全法》第4条规定，食品生产经营者对其生产经营食品的安全负责。食品生产经营者应当依照法律、法规和食品安全标准从事生产经营活动，保证食品安全，诚信自律，对社会和公众负责，接受社会监督，承担社会责任。同时确立了以下制度：生产、流通、餐饮服务许可制度；索证索票制度，台账制度；建立食品召回制度；停止经营制度；企业食品安全管理制度；建立风险预警机制。

（一）食品生产经营许可制度

《食品安全法》第35条规定，国家对食品生产经营实行许可制度。从事食品生产、食品销售、餐饮服务，应当依法取得许可。但是，销售食用农产品和仅销售预包装食品的，不需要取得许可。根据《中华人民共和国行政许可法》（以下简称《行政许可法》）第2条规定，本法所称行政许可，是指行政机关根据公民、法人或者其他组织的申请，经依法审查，准予其从事特定活动的行为。县级以上地方人民政府食品安全监督管理部门依据《食品安全法》的规定，办理食品生产经营许可证。食品生产经营许可是食品领域的市场准入管理。食品生产经营许可的设定属于《行政许可法》第 12 条第 1 项规定的"直接涉及国家安全、公共安全、经济宏观调控、生态环境保护以及直接关系人身健康、生命财产安全等特定活动，需要按照法定条件予以批准的事项"。

食品生产经营许可共分为三类：即食品生产、食品流通和餐饮服务。其中食品生产，是指运用一定的加工机械设备和科学方法对食品原料进行加工制成各种食品的活动；食品流通，是指食品从供应地向接收地的实体流动过程，即根据实际需要，将食品运输、贮存、搬运、包装、流通加工、配送、信息处理等基本功能实现有机结合的过程；餐饮服务，是指通过即时制作加工、商业销售和服务性劳动等，向消费者提供食品、消费场所和设施的服务活动；按照《食品安全法》及相关规定，在食品生产经营活动中的经营主体是从事食品生产加工、流通、销售和餐饮服务的法人、自然人和其他经济组织，包括食品生产、运输、储藏、销售、服务企业及各类经济组织。另外，根据《食品安全法》第 39 条第 1 款规定，国家对食品添加剂生产也实行许可制度。

食品生产加工小作坊和食品摊贩等从事食品生产经营活动，根据《食品安全法》第 36 条规定，应当符合本法规定的与其生产经营规模、条件相适应的食品安全要求，保证所生产经营的食品卫生、无毒、无害，食品安全监督管理部门应当对其加强监督管理。县级以上地方人民政府应当对食品生产加工小作坊、食品摊贩等进行综合治理，加强服务和统一规划，改善其生产经营环境，鼓励和支持其改进生产经营条件，进入集中交易市场、店铺等固定场所经营，或者在指定的临时经营区域、时段经营。食品生产加工小作坊和食品摊贩等的具体管理办法由省、自治区、直辖市制定。

（二）食品安全管理制度

《食品安全法》第 44 条第 1 款规定，食品生产经营企业应当建立健全食品安全管理制度，对职工进行食品安全知识培训，加强食品检验工作，依法从事生产经营活动。这是我国《食品安全法》通过规定食品生产经营者的食品安全管理义务，实现食品生产经营者自我规制。经济学理论认为，社会主体的自我规制能够降低国家规制的成本，社会私人主体的自律能够大幅度地节约政府资源，有助于政府监管效率的提高。特别是，社会主体的自我规制可以克服市场规制的不足，激发社会私人主体参与社会治理的动力，建立道德标准、提升其自治水平。食品安全保障作为一项关系民生大计的公共任务，从法律上设定食品生产经营者进行自我管理的法律义务，国家进行协助和诱导无疑有利于更好地保障食品安全。以食品生产经营者自我规制作为经营者的法律责任，是应对目前我国不断发展变化的经济社会以及复杂的食品安全需求环境的必然选择。[1] 加强对所经营食品的安全管理，严格食品卫生质量控制，提高食品经营合格率，保证食品卫生，保障人民健康，是食品经营企业的法律义务。

食品生产企业应设置食品安全管理机构，配备专（兼）职食品安全管理人员。食品生产企业主要负责人为企业的食品安全第一责任人，对本企业的食品安全工作全面负责。食品安全管理人员应当按照企业规模和岗位要求配备，包括企业主要负责人、质量安全管理人员、生产管理人员等，经企业主要负责人书面授权后分别负责本企业食品安全相应的管理工作。

建立健全各项食品安全管理制度是食品经营企业保证其经营的食品达到相应食品安全要求的基本前提，食品经营企业的食品安全管理制度一般应包括食品安全自查制度、经营食品查验和记录制度、库房管理制度、食品销售与展示卫生制度、从业人员健康检查制度、从业人员食品安全知识培训制度、食品用具清洗消毒制度和卫生检查制度等。

四、食品检验制度

我国《食品安全法》第五章专章（从第84条至第90条）规定了食品

---

〔1〕 邓刚宏：《食品生产经营者自我规制模式的构建》，载《政治与法律》2019年第3期。

检验。食品检验一方面有利于保证食品安全，保障人们的生命健康、加强食品监管的重要手段；另一方面也有利于维护食品生产企业的声誉和社会信誉。食品检验制度是保障食品安全法律制度中的非常重要的一个制度。

（一）食品检验概念和基本原则

食品检验是指食品检验机构根据有关国家标准，对食品原料、食品添加剂、辅助材料、成品的质量和安全性进行的检验，包括对食品理化指标、卫生指标、外观特性，以及外包装、内包装、标志等进行的检验。[1] 食品检验既包括了食品检验，也包括食品添加剂的检验，《食品安全法》第90条规定，食品添加剂的检验，适用本法有关食品检验的规定。

食品检验机构开展食品检验活动要遵循一定的原则，如合法原则、独立原则、公正客观不虚假原则。合法原则要求食品检验机构应当按照国家有关认证认可的规定依法取得资质认定后，方可从事食品检验活动。食品检验主体从事食品检验活动要依照有关法律、法规的规定，并按照食品安全标准和检验规范进行。独立原则是保障食品检验机构做到公平公正，不偏不倚的要求，是通过一系列规定，来努力实现食品检验的中立、超脱。《食品安全法》第85条第1款规定，食品检验由食品检验机构指定的检验人独立进行。《食品检验机构资质认定管理办法》（已失效）第27条规定，食品检验机构应当独立于食品检验活动所涉及的利益相关方，不受任何可能干扰其技术判断因素的影响，并确保检验数据和结果不受其他组织或者人员的影响。食品检验机构不得以广告或者其他形式向消费者推荐食品。第28条第1、2款规定，食品检验机构应当指定检验人独立进行食品检验，与检验业务委托人有利害关系的检验人应当予以回避。食品检验人不得与其食品检验活动所涉及的检验业务委托人存在利益关系；不得参与任何影响其检验判断独立性和公正性的活动。公正客观不虚假原则要求食品检验

---

〔1〕 全国人大常委会法制工作委员会行政法室、信春鹰编：《中华人民共和国食品安全法解读》，中国法制出版社2015年版，第207页。

机构按食品（含食品添加剂）本来的情况去如实检验，不掺杂个人的主观意愿，也不为他人意见所左右，公平正直，没有偏失。《食品安全法》第85条第2款规定，检验人应当依照有关法律、法规的规定，并按照食品安全标准和检验规范对食品进行检验，尊重科学，恪守职业道德，保证出具的检验数据和结论客观、公正，不得出具虚假检验报告。《食品安全法》第138条第1款规定了食品检验机构、食品检验人员出具虚假检验报告的法律责任，包括撤销该食品检验机构的检验资质、没收所收取的检验费用、并处罚款；依法对食品检验机构直接负责的主管人员和食品检验人员给予撤职或者开除处分；导致发生重大食品安全事故的，对直接负责的主管人员和食品检验人员给予开除处分。同时，该条第3款规定了食品检验机构出具虚假检验报告，使消费者的合法权益受到损害的，应当与食品生产经营者承担连带责任。[1]

（二）食品检验方式

根据我国《食品安全法》的规定，食品检验方式可以分为以下三种：

1. 食品安全监督管理部门抽检

《食品安全法》第87条规定，县级以上人民政府食品安全监督管理部门应当对食品进行定期或者不定期的抽样检验，并依据有关规定公布检验结果，不得免检。食品安全监督管理部门对食品的抽检，是对食品生产经营企业进行外部监督的重要手段，也是保障公众生命、健康的重要一环。根据我国食品安全监督管理机构的改革，国家市场监督管理总局负责组织开展全国性食品安全抽样检验工作，监督指导地方市场监督管理部门组织实施食品安全抽样检验工作。县级以上地方市场监督管理部门负责组织开

---

〔1〕《食品安全法》第138条第2、3款规定，违反本法规定，受到开除处分的食品检验机构人员，自处分决定作出之日起10年内不得从事食品检验工作；因食品安全违法行为受到刑事处罚或者因出具虚假检验报告导致发生重大食品安全事故受到开除处分的食品检验机构人员，终身不得从事食品检验工作。食品检验机构聘用不得从事食品检验工作的人员的，由授予其资质的主管部门或者机构撤销该食品检验机构的检验资质。食品检验机构出具虚假检验报告，使消费者的合法权益受到损害的，应当与食品生产经营者承担连带责任。

展本级食品安全抽样检验工作，并按照规定实施上级市场监督管理部门组织的食品安全抽样检验工作。2019 年 8 月 8 日，国家市场监督管理总局令第 15 号公布了《食品安全抽样检验管理办法》来规范食品安全抽样检验工作，加强食品安全监督管理，保障公众身体健康和生命安全。该办法自2019 年 10 月 1 日起施行，后根据 2022 年 9 月 29 日国家市场监督管理总局令第 61 号修正。

免检是指对符合规定条件的产品免于政府部门实施的质量监督检查的活动。2001 年 12 月，原国家质量监督检验检疫总局成立后修订了《产品免于质量监督检查管理办法》，并以国家质量监督检验检疫总局令第 9 号的形式重新发布。后"三鹿奶粉"事件爆发后，2008 年 9 月 18 日国家质量监督检验检疫总局公布总局令第 109 号，决定自公布之日起，对《产品免于质量监督检查管理办法》予以废止，免检制度废除。

2. 食品生产企业自行检验

食品生产经营者是食品安全第一责任人，为了保证食品安全，食品生产企业的自我检验非常重要，是食品安全的第一关卡。根据《食品安全法》，食品检验也是食品生产经营者的法定义务。《食品安全法》第 46 条第3 项规定，食品生产企业应当就下列事项制定并实施控制要求，保证所生产的食品符合食品安全标准：原料检验、半成品检验、成品出厂检验等检验控制；第 50 条第 1 款规定，食品生产者采购食品原料、食品添加剂、食品相关产品，应当查验供货者的许可证和产品合格证明；对无法提供合格证明的食品原料，应当按照食品安全标准进行检验。

食品生产企业自行检验要求企业具备食品检验的条件。不具备自行检验条件的，也可以委托检验。《食品安全法》第 89 条第 1 款规定，食品生产企业可以自行对所生产的食品进行检验，也可以委托符合本法规定的食品检验机构进行检验。

3. 委托检验

委托检验是食品检验机构接受相关主体的委托，对食品原料、食品添加剂、辅助材料、成品的质量和安全性进行的检验。根据《食品安全法》，无论是食品安全监督管理部门还是食品生产企业、食品行业协会和消费者协会等组织、消费者都可能需要委托食品检验机构检验。食品安全监督管理部门进行抽样检验，购买抽取的样品，委托符合规定的食品检验机构进行检验，并支付相关费用；不得向食品生产经营者收取检验费和其他费用。

第五章　传染性疾病防治法

　　20世纪以前是漫长的传染病主导的时代，人类对微观世界和人体内部了解甚微，公共卫生把传染病的病因指向了人体外部宏观环境因素。清洁生活垃圾和工业废物以保护水、食物和环境的清洁安全为主要的干预措施。直到1865年，法国微生物学家路易·巴斯德用著名的鹅颈瓶实验证实了细菌的存在，形成了第一套细菌疾病理论。随着人们对传染性疾病检验以及传染性药物治疗的科学可行性认识，公共卫生病原模式应运而生。时至今日，法律对于病原模式仍发挥着强大的导向功能。医疗对策已经被确认为传染病防治立法的内容。法律授权可以进行传染性疾病筛查和上报、疫苗接种以及对感染者的隔离治疗等。传统公共卫生背景下，传染性疾病威胁的公众性是毋庸置疑的。根据传播途径，传染病主要分为食源性疾病、水源性疾病、人畜共患性疾病以及人际传播性疾病。政府用来解决传染性疾病的权力是巨大的，并且对个人自治的侵犯通常也是必要的。[1] 但是为了公众健康采取的传染性疾病防治手段应当符合比例原则。

---

　　〔1〕〔美〕劳伦斯·高斯丁、林赛·威利：《公共卫生法：权力·责任·限制》，苏玉菊等译，北京大学出版社2020年版，第358页。

第一节　生活饮用水卫生法

一、生活饮用水卫生法概述

（一）生活饮用水的概念

生活饮用水，是指供人生活的饮用水和生活用水。它既是人类生存的基本条件，又是社会生产必不可少的物质资源。2006 年，联合国开发计划署提议，应当将每人获得至少 20 公斤清洁饮水作为一项人权予以保护。饮用水安全与人民生活密不可分，直接关系到人民群众的身体健康。防止介水传染病的出现、暴发和流行，一直是我国生活饮用水卫生监督管理的重要内容。为广泛深入地开展饮用水卫生宣传，增强全民饮用水卫生安全意识，预防疾病，维护健康，从 2012 年开始，我国卫生健康部门在每年 5 月第三周集中开展饮用水卫生宣传周活动。

水污染则是指人类活动排放的污染物进入水体，其数量超过了水体的自净能力，使水和水体底质的理化特性和水环境中的生物特性、组成等发生改变，从而影响水的使用价值，造成水质恶化，甚至危害人体健康或破坏生态环境的现象。水污染的主要来源是工业废水、生活污水、医院污水、农田水的径流和渗透，以及废物的堆放、掩埋和倾倒。其主要影响包括导致介水传染病的人群暴发，造成致畸、致癌、致突变等潜在的健康危害或急、慢性中毒等，以及引起水的感官性状发生变化。

（二）生活饮用水卫生立法

1. 我国饮用水标准的历史沿革[1]

我国生活饮用水卫生立法是从标准起步的。1956 年国家建设委员会和

---

［1］　胡光、高小蕾主编：《卫生计生监督员培训教材生活饮用水卫生监督分册》，人民卫生出版社 2018 年版，第 5~9 页。

卫生部发布《饮用水水质标准（草案）》，确立12项水质指标。1959年建筑工程部和卫生部发布《生活饮用水卫生规程》，首次将水源的卫生防护划分为三个地带：戒严地带、限制地带和观察地带。1976年国家建设委员会和卫生部发布《生活饮用水卫生标准》（TJ 20-76），水质指标增至23项。1985年卫生部发布我国第一个生活饮用水国家标准《生活饮用水卫生标准》（GB 5749-85），水质指标增至35项。随着经济社会发展，卫生部于2001年制定了《生活饮用水水质卫生规范》，水质指标扩至96项，其中常规指标34项，非常规指标62项，另提出64项饮用水源水中有害物质的限值。2006年，为了与国际接轨，卫生部会同有关部门对生活饮用水卫生标准进行整合，与国家标准化管理委员会联合发布了《生活饮用水卫生标准》（GB 5749-2006），提出了106项水质指标，并对水源水质、生活饮用水水质、集中式供水单位、二次供水单位等提出了技术要求。同年，卫生部和国家标准化管理委员会还联合发布了《生活饮用水标准检验方法》（GB/T 5750.1-5750.13-2006），提出了147项检验指标、302个检验方法。2022年3月15日，国家市场监督管理总局、国家标准化管理委员会发布了《生活饮用水卫生标准》（GB 5749-2022），该标准自2023年4月1日起实施，全部代替《生活饮用水卫生标准》（GB 5749-2006）。2023年3月17日，国家市场监督管理总局、国家标准化管理委员会发布了《生活饮用水标准检验方法》（GB/T 5750.1-5750.13-2023），该标准将于2023年10月1日起实施。

经过多次修订，《生活饮用水卫生标准》对水质指标作了详细规定，控制范围也进一步扩大，对保障人体健康和促进经济社会发展发挥了重要作用。为此，国家通过相应的卫生立法，将《生活饮用水卫生标准》的管理纳入了法律和法规，成为法律规范的一部分。[1]《传染病防治法》第29条

---

[1] 耿莉等：《我国生活饮用水卫生监管的法律路径》，载《中国卫生监督杂志》2015年第6期。

第1款规定，饮用水供水单位供应的饮用水，应当符合国家卫生标准和卫生规范。一旦供水单位供应的饮用水不符合国家规定卫生标准的，引起甲类传染病传播以及依法确定采取甲类传染病预防、控制措施的传染病传播或者有传播严重危险的，将有入刑的风险。

2. 现行饮用水相关的法律、行政法规和部门规章

表1

类　型	名　　称	数　量
法　　律	《中华人民共和国传染病防治法》《中华人民共和国环境保护法》《中华人民共和国水污染防治法》《中华人民共和国水法》《中华人民共和国食品安全法》	5部
行政法规	《城市供水条例》《学校卫生工作条例》《公共场所卫生管理条例》《突发公共卫生事件应急条例》《中华人民共和国传染病防治法实施办法》《国务院关于加强食品等产品安全监督管理的特别规定》	6部
部门规章	《生活饮用水卫生监督管理办法》《饮用水水源保护区污染防治管理规定》《城市供水水质管理规定》	3部

此外还有由省、自治区、直辖市的人大及其常委会，省、自治区的人民政府所在地的市和国务院批准的较大的市的人大及其常委会颁布的地方行政法规，以及地方行政规章。

3. 饮用水管理相关行政部门的职责分工

环境及饮用水水源的保护，由环境保护部门实施统一监督管理。《中华人民共和国环境保护法》（以下简称《环境保护法》）第10条第1款规定，国务院环境保护主管部门，对全国环境保护工作实施统一监督管理；县级

以上地方人民政府环境保护主管部门，对本行政区域环境保护工作实施统一监督管理。《水污染防治法》第9条第1款规定，县级以上人民政府环境保护主管部门对水污染防治实施统一监督管理。

《城市供水条例》《城市供水水质管理规定》仅限于城市的饮用水水源、制水和供水的行业管理，由城市建设行政主管部门主管。《城市供水条例》第7条规定，国务院城市建设行政主管部门主管全国城市供水工作。省、自治区人民政府城市建设行政主管部门主管本行政区域内的城市供水工作。县级以上城市人民政府确定的城市供水行政主管部门主管本行政区域的城市供水工作。《城市供水水质管理规定》第4条第1~3款规定，国务院建设主管部门负责全国城市供水水质监督管理工作。省、自治区人民政府建设主管部门负责本行政区域内的城市供水水质监督管理工作。直辖市、市、县人民政府确定的城市供水主管部门负责本行政区域内的城市供水水质监督管理工作。

依据《中华人民共和国水法》和国务院的职能分工，全国水资源的统一管理和监督工作及农村地区的饮水安全工程建设与管理，由水利部门负责。《中华人民共和国水法》第7条中规定，国家对水资源依法实行取水许可制度和有偿使用制度。国务院水行政主管部门负责全国取水许可制度和水资源有偿使用制度的组织实施。第12条第2、4款规定，国务院水行政主管部门负责全国水资源的统一管理和监督工作。县级以上地方人民政府水行政主管部门按照规定的权限，负责本行政区域内水资源的统一管理和监督工作。

生活饮用水卫生监管主体是卫生行政部门。世界上80%的疾病与水有关。伤寒、霍乱、胃肠炎、痢疾、传染性肝病是人类五大疾病，均由水的不洁引起。所以生活饮用水卫生是防病的重要切入点。为保障行政的有效性和适应性，《传染病防治法》第53条第1款列明了6项县级以上人民政府卫生行政部门在传染病防治工作中应当履行的监督检查职责，其中第4项特别规定"并对饮用水供水单位从事生产或者供应活动以及涉及饮用水卫生安全的产品进行监督检查"。[1]

二、生活饮用水卫生法基本原则

(一)优先保护饮用水水源的原则

水污染防治首先应当遵循预防为主、防治结合、综合治理的原则，该原则也是环境法的基本原则之一。[2] 水污染防治还应遵循优先保护饮用水源，严格控制工业污染、城镇生活污染，防治农业面源污染，积极推进生态治理工程建设的原则。将优先保护饮用水水源作为水污染防治的原则进一步体现了饮用水水源保护的特殊性和重要性；规定了人民政府进行水污染防治的责任，特别是县级以上人民政府，不仅要对本行政区域的水环境质量承担实实在在的责任，而且还把水环境保护目标责任制的实施情况以及当地的水环境质量的好坏，都纳入到了对政府领导干部的政绩考核中来；规定了国家通过财政转移支付等方式，建立健全对位于饮用水保护区区域和江河、湖泊、水库上游地区的水环境生态保护补偿机制；明确人民政府环境保护主管部门对水污染实施统一监督管理，交通主管部门的海事管理机构对船舶污染水域的防治实施统一监督管理，人民政府水行政、国土资源、卫生、建设、农业、渔业等部门以及江河、湖泊的流域水资源保护机构，在各自的职责范围内，对有关水污染防治实施监督管理。

《水污染防治法》第五章对饮用水水源保护作了具体规定，如第63、64条规定，将饮用水水源保护区分为一级保护区和二级保护区，必要时还可以在饮用水水源地外围划定一定的区域作为准保护区；对保护区实行严格的管理制度，禁止在保护区内设置排污口。《生活饮用水卫生监督管理办法》第13条规定，饮用水水源地必须设置水源保护区。保护区内严禁修建

---

〔1〕耿莉等：《我国生活饮用水卫生监管的法律路径》，载《中国卫生监督杂志》2015年第6期。

〔2〕蓝楠、李铮：《〈水污染防治法〉的发展历程与成就》，载《环保科技》2009年第3期。

任何可能危害水源水质卫生的设施及一切有碍水源水质卫生的行为。[1]

(二) 确保饮用水供给安全原则

要将保障居民饮用水供给放在首要位置，进行优先考虑，这首先体现在当开辟新的水源，地区居民饮用水和地区农业用水、地区工业用水发生冲突的情况下，保障居民饮用水在水源分配上的优先地位。在财政资金和政府投入有限的情况下，不能单纯地以经济利益为主要目标，应当首先考虑饮用水供给工程建设以及维护的资金投入。

同时，安全原则要求必须保障饮用水供给的水质清洁无污染，这种安全是一种绝对安全。目前，世界上大多数国家都认识到饮用水安全对其国民的身体健康以及经济发展的重大意义，在保障饮用水安全的措施方面不遗余力。我国饮用水供给的安全原则主要体现为确保饮用水水质安全，即民众能够饮用到无污染无危害的清洁水。为了达到这一目的，首先，应当建立严格的水质监测制度，对供水的全程进行有效的监测，一旦发现饮用水水质出现问题，可能影响居民的身体健康，及时地采取应急措施进行处理。其次，应当积极发展生态农业，合理控制农业化学品的使用，避免因农药、化肥使用过量而对饮用水水源造成污染。最后，建立严格的法律责任制度，要求造成饮用水污染的相关责任人员承担民事赔偿责任，或对其进行行政处罚，构成犯罪的应当追究刑事责任。从这三个方面来保证饮用水水质安全，确保居民生存权和健康权的实现。

(三) 确保饮用水供给公平原则

公平原则是指人与人之间的权利利益的合理分配以及义务的对等履行，如果权利和利益的分配方式、分配程序、分配结果合理并且权利的享有和义务的履行相对等，则可以称之为公平。相反的，则为不公平。社会主义和谐社会的基本特征之一即是"公平正义"。目前，确保我国饮用水供给的

---

[1] 马育红、徐贵东：《论我国饮用水安全保障法律制度的完善》，载《西部法学评论》2015年第 2 期。

公平原则主要体现在两个方面：

首先是确保"代内公平"，即农村地区和城市地区的公平，由于历史以及政治原因，我国城乡结构二元分化严重，相较城市地区，我国农村地区面临着更加严峻的饮用水供给形势。因此，在立法执法中应当重视农村饮用水的供给问题。本着以人为本和实事求是的原则，在标准制定上一方面致力于城乡统一饮用水水质要求，另一方面对农村日供水在 1000m³ 以下（或供水人口在 1 万人以下）的集中式供水和分散式供水采用过渡办法，在保证饮用水安全的基础上，现阶段暂时对 3 项有安全保证的毒理学指标、1 项微生物指标及 10 项感官性状和一般性理化指标适当放宽，保证可行性的原则。

其次是确保"代际公平"，即当代人和后代人在利用水资源满足自身的生存和发展方面享有平等权利。这其实也是可持续发展观的要求，注重水污染的防治，提高农村地区居民的节水意识，注重水资源的循环利用，都有利于实现饮用水的"代际公平"。[1]

三、生活饮用水卫生主要法律制度

（一）饮用水水源保护区制度

饮用水水源保护区是指国家为防止饮用水水源地污染、保证水源地环境质量而划定的，并要求加以特殊保护的一定面积的水域和陆域。[2] 1989 年原国家环保总局、卫生部、建设部、水利部联合颁布的《饮用水水源保护区污染防治管理规定》对饮用水水源保护区制度作了较为集中的规定。2008 年，修订后的《中水污染防治法》进一步确立了饮用水水源保护区制度。[3] 适用于全国所有集中式供水的饮用水地表水源和地下水源的污染防

---

〔1〕 吴娟：《我国农村饮用水供给的法律保障机制研究》，西南政法大学 2014 年硕士学位论文。

〔2〕 刘学功等：《城市水环境改善与水源保护技术》，中国水利水电出版社 2012 年版，第 50 页。

〔3〕 王研等：《水源地保护规范研究》，中国水利水电出版社 2012 年版，第 129 页。

治管理。

我国饮用水水源保护区实行分级制度。饮用水水源保护区分为一级保护区和二级保护区，必要时，可以在饮用水水源保护区外围划定一定的区域作为准保护区。各级保护区应有明确的地理界线，均应规定明确的水质标准并限期达标。总体来看，从准保护区、二级保护区到一级保护区，对污染的控制标准逐级提高。针对水源类别的差异，对饮用水地表和地下水源保护区做了污染控制措施的区别规定。

对地表饮水源保护区的污染防治规定。首先，地表饮水源各级保护区及准保护区内，共同遵守：禁止破坏水环境生态平衡及与水源保护相关植被的活动；禁止向水域倾倒废弃物；运输有毒有害物质的船舶和车辆须有事先的申请、批准、登记，才能进入保护区；禁用剧毒和高残留农药等。其次，一级保护区内，禁止新建、扩建与供水设施和保护水源无关的建设项目；禁排污水、停靠船舶、堆置和存放各种废弃物；禁止种植、放养畜禽等。二级保护区内，禁止新建、改建、扩建排放污染物的建设项目；关闭原有排污口；禁设存有有毒有害物品的码头。准保护区内，禁止新建、扩建对水体污染严重的建设项目，不得增加排污量。

对地下饮水源保护区的污染防治规定。首先，地下饮水源各级保护区及准保护区须统一遵守：禁止利用渗井等方式排放污水和其他有害废弃物；禁止利用废弃矿坑等储存石油、天然气、放射性物质等；人工回灌地下水不得污染地下水源。其次，一级保护区内，禁设与取水设施无关的建筑物；禁止农牧业活动等。二级保护区内，禁设有严重污染的企业、有毒有害废弃物堆放场和转运站；禁用未经净化的污水灌溉等。准保护区内，当补给源为地表水体时，该地表水体水质不应低于《地表水环境质量标准》Ⅲ类标准，不得使用不符合《农田灌溉水质标准》的污水进行灌溉等。[1]

基于饮水源功能的重要性以及环境情况的脆弱性，国家立法专门设置

---

〔1〕　商莉平：《饮用水水源保护区法律制度》，天津工业大学 2017 年硕士学位论文。

了相应的饮水源保护区制度，以区域化、特别化的保护方式，防治区域内饮用水源水体的污染。首先，各级人民政府的环境保护部门会同有关部门作好饮用水水源保护区的污染防治工作，并根据当地人民政府的要求制定和颁布地方饮用水水源保护区污染防治管理规定。其次，饮用水水源保护区由地方环境保护部门会同水利、地质矿产、卫生、建设等有关部门共同划定；跨省、市、县的饮用水水源保护区，其位置划定和管理办法，由保护区范围内的各级人民政府共同商定并报上一级人民政府批准。最后，环境保护、水利、地质矿产、卫生、建设等部门应结合各自的职责，对饮用水水源保护区污染防治实施监督管理。突发性事故发生时，环保部门根据当地人民政府的要求组织有关部门调查处理，必要时经当地政府批准后采取强制性措施以减轻损失。

（二）饮用水污染控制制度

尽管饮用水水源保护区制度已经明确禁止在水源地内进行排污行为，使得水源地遭受直接污染的可能性得到有效降低。但是，水源保护区不是一个独立的区域，在非饮用水水源保护区的流域所进行的排污行为同样会对饮用水水源造成影响，当污染达到一定程度，甚至可以直接导致饮用水水源遭受严重污染。为了控制水污染，进而促进饮用水安全保障，我国建立了排污申报登记制度、排污许可证制度、排污收费制度等法律制度。

首先，排污申报登记制度。排污申报登记制度是指向环境排放污染物的单位，按照国务院环境保护行政主管部门的规定，向所在地环境保护行政主管部门申报其污染物的排放和防治情况，并接受登记和监督管理的一系列法律规范构成的规则系统。[1] 排污申报登记，是及时准确地掌握有关排污和污染信息的有效途径，也是环境保护行政主管部门进行其他相应管理的基础。[2]我国施行排污申报登记的规定最早见于1982年由国务院颁布

---

〔1〕 吕武：《我国排污行政许可制度的法律问题探析》，载《东北农业大学学报（社会科学版）》2009年第2期，第55页。

〔2〕 吕忠梅等：《环境资源法学》，科学出版社2004年版，第150~152页。

的《征收排污费暂行办法》（已失效），当时其主要目的在于以此作为排污收费的依据。在 1989 年制定的《环境保护法》中，第 27 条明确规定，排放污染物的企业事业单位，必须依照国务院环境保护行政主管部门的规定申报登记。[1] 在饮用水保护领域则是《水污染防治法》对该制度进行了确立。其中，水污染物以污水综合排放标准中规定的水污染物以及对当地环境影响较大的污染物为重点，排放生活污水不需要申报登记。

排污申报登记的管理者是人民政府的环境行政主管部门，具体负责排污申报登记和申报登记证的发放。申报登记者应及时提出登记的申请以及进行申报登记，一般要求建设单位在竣工验收时进行申报、已建成或正在生产经营的可在申报登记办法颁布后立即进行，排污状况有重大改变或拆除、闲置污染处理设施时应提前重新申报。

其次，排污许可证制度。排污许可证制度是实行环境可持续发展的一项基本制度，是以改善环境质量为目标，以污染物总量控制为基础，对排污单位排放污染物的种类、数量、性质、去向、方式等进行具体规定的一项环境管理制度。[2] 在我国，水污染物排放许可证制度是最先实施的一项制度。这项制度自 1985 年在上海率先实施，通过 1989 年公布施行的《中华人民共和国水污染防治法实施细则》得以确立，2008 年修订的《水污染防治法》第 20 条第 1 款明确规定"国家实行排污许可制度"，2014 年修订的《环境保护法》第 45 条首次在具有环境保护基本法性质的法律中明确规定该项制度，给排污许可制度提供了更强的法律基础支撑。[3] 多年的实践表明：排污许可证制度对于控制和治理污染，规范排污单位的环境行为起到了积极的推动作用。现行排污许可证制的主要内容包括：排污申报登记、

---

〔1〕　朱谦：《环境法基本原理——以环境污染防治法律为中心》，知识产权出版社 2009 年版，第 170 页。

〔2〕　韩冬梅、宋国君：《基于水排污许可证制度的违法经济处罚机制设计》，载《环境污染与防治》2012 年第 11 期，第 35 页。

〔3〕　刘炳江：《改革排污许可制度 落实企业环保责任》，载《环境保护》2014 年第 14 期，第 14 页。

确定本地区污染物排放总量控制指标和分配污染物总量削减指标、排污许可证的审核和发放。

但也有学者认为当前排污许可制度规制对象仅限于重点污染物，排放源获得的排污许可证中尽管包括了少量的总量控制，主要还是涉及对特定污染物的浓度控制。这使得排污许可与排污配额混同，也使得监管机关过于关注特定污染物的达标排放，不利于发挥总量控制的作用。[1]

最后，排污收费制度。排污收费制度是指国家环境资源保护行政主管部门对向环境排放污染物或者超过国家或地方排放标准排放污染物的排污者，按照所排放的污染物的种类、数量和浓度，征收一定费用的管理制度。排污收费制度的根本目的是促进排污单位加强自我约束，节约和综合利用各种资源，治理污染，改善环境。《排污费征收使用管理条例》（已失效）是排污收费制度的主要依据，同时《水污染防治法》对水资源领域的排污收费制度进行了进一步确立；《排污费征收使用管理条例》第2、3条规定，直接向环境排放污染物的单位和个体工商户（以下简称"排污者"），应当依照本条例的规定缴纳排污费；排污者向城市污水集中处理设施排放污水、缴纳污水处理费用的，不再缴纳排污费。县级以上人民政府环境保护行政主管部门、财政部门、价格主管部门应当按照各自的职责，加强对排污费征收、使用工作的指导、管理和监督。

（三）饮用水供水单位卫生许可制度

《传染病防治法》第29条第1、2款规定，用于传染病防治的消毒产品、饮用水供水单位供应的饮用水和涉及饮用水卫生安全的产品，应当符合国家卫生标准和卫生规范。饮用水供水单位从事生产或者供应活动，应当依法取得卫生许可证。

《生活饮用水卫生监督管理办法》第2条第1款规定，本办法适用于集

---

〔1〕 李兴锋：《排污许可法律制度重构研究——环境容量资源配置视角》，载《中国地质大学学报（社会科学版）》2016年第2期。

中式供水、二次供水单位（以下简称"供水单位"）和涉及饮用水卫生安全的产品的卫生监督管理。按照原卫生部《卫生部关于分质供水卫生许可证发放问题的批复》（卫监督发〔2005〕191号），明确"分质供水是集中供水的一种形式，应当属于供水单位卫生许可范围"。这个解释明确了"供水单位"的含义除部门规章中已有明文规定的集中式供水单位、二次供水单位外，还包括分质供水单位。《生活饮用水卫生监督管理办法》第4条规定："国家对供水单位和涉及饮用水卫生安全的产品实行卫生许可制度。"

《生活饮用水卫生监督管理办法》第16条明确了饮用水卫生监督监测工作由县级以上人民政府卫生计生主管部门负责。供水单位的供水范围在本行政区域内的，由该行政区人民政府卫生计生主管部门负责其饮用水卫生监督监测工作；供水单位的供水范围超出本行政区域的，由供水单位所在行政区域的上一级人民政府卫生计生主管部门负责其饮用水卫生监督监测工作；供水单位的供水范围超出其所在省、自治区、直辖市的，由该供水单位所在省、自治区、直辖市人民政府卫生计生主管部门负责其饮用水卫生监督监测工作。铁道、交通、民航行政部门设立的卫生监督机构，行使国务院卫生计生主管部门会同国务院有关部门规定的饮用水卫生监督职责。

根据2004年6月29日公布的《国务院对确需保留的行政审批项目设定行政许可的决定》（国务院令第412号，已被修改），第204项供水单位卫生许可予以保留。根据2012年9月23日公布的《国务院关于第六批取消和调整行政审批项目的决定》（国发〔2012〕52号）附件2第48项饮用水供水单位卫生许可实施机关由县级以上地方人民政府卫生行政部门调整为设区的市级、县级人民政府卫生行政部门。饮用水单位卫生许可保留以及管辖级别的提高再次凸显了饮用水卫生安全的重要性。

案例[1]：

2017 年某市 A 公司部分职工在本公司食堂就餐后出现呕吐、腹痛、腹泻等症状，怀疑与生活饮用水有关。某市卫生监督所和市疾病预防控制中心相关人员赶赴现场，对 A 公司职工食堂使用的生活饮用水、供水设施及相关人员进行了现场调查。经查，A 公司职工食堂使用的饮用水来自 B 公司二次供水蓄水池，蓄水池入口水为市政自来水。B 公司蓄水池供水范围为 A 公司办公楼及职工食堂，B 公司营业厅及职工食堂，C 公司营业厅及职工食堂等 3 家单位，供水人口 400 余人。执法人员对现场检查发现的问题制作了现场笔录并拍照取证，对供水相关人员进行询问并制作了询问笔录。市疾控中心工作人员对二次供水蓄水池入口水、出口水及三个职工食堂的管网末梢水进行了采样检测。市疾控中心检测结果显示：二次供水蓄水池出口水及 3 个末梢水菌落总数、总大肠菌群、耐热大肠菌群、大肠埃希氏菌等 4 项指标均不符合《生活饮用水卫生标准》（GB 5749-2006），市卫生监督所予以立案。事件发生后 B 公司积极配合卫生部门排查污染源，认真进行整改，取消了二次供水蓄水池，安装了无负压供水设施，并对管线进行了改造。改造后市疾控中心再次对管网水质进行了采样，水质检测报告显示各项指标符合《生活饮用水卫生标准》（GB 5749-2006）。经合议，B 公司违反了《某省生活饮用水卫生监督管理条例》，经重大案件集体讨论决定，对该公司责令改正，罚 11 000 元。该公司自觉缴纳罚款。

---

[1] 王志明、谭丽：《一起二次供水不符合卫生标准行政处罚案例分析与思考》，载《中国卫生标准管理》2020 年第 24 期。

第二节 公共场所卫生法

一、公共场所卫生法概述

（一）公共场所基本概念

公共场所是人类生活环境的组成部分之一，是公众从事社会活动的各种场所。公众是指不同年龄、性别、职业、民族或国籍、不同健康状况、不同人际关系的个体组成的人群。公共场所是在自然环境或人工环境的基础上，根据公众生活和社会活动的需要，由人工建成的具有多种服务功能的封闭式和开放式的公共设施，供公众进行学习、工作、旅游、娱乐、购物、美容等活动的临时性生活环境。

法定公共场所，是指 1987 年 4 月 1 日国务院公布的《公共场所卫生管理条例》第 2 条规定的各类公共场所，包括七类 28 种：①住宿与休闲场所（8 种），宾馆、饭馆、旅店、招待所、车马店、咖啡馆、酒吧、茶座；②洗浴与美容美发场所（3 种），公共浴室、理发店、美容店；③文化娱乐场所（5 种），影剧院、录像厅（室）、游艺厅（室）、舞厅、音乐厅；④健身休闲场所（3 种），体育场（馆）、游泳场（馆）、公园；⑤文化交流场所（4 种），展览馆、博物馆、美术馆、图书馆；⑥购物场所（2 种），商场（店）、书店；⑦就诊与交通场所（3 种），候诊室、候车（机、船）室、公共交通工具。

（二）公共场所卫生学特点

人群密集流动性大。公共场所是短时间内人员高度集中的环境，在一定空间内同时接纳众多人员，易致空气污浊。进入公共场所的男女老幼，体质强弱和处在不同生理状态下的人员互相接触，彼此交往，人员流动和交替较快，容易传播疾病。

影响人体健康的因素多。不同类型的公共场所其卫生设施、卫生条件相差较大，服务项目各不相同极其庞杂，因此，危害人体健康的因素很多，来源也极为广泛。这些有害因素（如病原微生物、有害化学物质、噪声等），可通过多种途径与方式作用于人体，对人体的健康产生危害。

公共场所容易传播疾病。公共场所人员众多、接触密切，健康与非健康个体混杂，容易造成传染病的传播。首先，容易传播呼吸道疾病，人口密度越大，接触机会越多，越容易传播。像影剧院、俱乐部等处是呼吸道传染病最容易传播的场所。其次，容易传播肠道传染病，如果公用餐具、茶具、毛巾、脸盆和卧具不清洗消毒，多人反复交叉接触，容易被肠道致病菌污染，传播肠道传染病。最后，也容易传播某些接触性疾病，如癣、皮肤病、性病等。

设备和物品容易污染。绝大多数公共场所都有很多公共用品用具供多人使用的物品。这些公共用品用具反复为多人所使用和触摸，像拖鞋、理发用具、毛巾等，容易造成交叉污染，危害人群身体健康。

部分公共场所建筑布局不合理。随着城市的不断发展和人口的增多，公共建筑、公共场所发展很快，满足了居民群众日常活动的需要。但是，有一些公共场所是在旧城市基础上见缝插针建立起来的，选址与布局不尽合理，设计也不完全符合卫生要求。

（三）公共场所卫生立法概述

为了预防和控制疾病的发生，保障公众健康。监督和管理公共场所的卫生状况是国家的责任。目前，关于公共场所卫生立法主要包括：

1. 《传染病防治法》

1989 年制定的《传染病防治法》，经 2004 年 8 月修订并自 2004 年 12 月 1 日起施行（2013 年 6 月 29 日第十二届全国人民代表大会常务委员会第三次会议对《传染病防治法》作出修正）。该法所调整法律关系的客体内容具有广泛性、多样性的特点，在整个公共卫生法律法规体系中占有重要地位，对于提高我国传染病防治的整体水平，促进公共卫生体系建设，保障广大人民群众的身体健康以及经济、社会的协调发展发挥着积极的作用。《传染病防治法》部分条款对公共场所传染病防控做了相应的规定。如第 1条规定，为了预防、控制和消除传染病的发生和流行，保障人民健康和公共卫生，制定本法；第 53 条第 1 款第 6 项规定，对公共场所和有关单位的卫生条件和传染病预防、控制措施进行监督检查。

2.《公共场所卫生管理条例》《突发公共卫生事件应急条例》《艾滋病防治条例》

1987 年 4 月 1 日，国务院公布施行《公共场所卫生管理条例》，它对公共场所适用范围、卫生许可、卫生执法监督职责、经营单位责任、违法行为及罚则作了明确规定。《公共场所卫生管理条例》是公共场所卫生执法监督最重要和主要的法规依据，它的发布实施标志着我国公共场所卫生监管步入法制化管理轨道。

此外，《突发公共卫生事件应急条例》《艾滋病防治条例》等法规也是公共场所卫生法律体系的主要内容。2016 年 2 月 6 日公布的《国务院关于修改部分行政法规的决定》将《公共场所卫生管理条例》第 8 条修改为：除公园、体育场（馆）、公共交通工具外的公共场所，经营单位应当及时向卫生行政部门申请办理"卫生许可证"。"卫生许可证"两年复核一次。

3.《公共场所卫生管理条例实施细则》

1991 年 3 月 11 日，卫生部发布了《公共场所卫生管理条例实施细则》。随着我国经济社会的发展和人民生活水平的提高，不断地对公共场所卫生监管提出新的要求，因此，卫生部先后于 1993 年、2011 年、2016 年、2017年对该细则进行了修订。现行的《公共场所卫生管理条例实施细则》是自2017 年 12 月 26 日起施行的版本。此外，《生活饮用水卫生监督管理办法》等部门规章也是公共场所卫生法律体系的主要内容。

4. 相关卫生标准与规范

为了辅助《公共场所卫生管理条例》的具体落实，1987 年原卫生部制定了《公共场所卫生监督监测要点》和《公共场所从业人员培训大纲》，1988 年又制定了《旅店业卫生标准》等 11 项公共场所卫生国家标准，1996 年重新修订了公共场所的多项标准（现均已废止），主要包括《旅店业卫生标准》《文化娱乐场所卫生标准》《公共浴室卫生标准》《理发店、美容店卫生标准》《游泳场所卫生标准》《体育馆卫生标准》《图书馆、博物馆、美术馆、展览馆卫生标准》《商场（店）、书店卫生标准》《公共交通等候室卫生标准》《公共交通工具卫生标准》《饭馆（餐厅）卫生标准》。2006 年增加了《足浴服务卫生标准》。为了满足社会发展的需要，新的公共场所的卫生标准也不断地制定当中。[1]

二、公共场所卫生法基本原则

（一）风险预防原则

公共场所卫生涉及许多领域，包括空气卫生、饮水卫生、室内卫生以及噪声、采暖、公共用品等方面，责任主体难以特定且责任范围广泛。因此坚持风险预防的原则就尤为重要。筛查、识别、控制公共卫生风险，防止风险发生对公众健康带来不良后果。相关立法规定了公共场所经营者、卫生行政部门的公共场所卫生预防控制机制，具体表现为：①国家对公共场所实行"卫生许可证"制度。"卫生许可证"由县以上卫生行政部门签发；②公共场所直接为顾客服务的人员，持有"健康合格证"方能从事本职工作；③公共场所进行新建、改建、扩建的，应当符合有关卫生标准和要求；④公共场所经营者应当制定公共场所危害健康事故应急预案或者方案，做好人员、技术、物资和设备的应急储备工作。对可能引发公共场所危害健康事故的情况及时进行分析、预警，做到早发现、早报告、早处理，及时消除危害公众健康的隐患。

公共场所卫生执法实践中，结合"双随机、一公开"原则，卫生行政

---

[1] 参见樊立华主编：《卫生法律制度与监督学》（第 4 版），人民卫生出版社 2017 年版，第 321 页。

执法部门对取得卫生许可的公共场所经营单位进行经常性卫生监督的量化评分。根据审查结果对其进行风险性分级和公共场所卫生信誉度分级，实行分类监管，对于等级高信用好的公共场所抽查、少查，对于等级低风险高的公共场所严查、多查，增加次年公共场所卫生监督的频率。这种量化评分、分类监管的举措也是风险预防原则的具体体现。

同时执法监督机构对公共场所建设项目（新建、改建、扩建）的选址、设计、竣工验收实施预防性卫生监督，目的是通过对公共场所建设项目进行预防性卫生监督，把可能影响人体健康的环境因素和可能产生的卫生问题，消除或者控制在选址、设计和施工的过程中。

（二）公共场所卫生自我管理的主体责任原则

公共场所的法定代表人或者负责人是其经营场所卫生安全的第一责任人。公共场所经营者与公共场所的联系最为紧密。保持并不断提高公共场所卫生水平，需要强化公共场所经营者的自我管理意识，将卫生管理植根到公共场所经营者的经营理念中，推行经营者卫生自律管理。

公共场所经营者是保证公共场所卫生安全第一责任人，经营者应当在确保安全、卫生的前提下，从事经营活动，以保障消费者的身心健康，这是经营者应当承担的社会责任，也只有这样才能从根本上保障公共场所卫生安全。为此，相关立法强化了公共场所经营者的责任，明确规定经营者应当遵守相关法律、法规和卫生标准、技术规范的要求，保证提供良好的卫生环境。从建立完善公共场所卫生管理相关制度到公共场所的卫生设施设备、室内空气、饮用水、采光照明、噪声、装饰装修等，根据监管工作的实践，提出更加规范的要求，引导公共场所经营者不断提高卫生管理意识和水平。

其中，《公共场所卫生管理条例实施细则》中增加的公共场所禁烟的相关规定也体现了该原则。为履行我国参加的《世界卫生组织烟草控制框架公约》的承诺，《公共场所卫生管理条例实施细则》具体规定与《世界卫生组织烟草控制框架公约》精神相一致，即室内公共场所禁止吸烟。公共场所经营者应当设置醒目的禁止吸烟警语和标志。室外公共场所设置的吸烟区不得位于行人必经的通道上。公共场所不得设置自动售烟机。公共场所经营者应当开展吸烟危害健康的宣传，对吸烟者进行劝阻。

三、公共场所卫生主要法律制度

（一）公共场所卫生学评价制度

建设项目卫生学评价是依据国家、地方有关公共卫生方面的法律、法规、规章、标准和技术规范，应用职业卫生学、环境卫生学、放射卫生学、卫生检验学、毒理学、卫生工程学以及建筑工程学等专业理论及相关知识，在职业与公共场所建设项目建成运行期间，对存在的健康危害因素进行识别；对产生健康危害因素的环节以及可能造成的危害程度进行分析；对健康危害防护措施的有效性和合理性进行评价，并提出改进意见。[1]

1991 年卫生部发布的《公共场所卫生管理条例实施细则》首次对公共场所建设项目卫生学评价做了细致的规定，确立了公共场所卫生学评价制度：其中第 21 条第 2、3 项规定，凡受周围环境影响和职业危害以及对周围人群健康有影响的公共场所建设项目必须执行建设项目卫生评价报告书制度。卫生评价报告书应在建设项目可行性研究阶段进行，施工设计前完成。建设项目的主管部门应将建设项目卫生评价报告书报卫生行政部门审批。审批同意的建设项目发给"建设项目卫生许可证"。建设单位取得该证后，方可办理施工执照。卫生评价报告书经卫生行政部门审查同意后，任何单位和个人不得擅自更改，需更改仍须取得卫生行政部门的同意。第 22 条规定，公共场所建设项目卫生评价资格单位由省级卫生行政部门审定并发给资格证书，报卫生部备案。

随着 1991 年《公共场所卫生管理条例实施细则》被废止，其确立的

---

〔1〕 蒋收获、杨彦敏等：《建设项目预防性卫生评价审查制度的历史沿革》，载《中国卫生监督杂志》2015 年第 4 期。

"建设项目卫生评价报告书制度"在 2011 年《公共场所卫生管理条例实施细则》中被淡化。2011 年《公共场所卫生管理条例实施细则》全篇没有涉及预防性卫生学评价的内容，且将预防性卫生审查程序和具体要求交由省级卫生行政部门规定。随后，各省级卫生行政部门纷纷出台了有关公共场所预防性卫生审查的规定，对公共场所项目卫生学评价的范围要求、强制性程度不一。比如广东省规定对于公共场所的大型建设项目必须进行卫生学评价，一般项目则不需要进行评价。此外，很多省市纷纷出台公共场所卫生技术服务机构管理考核办法，规定进行公共场所卫生技术服务机构考核，实施评价机构准入制度，评价机构资质走向市场化。[1]

（二）公共场所卫生许可制度

1. 公共场所卫生许可制度的一般规定

公共场所卫生许可，是为了达到创造良好的公共场所卫生条件、预防疾病、保障人体健康的目的，通过《公共场所卫生管理条例》予以设立的行政许可，属于卫生行政许可的一种。许可对象为所有从事公共场所经营的单位和个人。而公共场所卫生许可证则是工商营业执照的法定前置审批条件，由县级以上卫生行政部门颁发，有效期为 4 年。

案例：

2021 年 6 月 29 日，某市执法人员在对位于某市某村某文化传播有限公司进行日常监督检查时，现场发现该单位在未取得卫生许可证的情况下擅自从事游泳馆经营活动。经对该单位授权委托人进行询问调查后，授权委托人承认该文化传播有限公司未取得卫生许可证便从事游泳馆经营活动，并因擅自营业曾受过卫生行政部门处罚 3 次（分别是 2017 年 12 月 18 日、2019 年 3 月 13 日和 2019 年 12 月 9 日）。某市卫生健康委 2021 年 7 月 1 日向该单位送达《行政处罚事先告知书》，告知其有陈述权和申辩权，当事人

---

〔1〕 蒋收获、杨彦敏等：《建设项目预防性卫生评价审查制度的历史沿革》，载《中国卫生监督杂志》2015 年第 4 期。

表示放弃陈述和申辩，接受处罚。

随着社会不断发展，新的经营模式不断出现。2011年《公共场所卫生管理条例实施细则》明确规定除了《公共场所卫生管理条例》规定的7大类28种公共场所之外，各省、自治区、直辖市人民政府有权将其认为需要纳入公共场所卫生管理的公共场所列入公共场所许可范围。因此我国各省、自治区、直辖市的公共场所卫生许可证发放对象不尽相同，例如：上海市从2006年开始，将足浴场所和棋牌室纳入公共场所卫生许可范畴，广东省就将美甲店和健身房纳入许可范畴，重庆市将水吧和婴幼儿沐浴室、网吧、健身房纳入了许可范畴，湖南省将汗蒸馆、足浴、婴儿游泳馆纳入了许可范畴。

根据2012年9月23日公布的《国务院关于第六批取消和调整行政审批项目的决定》第58项，已经取消体育场馆、公园、公共交通工具3种公共场所的卫生行政许可。根据2016年2月3日《国务院关于整合调整餐饮服务场所的公共场所卫生许可证和食品经营许可证的决定》《国家食品药品监管总局、国家卫生委关于整合调整餐饮服务场所的公共场所卫生许可证和食品经营许可证有关事项的通知》文件要求，取消对饭馆、咖啡馆、酒吧、茶座4种公共场所卫生许可证的核发。

2. 公共场所卫生许可的基本模式

公共场所经营者取得工商行政管理部门颁发的营业执照后，还应当按照规定向县级以上地方人民政府卫生计生行政部门申请取得卫生许可证，方可营业。具体程序如下：公共场所经营者申请卫生许可证的，应当提交材料有：卫生许可证申请表；法定代表人或者负责人身份证明；公共场所地址方位示意图、平面图和卫生设施平面布局图；公共场所卫生检测或者评价报告；公共场所卫生管理制度；省、自治区、直辖市卫生计生行政部门要求提供的其他材料。使用集中空调通风系统的，还应当提供集中空调通风系统卫生检测或者评价报告。县级以上地方人民政府卫生计生行政部门应当自受理公共场所卫生许可申请之日起 20 日内，对申报资料进行审查，对现场进行审核，符合规定条件的，作出准予公共场所卫生许可的决定；对不符合规定条件的，作出不予行政许可的决定并书面说明理由。公共场所经营者变更单位名称、法定代表人或者负责人的，应当向原发证卫生计生行政部门办理变更手续。公共场所经营者变更经营项目、经营场所地址的，应当向县级以上地方人民政府卫生计生行政部门重新申请卫生许可证。公共场所经营者需要延续卫生许可证的，应当在卫生许可证有效期届满 30日前，向原发证卫生计生行政部门提出申请。

3. 公共场所卫生许可告知承诺发证制度

为深化"放管服"改革、减少证明事项、简化行政审批、方便企业和群众办事创业，2020 年国务院办公厅发布的《关于全面推行证明事项和涉企经营许可事项告知承诺制的指导意见》（国办发〔2020〕42 号）规定，行政审批机关以书面告知的形式，将法律法规中的相应审批应该达到的要求、标准等具体条件清晰明了地告知申请人；相应的申请人为了达到审批条件，会进行一定的前期准备并根据要求与告知内容对审批机关进行承诺，审批机关暂时并不实质审查，而是根据一些书面申请材料以及申请人的书面承诺判断是否向其发放审批凭证。

公共场所卫生许可告知承诺发证主要依据是国家卫健委发布的规范性文件《国家卫生健康委办公厅关于全面推开公共场所卫生许可告知承诺制改革有关事项的通知》（国卫办监督发〔2018〕27 号，以下简称《通知》）[1]。公共场所的卫生许可证的发放适用告知承诺制。利用告知承诺制的优势特点，改变以往的行政许可审批方式，无疑是出于对行政效率的追求。但是，笔者认为告知承诺制的施行会造成一定程度的负面作用。首

---

〔1〕《通知》规定，申请人依法提出公共场所卫生许可申请，应当以书面形式一次性向申请人告知审批条件和所需材料要求，并向申请人提供申请书和告知承诺文书示范文本，对申请人以书面形式承诺符合审批条件并提交材料的，许可实施机关应当当场作出准予行政许可的决定并发放《公共场所卫生许可证》。

先就是对于公共场所卫生风险的管控降低，容易导致对公众健康风险的监管不力。虽然《通知》要求告知承诺中的当事人应当遵循诚实信用原则，在场所卫生条件等承诺条件达标之前不开展经营活动[1]。但是这一规定并没有直接的对应惩罚措施，场所卫生条件等承诺条件达标之前，即使此时开展经营活动也仅仅是违背诚信，并非违法行为。并且，提前获得卫生许可证，一定范围的经营活动比如"试营业"等小范围尝试都会开始。那么此时，会对公众生命健康产生巨大的卫生风险。由此可见，公共场所卫生许可中的告知承诺发证制，存在公众生命健康权和效率价值衡量的问题值得反思。其次，《通知》要求卫生行政执法人员须在发证后，上门监督检查，如经营场所符合相关要求且与承诺内容一致，则许可流程完成，纳入日常监管。如经营场所不符合相关要求或与承诺内容不一致，责令其限期改正。整改合格则许可流程完成，纳入日常监管，逾期仍未改正，则通过听证程序撤销行政许可。然而，有研究发现：上海某区实施公共场所卫生许可证告知承诺发证 2 年来，撤销许可数量为 0，这是很不正常的一种现象，说明撤销制度根本没有得到贯彻落实，几乎沦为一纸空文。[2]

(三) 公共场所从业人员健康合格证明制度

公共场所人口密集，人员流动性较大，从业人员作为公共场所的常驻人群，因工作每天接触的健康或非健康个体极多，进而存在被他人感染或感染他人的风险，其健康状态与场所卫生水平息息相关。国家为规范公共场所卫生管理制度，避免疾病传播，保障公众健康，设立了公共场所从业人员健康合格证明制度。根据《公共场所卫生管理条例》第 7 条规定，公共场所直接为顾客服务的人员，持有"健康合格证"方能从事本职工作。

---

〔1〕《通知》规定，申请人应当诚信守诺，在其公共场所达到法定条件前，不得开展公共场所经营活动。

〔2〕 2009 年《上海市公共场所卫生许可证发放管理办法》公布，相关研究是在 2012 年完成的。参见陈雪峰：《公共场所卫生许可"告知承诺发证制度"研究——以上海某区的实证调查结论为基础》，上海交通大学 2012 年硕士学位论文。

患有痢疾、伤寒、病毒性肝炎、活动期肺结核、化脓性或者渗出性皮肤病以及其他有碍公共卫生的疾病的，治愈前不得从事直接为顾客服务的工作。《公共场所卫生管理条例实施细则》第 10 条也要求公共场所经营者应当组织从业人员每年进行健康检查。同时，《艾滋病防治条例》第 30 条规定，公共场所的服务人员应当依照《公共场所卫生管理条例》的规定，定期进行相关健康检查，取得健康合格证明；经营者应当查验其健康合格证明，不得允许未取得健康合格证明的人员从事服务工作。

公共场所从业人员办理健康证明需携带本人身份证到各体检部门［包括区疾病预防控制中心门诊部、各镇（街道）医院防保中心］参加健康检查，取得体检回执。体检合格者凭体检回执到相应的乡镇监督分所参加卫生知识培训，培训考核合格 3 个工作日后，凭体检回执和卫生知识培训发票到所在乡镇的行政服务中心领取《健康证明》。《健康证明》和《卫生知识培训合格证》（二证合一）有效期为 1 年。

（四）公共场所集中空调通风系统卫生管理制度

随着国民经济的快速发展和人民生活水平的不断提高，集中空调通风系统于 20 世纪 90 年代逐渐在大型建筑物中开始应用。由于集中空调通风系统涉及的工艺较复杂，如果空调系统长期缺乏必要的清洗消毒以及卫生管理措施，就会导致系统内部形成的污染物扩散到室内，成为污染物传播和扩散的重要途径和媒介。因此，集中空调通风系统的卫生管理以及卫生监督是预防和控制传染病流行传播工作中的一个重要环节。

2003 年"非典"疫情暴发后，为预防公共场所集中空调通风系统传播传染病，卫生部迅速颁布了《公共场所集中空调通风系统卫生规范》（已失效），其他场所空调系统参照执行，2006 年颁布的《公共场所集中空调通风系统卫生管理办法》第 7 条第 1 款明确规定了设计卫生审查中必须进行卫生学评价"新建、改建和扩建的集中空调通风系统应当进行预防空气传播性疾病的卫生学评价，评价合格后方可投入运行"，同年卫生部重新颁布了

《公共场所集中空调通风系统卫生规范》，并增加了《公共场所集中空调通风系统卫生学评价规范》及《公共场所集中空调通风系统清洗规范》，被并称为"一法三规"（均已失效）。

为强化对集中空调通风系统的监管，原卫生部在 2011 年《公共场所卫生管理条例实施细则》中加入了对集中空调通风系统卫生管理的相关要求。以上所述的三种规范在 2012 年再次更新。效力等级上，《公共场所集中空调通风系统卫生规范》成为强制性卫生行业标准，《公共场所集中空调通风系统卫生学评价规范》与《公共场所集中空调通风系统清洗消毒规范》成为推荐性卫生行业标准。法律的生命在于实施。实践中由于集中空调通风系统的卫生管理，特别是清洗消毒是一项工作量大且费用较高的工程，每次进行全面的清洗，费用都在几十万元甚至更高，因此责任方对于集中空调通风系统清洗消毒的态度并不积极，清洗率不高，清洗后的卫生检测更是无从谈起。加之集中空调清洗行业鱼目混珠，无底线的价格战导致行业混乱，使得在清洗规模上偷工减料，根本达不到清洗效果，这也是现实中虽然部分集中空调通风系统每年都有清洗记录和检测报告，但是每年的抽检结果仍然存在不合格现象的重要原因。[1] 未来应加强宣传教育，强化公共场所集中空调通风系统卫生管理责任方的主体责任任重道远。

---

〔1〕 牛凯龙：《北京市海淀区 2016—2018 年集中空调通风系统卫生监督行政处罚情况分析》，载《中国卫生监督杂志》2020 年第 2 期。

第三节　传染病防治法

一、传染病防治法概述

传染病具有传染性、流行性和发病率高等特点。一旦发生流行，就会严重危害人类健康，对公共健康造成巨大威胁，还可能导致大批人员死亡。传染病的传播和流行的原因有三，即传染源（能排出病原体的人和/或动物）、传播途径（病原体传染他人的途径）及易感者（对该种传染病无免疫力者）。若能完全切断其中的一个环节，即可防止该种传染病的发生和流行。传染病防治措施往往涉及公共利益和人身自由等重大权益，于是将传染病防治工作纳入法制化轨道就成为必然。

传染病防治法是指调整预防、控制和消除传染病发生和流行，保障人体健康活动中产生的各种社会关系的法律法规规范的总和。传染病防治法有广义和狭义之分。广义的传染病防治法包括《传染病防治法》及其实施办法、《国境卫生检疫法》及其实施细则、《中华人民共和国生物安全法》（以下简称《生物安全法》）、《中华人民共和国突发事件应对法》（以下简称《突发事件应对法》）、《中华人民共和国疫苗管理法》（以下简称《疫苗管理法》）、《突发公共卫生事件应急条例》、《艾滋病防治条例》、《血吸虫病防治条例》、《结核病防治管理办法》、《性病防治管理办法》、《病原微生物实验室生物安全管理条例》与传染病防治紧密相关的法律、法规和规章等。同时，《水污染防治法》《食品安全法》《献血法》《母婴保健法》《血液制品管理条例》等法律法规中，也有传染病相关的内容。[1]

狭义的传染病防治法制化进程主要经历了四个阶段：

第一阶段：1950 年公布的《传染病预防及处理暂行办法》，确定了 14

---

〔1〕　王岳：《医事法学》，元照出版有限公司 2021 年版，第 539 页。

种法定传染病，并且对疫情报告、访视调查、消毒清洁、患者隔离、尸体处理及带菌检查等卫生防疫问题作了规定。到了 1955 年 7 月，卫生部公布了《传染病管理办法》，规定的法定传染病调整为 18 种。卫生部又于 1978 年 9 月公布了《中华人民共和国急性传染病管理条例》，增加 7 种应该管理的传染病。

第二阶段：始自 1988 年，我国中心城市——上海大规模暴发了甲肝疫情。该事件直接推动了我国公共卫生领域第一部法律——《传染病防治法》的诞生。

第三阶段：鉴于 2003 年抗击非典过程中暴露出疫情信息报告、通报渠道不畅，传染病暴发时紧急控制措施的制度不够完善等立法问题，全国人大常委会于 2004 年对 1989 年《传染病防治法》作出修订。

第四阶段：2020 年暴发的全球性新冠疫情对我国的传染病防控和治理提出了新的挑战，《传染病防治法》的新一次修订工作正在进行中。此次修订工作，一方面认真总结在党中央集中统一领导下发挥中国特色社会主义制度优势做好重大疫情各项防控工作的成功经验，将联防联控、四方责任、平战结合等这些成功经验上升为法律制度。另一方面总结分析此次疫情防控中暴露出的短板和弱项，完善传染病疫情监测、预警、报告、信息公布等制度不足，增强法律的有效性、可操作性。

二、传染病防治法基本原则

（一）政府主导、联防联控、群防群控原则

传染病防治是一项系统工程，必须依靠政府领导、有关部门及全社会的参与、互相配合才能完成。《中华人民共和国传染病防治法（修订草案征求意见稿）》［以下简称《传染病防治法（修订草案征求意见稿）》］第 2 条明确了政府主导、联防联控、群防群控的原则。规定了国家、地方人民政府、各级行政部门、居（村）民委员会、各级疾病预防控制机构和医疗机构以及公民的义务和责任。具体体现为：其一，中央和地方各级政府应把传染病防治事业列入经济和社会发展总体规划，加强对传染病防治工作的宏观管理。一旦发生传染病疫情，国务院和省、自治区、县级以上地方人民政府在各自的职责范围内做好应急处理的有关工作。其二，各级各类卫生健康主管部门应认真组织实施卫生监督管理工作，加强对医疗卫生机构和卫生技术人员的管理，强化卫生监督执法，并尽到及时公布疫情信息的职责，政府其他各职能部门应努力配合，积极履行相应的职责，承担和完成一定的任务。其三，医疗卫生机构承担具体的防治工作。各级各类医疗机构承担与医疗救治有关的传染病防治工作和责任区域内的传染病预防工作。各级疾病预防控制机构承担传染病监测、预测、流行病调查、疫情报告以及其他预防、控制工作。其四，居民委员会、村民委员会应当发挥自治作用，协助相关部门做好社区传染病防控宣传教育和健康提示，落实相关防控措施，及时收集、登记、核实、报送相关信息，并组织居民、村民参与社区、农村的传染病预防与控制活动。其五，其他社会组织、各社会团体、企事业单位和公民有义务积极参与传染病防治工作。比如新闻媒体应当开展传染病防治和公共卫生教育的公益宣传。各级各类学校应当对学生进行健康知识和传染病预防知识的教育。

在传染病防治情境之下，个人既有免于受他人感染之权利，亦有避免陷他人于传染病危险之道德义务。在疫情流行期间，个人道义要求每个人遵守国家各类疫情防控措施，接受紧急行政权对公民自由的克减或者为公民所设立的新义务；而感染者及其密切接触者，则要接受隔离观察、治疗并接受流行病学的调查和追踪；当疫苗研发成功后，国际社会均处于疫苗接种的赛跑之中，为避免落后于他国形成免疫落差，社会需通过大量个体的接种达至群体免疫从而形成社会保护屏障，此时道德义务亦要求符合接种条件的个体"应接尽接"，承担起护卫国家、社会公共健康安全的公民责任。[1]

(二) 风险预防原则

预防原则专注于风险的可能根源，其目标在于通过公共机关的管制来干预危险源，进而影响人们的行为，最终使损害得以避免。国家有责任在可能的危机初露端倪时就通过防范措施在萌芽状态使其得以遏制。[2] 然而，由于风险通常是不确定的、无法预见的、偶然发生的，因此对特定领域风险的预防极其复杂、充满争议。面对不具有清晰明确特性的、因果关系难以确认的、不明原因的聚集性疾病，是否采取防控措施？采取何种级别的防控措施？成为摆在政府面前的棘手问题。他们一方面要面对公众健康的集体利益，另一方面要面对个人和商业利益。我们如何知道什么时候实现的公共利益值得侵犯个人权利。公共卫生监管往往需要在相互竞争的风险之间进行权衡。当政府干预以减少一种风险时，可能会增加另一种风险。化解这一难题的有效方式就是引入风险评估制度。它要求对科学上的不确定性予以 "充分的和实质性" 的考虑，给科学证据以统计学意义上的权重，通过证明责任来克服科学上的不确定性；从组织架构层面上看，要引入由多学科背景组成的咨询委员会来对科学政策问题进行讨论审议。[3] 为此，《传染病防治法（修订草案征求意见稿）》第23、24条规定，各级疾病预防控制机构应当及时分析传染病及健康危害因素相关信息，评估发生传染病疫情的风险、可能造成的影响以及疫情发展态势。经评估可能严重危害公众健康的，应当立即报告本级卫生健康主管部门，由卫生健康主管部门组织本级专家咨询委员会进行分析研判。最终相关部门根据风险评估的结果，决定是否向社会发布传染病预警并启动相应的应急响应。

---

〔1〕 陈云良：《论公民的疫苗接种义务——兼论〈基本医疗卫生与健康促进法〉第21条的理解与适用》，载《华东政法大学学报》2021年第4期，第98页。

〔2〕 参见王旭：《论国家在宪法上的风险预防义务》，载《法商研究》2019年第5期。

〔3〕 宋华琳：《风险规制与行政法学原理的转型》，载《国家行政学院学报》2007年第4期。

（三）分类管理原则

根据各种传染病的传染性强弱、传播途径难易、传播速度的快慢、人群易感范围等因素对其进行分类，对于不同类型传染病采取不同的预防、控制措施，在科学分类的基础上实行分类监测、分类监督管理。《传染病防治法》将法定管理的传染病，分为甲类、乙类和丙类。第 3 条第 1~4 款规定，甲类传染病是指：鼠疫、霍乱。乙类传染病是指：传染性非典型肺炎、艾滋病、病毒性肝炎、脊髓灰质炎、人感染高致病性禽流感、麻疹、流行性出血热、狂犬病、流行性乙型脑炎、登革热、炭疽、细菌性和阿米巴性痢疾、肺结核、伤寒和副伤寒、流行性脑脊髓膜炎、百日咳、白喉、新生儿破伤风、猩红热、布鲁氏菌病、淋病、梅毒、钩端螺旋体病、血吸虫病、疟疾。丙类传染病是指：流行性感冒、流行性腮腺炎、风疹、急性出血性结膜炎、麻风病、流行性和地方性斑疹伤寒、黑热病、包虫病、丝虫病，除霍乱、细菌性和阿米巴性痢疾、伤寒和副伤寒以外的感染性腹泻病。

第 3 条第 5 款规定，国务院卫生行政部门根据传染病暴发、流行情况和危害程度，可以决定增加、减少或者调整乙类、丙类传染病病种并予以公布。第 4 条第 1 款规定，对乙类传染病中传染性非典型肺炎、炭疽中的肺炭疽和人感染高致病性禽流感，采取本法所称甲类传染病的预防、控制措施。其他乙类传染病和突发原因不明的传染病需要采取本法所称甲类传染病的预防、控制措施的，由国务院卫生行政部门及时报经国务院批准后予以公布、实施。2020 年暴发的新冠肺炎疫情就是按照《传染病防治法》的规定，由国务院批准、国家卫生健康委于 2020 年 1 月 20 日公布，将其纳入法定乙类传染病，并采取甲类传染病的预防、控制措施。这意味着被依法纳入法定传染病，是适用《传染病防治法》相关预防控制和处置措施的前提条件。

本次暴发的新冠肺炎疫情暴露出针对不明原因的聚集性疾病，立法存在反应不足。因此有学者建议，对于传染病的定义可以参考《国际卫生条例（2005）》的方法，采用开放式定义的立法技术[1]，将不明原因的聚集性疾病纳入法定传染病的范围，以符合传染病治理的科学规律。但是，考虑到不同类型的法定传染病衔接的是不同的报告、预警和疫情控制措施，是整个一系列的制度设计。此次立法修订仍然坚持了分类管理的基本原则，采取了列举的立法技术。

（四）传染病病人、病原携带者、疑似传染病病人及公民合法权益保护原则

《传染病防治法》规范了传染病防治措施，规定保护隐私权、人格权、工资报酬权、财产权利，致力于实现行政权力和公民权利的平衡，公民权利与义务的对等。

《传染病防治法》第 16 条第 1 款规定，国家和社会应当关心、帮助传染病病人、病原携带者和疑似传染病病人，使其得到及时救治。任何单位和个人不得歧视传染病病人、病原携带者和疑似传染病病人。第 12 条第 1 款规定，疾病预防控制机构、医疗机构不得泄露涉及个人隐私的有关信息、资料。这是保障人权、保护人格尊严的必然要求，体现了对于传染病病人、病原携带者和疑似传染病病人的人文关怀及法律保障。

此次新冠疫情防控中，健康码作为应用场景广、社会渗透力强的数字化工具功不可没，但其所赖以发挥作用的个人信息处理同样也为个人信息安全留下巨大隐患，同意规则逐渐虚化，收集主体多元化，存在超目的使用趋势，如何保障个人信息利益也成为热议问题。对此，有学者认为，健康码运行本质是公权力对私权利的限制，一方面，公共利益的优先性证成解决公权力介入的初步正当性，即政府推广健康码是将公共卫生安全置于优先地位，意在保护个人最为基本的生命权，限制私权具有正当性；另一方面，公权力介入的正当性还须接受合比例性考察，其对个人信息权益的

---

[1]《国际卫生条例（2005）》规定，"疾病"系指对人类构成或可能构成严重危害的任何疾病或病症，无论其病因或来源如何。

限制须符合比例原则，健康码引发的个人信息安全风险应被控制在合理范围内。[1] 此次立法修订进行了积极回应。《传染病防治法（修订草案征求意见稿）》规定，传染病暴发、流行时，人民政府运用大数据、云计算等数字技术，开展信息采集、病例识别、传染源追踪等工作需要遵循必要且最小化原则。

三、传染病防治主要法律制度

（一）传染病预防制度

防大于治的处理原则是应对传染病问题的关键点之一，《传染病防治法（修订草案征求意见稿）》将传染病预防单独列为第二章也充分地表现了其重要性。关于传染病预防的主要制度包括：

1. 爱国卫生运动

爱国卫生运动是我党把群众路线运用于卫生防疫工作的成功实践。此次修订总结了新冠肺炎疫情防控斗争经验，丰富了爱国卫生工作的内涵，创新了方式方法，推动从环境卫生治理向全面社会健康管理的转变。各级人民政府农业农村、水利、林业草原以及根据防治需要的相关行政部门按照职责分工负责指导和组织消除农田、湖区、河流、牧场、林区的鼠害与血吸虫危害，以及其他传播传染病的动物和病媒生物危害。交通运输、海关、市场监管等部门依据职责负责组织消除交通工具以及相关场所的鼠害和蚊蝇等病媒生物危害。县级以上地方人民政府应当有计划地建设和改造公共卫生设施，改善饮用水卫生条件，对污水、污物、粪便进行无害化处置。

2. 预防接种制度

预防接种是指把疫苗（用人工培育并经过处理的病菌、病毒等）接种在健康人的身体内使人在不发病的情况下，产生抗体，获得特异性免疫。疫苗接种于个人而言，能使机体获得相应疾病的抵抗力，从而减小了其患

---

〔1〕　参见宁园：《健康码运用中的个人信息保护规制》，载《法学评论》2020 年第 6 期。

病之概率，有利于个体自身健康；此外，免疫规划疫苗是一种具备正外部性的公共产品，接种者在减少自身患病概率的同时，对其他人而言也是一种外部收益。同时，相较于其他传染病防治措施，疫苗接种带来的保护更具有彻底性和持续性，也具有更高的社会效益。疫苗接种本身是远超越其他传染病防控措施的最能有效配置国家传染病防治资源的方式。[1]

《基本医疗卫生与健康促进法》第21条明确规定，国家实行预防接种制度，加强免疫规划工作。居民有依法接种免疫规划疫苗的权利和义务。政府向居民免费提供免疫规划疫苗。《传染病防治法（修订草案征求意见稿）》第17条规定，由国务院卫生健康主管部门制定国家免疫规划。国家对儿童实行预防接种证制度，并保证儿童及时接受预防接种。政府免费向居民提供免疫规划疫苗。鼓励有条件的地方在国家免疫规划的基础上，增加适宜的疫苗纳入地方免疫规划，加强婴幼儿、学龄儿童及老年人等重点人群的预防接种。《疫苗管理法》第6条规定，国家实行免疫规划制度。居住在中国境内的居民，依法享有接种免疫规划疫苗的权利，履行接种免疫规划疫苗的义务。政府免费向居民提供免疫规划疫苗。县级以上人民政府及其有关部门应当保障适龄儿童接种免疫规划疫苗。监护人应当依法保证适龄儿童按时接种免疫规划疫苗。综上，相关法律赋予了公民依法有接种免疫规划疫苗[2]的权利和义务。而非免疫规划疫苗（排除免疫规划疫苗后的其他疫苗），则属于公民自愿接种的权利范畴。

3. 传染病监测制度

监测预警是指采用科技手段对各类潜在的灾害、威胁或是经济社会运行状态进行动态的观测和监控，及时获取相关信息，科学评估各种紧急状况的危险程度，并依法将有关风险信息及时告知可能受波及的民众或是潜

---

〔1〕 陈云良：《论公民的疫苗接种义务——兼论〈基本医疗卫生与健康促进法〉第21条的理解与适用》，载《华东政法大学学报》2021年第4期。

〔2〕《疫苗管理法》第97条规定，免疫规划疫苗不仅包括国家免疫规划确定的疫苗，还包括省级政府补充的免疫规划疫苗、应急接种疫苗和群体性预防接种疫苗。

在受害者并警示其采取必要行动、做好相应准备的管理行为。监测预警制度则是调整监测预警行为的规则和程序，是监测预警工作得以科学、有效开展的重要保障。及时、准确地监测预警是控制、降低及减少传染病危害的关键所在。[1]

关于传染病监测的职责分工是卫生行政部门负责制定监测规划和方案，疾病预防控制机构具体执行方案，收集、分析和报告传染病监测信息。具体内容如下：国务院卫生健康主管部门制定国家传染病监测规划和方案。省、自治区、直辖市人民政府卫生健康主管部门根据国家传染病监测规划和方案，制定本行政区域的传染病监测计划和工作方案。各级疾病预防控制机构对传染病的发生、流行以及影响其发生、流行的因素进行监测，及时掌握重点传染病流行强度、疾病危害程度及病原体变异情况，快速发现和甄别不明原因传染病；对国外发生、国内尚未发生的传染病或者国内新发生、国内已消除的传染病进行监测。

传染病监测包括日常监测和特殊监测。特殊监测主要指对国外发生、国内尚未发生的传染病或者国内新发生、国内已消除的传染病进行监测。后者特殊性在于死亡率高，由于没有传播历史，我国政府防疫经验、能力比较薄弱，基于风险预防原则，这种监测显得尤为重要。

4. 传染病预警制度

《传染病防治法》关于预警制度的专门条款只有第 19 条，国家建立传染病预警制度。国务院卫生行政部门和省、自治区、直辖市人民政府根据传染病发生、流行趋势的预测，及时发出传染病预警，根据情况予以公布。至于什么是预警及预警制度，何种情况下启动预警，如果不启动预警将承担何种责任，均无相关规定。

《突发事件应对法》第 43 条规定，可以预警的自然灾害、事故灾难或

---

〔1〕　邓卫文：《我国传染病监测预警制度的现状、问题及优化路径》，载《岭南学刊》2021 年第 3 期。

者公共卫生事件即将发生或者发生的可能性增大时，县级以上地方各级人民政府应当根据有关法律、行政法规和国务院规定的权限和程序，发布相应级别的警报，决定并宣布有关地区进入预警期，同时向上一级人民政府报告，必要时可以越级上报，并向当地驻军和可能受到危害的毗邻或者相关地区的人民政府通报。因此，预警决策体现的是"预防"功能。基于预警决策，《突发事件应对法》规定的四个预警级别及相应的"预防措施"才会从"预案"成为现实。针对严重的一级、二级预警，该法第45条明确规定，发布一级、二级警报，宣布进入预警期后，县级以上地方各级人民政府除采取本法第44条规定的措施外，还应当针对即将发生的突发事件的特点和可能造成的危害，采取下列一项或者多项措施：①责令应急救援队伍、负有特定职责的人员进入待命状态，并动员后备人员做好参加应急救援和处置工作的准备；②调集应急救援所需物资、设备、工具，准备应急设施和避难场所，并确保其处于良好状态、随时可以投入正常使用；③加强对重点单位、重要部位和重要基础设施的安全保卫，维护社会治安秩序；④采取必要措施，确保交通、通信、供水、排水、供电、供气、供热等公共设施的安全和正常运行；⑤及时向社会发布有关采取特定措施避免或者减轻危害的建议、劝告；⑥转移、疏散或者撤离易受突发事件危害的人员并予以妥善安置，转移重要财产；⑦关闭或者限制使用易受突发事件危害的场所，控制或者限制容易导致危害扩大的公共场所的活动；⑧法律、法规、规章规定的其他必要的防范性、保护性措施。然而，在本次新冠疫情暴发之前，预警决策未能实施，防控规则所设定的预防功能，也就没有实现。[1] 中国传染病应急预警制度方面的不足被充分暴露。"（相关措施）跳过了预警阶段，直接从常态进入应急阶段。"[2]

---

〔1〕 刘泽军：《重大疫情防控制度之检视：预警决策篇》，载微信公众号"北京社会治理法治评论"，2020年2月28日发布。

〔2〕 柴会群：《传染病预警制度："休眠"16年》，载《南方周末》，https：//www.infzm.com/contents/180679，最后访问日期：2022年2月18日。

对于这种预警机制，有学者认为：目前的风险预防首先在预警机制方面针对性不强，也缺少具体的制度设计，没有体现预警机制"宁错勿漏""疑病从有"的价值判断，使得公共卫生预警机制名实不符。其次，未建立独立的预警机制，主要体现为预警机制与监测机制混淆、预警信息与常规检测信息混同、独立预警机构缺失，以及预警触发机制阙如，这会造成预警延迟的必然结果，使得应当由独立的专业研究机构进行识别、定性的预警信息，徒有其名。[1] 还有学者认为有必要建立和完善"疫情公开预警"制度，细化公开预警的主体与程序,[2] 建立起良好的信息交流机制，获得社会更多的宽容与理解。[3]

综上，传染病预警制度是《传染病防治法（修订草案征求意见稿）》中重点修改的制度之一，专家委员会的增加和风险评估、预警的建立为及时发现、分析、控制传染病疫情提供了有力保障，也有利于日常传染病防控工作的开展。具体内容如下：各级疾病预防控制机构应当及时分析传染病及健康危害因素相关信息，评估发生传染病疫情的风险、可能造成的影响以及疫情发展态势。经评估可能严重危害公众健康的，应当立即报告本级卫生健康主管部门，由卫生健康主管部门组织本级专家咨询委员会进行分析研判。同时，各级疾病预防控制机构根据多渠道传染病监测信息和风险评估结果，向社会发布健康风险提示，并根据需要向同级卫生健康主管部门报告预警建议。卫生健康主管部门接到报告后及时组织评估，对于需要发布预警的，应当及时向同级人民政府提出发布预警和启动应急响应的建议。

此外，国务院卫生健康主管部门根据传染病流行和对公众健康的危害程度，制定国家重大传染病和突发不明原因传染病防控预案，并报国务院

---

〔1〕　参见解志勇：《公共卫生预警原则和机制建构研究》，载《中国法学》2021 年第 5 期。

〔2〕　赵轩毅：《论突发公共卫生事件中的公民知情权——以〈传染病防治法〉中的信息传导机制为视角》，载《法治社会》2021 年第 3 期。

〔3〕　参见周汉华：《政府监管与行政法》，北京大学出版社 2007 年版，第 336 页。

批准。县级以上地方人民政府根据本地区传染病流行情况，组织制定本行政区域内重点传染病和突发不明原因传染病防控预案。县级以上人民政府根据传染病暴发流行情况进行综合研判，按照传染病防控预案有关要求，采取相应的预防、控制措施。各级各类医疗卫生机构、学校、托幼机构、养老机构、康复机构、福利机构、监管场所等重点单位，制定本单位传染病防控预案。传染病防控预案的制定单位应根据实际需要和形势变化，适时修订预案。

（二）疫情报告、通报和公布制度

1. 疫情报告制度

（1）报告主体。报告主体主要有四类。第一类主体是相关医疗卫生机构及其工作人员。疾病预防控制机构、普通医疗机构、供采血机构、军队医疗机构及其执行职务的人员。第二类主体是非专业机构和非专业人员。任何单位和个人发现传染病患者或者疑似传染病患者时，应当及时向附近的疾病预防控制机构或者医疗机构报告。第三类主体是交通运输、海关部门。当交通运输、海关部门发现甲类传染病患者、病原携带者、疑似患者时，应当按照国家有关规定立即向国境口岸所在地疾病预防控制机构或者所在地县级以上地方人民政府卫生健康主管部门通报。第四类主体是学校、托幼机构和养老机构。学校、托幼机构和养老机构发现传染病患者、疑似传染病患者时，相关负责人应当向所在地疾病预防控制机构报告；农村学校向乡镇卫生院报告，并应当同时向所在地教育或者民政部门报告。[1]

（2）报告程序。对于第一类报告主体，疾病预防控制机构、医疗机构、供采血机构及其执行职务的人员，《传染病防治法（修订草案征求意见稿）》根据法定传染病的类型，分别设置了不同的报告程序。具体如下：发现甲类传染病患者或者疑似患者，具备传染病流行特征的不明原因聚集性疾病

---

〔1〕 杨芸：《论我国传染病疫情报告、通报和公布制度的完善》，南京师范大学2014年硕士学位论文。

以及其他传染病暴发、流行时，应当于 2 小时内进行网络报告。对乙类传染病患者、疑似患者和规定报告的传染病病原携带者在诊断后，应当于 24 小时内进行网络报告。丙类传染病实行监测报告管理，监测哨点医院和网络实验室发现丙类传染病患者或者疑似患者，按照国务院卫生健康主管部门规定的内容、程序进行报告。

除此之外，疾病预防控制机构应有专人负责传染病疫情信息管理工作，主动收集、分析、调查、核实传染病疫情信息。疾病预防控制机构接到甲类传染病疫情报告或者具备传染病流行特征的不明原因聚集性疾病以及其他传染病暴发、流行时，应当在 2 小时内完成疫情信息核实及向当地卫生健康主管部门的报告，由当地卫生健康主管部门立即报告当地人民政府，同时报告上级卫生健康主管部门和国务院卫生健康主管部门。

实践中，我国已经建立起一套覆盖全国的突发性传染病疫情网络直报系统，但在此次新冠肺炎疫情初期，传染病网络直报系统并未及时发挥出其应有的预警作用。2019 年 12 月 27 日，湖北省中西医结合医院首次以口头形式向武汉市江汉区疾控中心上报了该院收治的不明原因肺炎病例；2019 年 12 月 30 日，武汉市卫健委医政医管处给全市各医疗机构下发紧急通知，要求各单位清查统计近一周接诊过的具有类似特点的不明原因肺炎病例，并于当日 16：00 前将统计情况发送至该处邮箱；直到 2020 年 1 月 24 日，即继 2020 年 1 月 20 日国家卫健委将新冠肺炎纳入《传染病防治法》规定的乙类传染病并采取甲类传染病的预防控制措施之后，中国疾控中心的"传染病网络直报系统新冠肺炎动态监测功能"才上线，才开始就新冠肺炎疫情的实时动态每日一报。从新冠肺炎疫情暴发之初到传染病网络直报系统正式发挥作用，中间隔了 28 天。该系统失灵的原因主要有：一是此次的新冠病毒是一种全新的病毒，不在系统中的法定传染病之列，尽管网络直报系统设置了针对不明原因肺炎（Pneumonia of Unknown Etiology，PUE）病例的直报通道，但在直报前需要上级卫健委和疾控机构组织专家进行会诊，在得出诊断结论后再决定能否上报，这需要花费大量时间，因而会迟延上报时间。二是网络直报系统本是监测 SARS 与人禽流感的，在建成后我国十几年间并无类似的突发性大规模传染病暴发，卫生行政部门和疾控机构也放松了对医务人员使用直报系统的培训工作，医疗机构也不是十分重视。相当多的医务人员不知道如何使用直报系统，甚至有的医务人员压根没听说过传染病网络直报系统。[1]

因此，本次《传染病防治法（修订草案征求意见稿）》第 36 条第 1 款规定，传染病疫情报告包括法定传染病疫情报告、具备传染病流行特征的不明原因聚集性疾病疫情报告和其传染病疫情暴发、流行报告。对于具备传染病流行特征的不明原因聚集性疾病疫情的报告，立法专门建立了奖励制度和责任豁免制度。

2. 疫情通报制度

县级以上地方人民政府卫生健康主管部门应当及时向本行政区域内的疾病预防控制机构和医疗机构通报传染病疫情以及监测、预警的相关信息。有关部门发现传染病疫情时，应当及时向同级人民政府卫生健康主管部门通报。通报的内容主要包括传染病疫情情况和监测、预警的相关信息。通报应当做到及时、透明、全面。

国务院卫生健康主管部门应当及时向国务院其他有关部门和各省、自治区、直辖市人民政府卫生健康主管部门及中央军事委员会负责卫生工作的部门通报全国传染病疫情以及监测、预警的相关信息。毗邻的以及相关的地方人民政府卫生健康主管部门，应当及时互相通报本行政区域的传染病疫情以及监测、预警的相关信息。卫生健康主管部门与农业农村、林业草原、教育、民政部门之间建立传染病疫情通报制度，共享传染病疫情相关信息。卫生健康、外交、移民、海关、工业和信息化、公安、交通运输

〔1〕《财经》记者：《如何看待投资 7.3 亿的传染病网络直报系统却失灵了 28 天?》，载腾讯网，https://new.qq.com/rain/a/20200225A0N9JF00，最后访问日期：2022 年 3 月 7 日。

等部门应建立工作机制，及时共享疫情相关信息。

3. 疫情公布制度

疫情公布分为日常传染病信息公布和传染病暴发流行时信息公布。具体规定为：国务院卫生行政部门定期公布全国传染病疫情信息。省、自治区、直辖市人民政府卫生行政部门定期公布本行政区域的传染病疫情信息。传染病暴发、流行时，国务院卫生行政部门负责向社会公布传染病疫情信息，并可以授权省、自治区、直辖市人民政府卫生行政部门向社会公布本行政区域的传染病疫情信息。

本次新冠肺炎疫情中，当时武汉市市长接受央视采访时表示，传染病有传染病防治法，必须依法披露。"作为地方政府，我获得这个信息以后，授权以后，才能披露。"之后在公共舆论中广为流传的"未经授权不得披露论"引发热议，同时暴露出关于传染病防控信息发布权限的现行法律存在一定缺陷、职责不明、实际操作可能引起混乱的问题，需要在未来修法时加以完善。有学者认为：第一，应当将传染病疫情预警和处置信息的发布归为一体，不宜将之分开；第二，应当区分传染病应急防控信息发布的决定和执行，即应急防控信息发布的决定权应该交给政府，而不应该是卫生行政部门。如上所述，是否启动传染病应急防控以及相关信息的发布，并不只是一个专业判断的问题，完全可能涉及对其他因素的考量，因此，必须交给政府决定。实际运作情形也是如此，卫生行政部门并不能完全自主决定何时发布何种信息。只有在法律上明确决定权在于政府，才可使名实相符，也能真正让政府负责。启动之后，可以由卫生行政部门或政府授权的疫情防控指挥机构具体执行传染病应急防控信息的发布；第三，应该在纵向与横向的政府体系中厘清信息发布相对集中和分散的责任关系，既要让地方政府"及时"回应疫情或疫情隐患，又能保证信息的权威性、准确性。[1]

---

[1] 参见沈岿：《论突发传染病信息发布的法律设置》，载《当代法学》2020 年第 4 期。

（三）疫情控制制度

2020 年 2 月 5 日，习近平总书记主持召开中央全面依法治国委员会第三次会议并发表重要讲话强调，当前疫情防控正处于关键时期，依法科学有序防控至关重要。疫情防控越是到最吃劲的时候，越要坚持依法防控，在法治轨道上统筹推进各项防控工作，保障疫情防控工作顺利开展。[1] 疫情防控中的各类措施，是对于公众健康的有力保障，但也意味着要以一定的个人利益的受损或克减来实现最广大民众的生命健康权，即公共卫生安全的保障。这无疑需要遵循保障人权原则、行政应急性原则、比例原则、权利救济原则等基本原则，协调好公共利益与个人基本权利的关系。虽然在疫情防控中公众健康应为优位法益，但也要选用对社会、公民个人影响最小的方式进行，确保不超过必要限度。

传染病暴发、流行时，为阻止传染病的扩散和蔓延而采取的应对措施势必会对公民个人的基本权利、企事业单位正常运营造成影响。按照法治原则，公权力行为必须有法律授权，否则，其合法性将受到质疑，即法律授权即可为，法无授权即禁止。比如，隔离与医学观察等限制人身自由的措施是阻断传染源和切断传播途径，防止传染病扩散的有效措施之一。根据法律保留原则，涉及限制人身自由措施设定的事项必须制定法律，并且这类事项属于不得委托国务院先行制定行政法规的绝对保留事项。2004 年修订的《传染病防治法》使"隔离与医学观察等限制人身自由的措施实现了从正当性迈向合法性的重要一步"。[2] 该法除了赋予医疗机构采取隔离和医学观察措施之外，还赋予了疾病预防控制机构、县级以上地方人民政府进行流行病调查，限制或者停止集市、集会、影剧院演出或者其他人群聚集的活动；停工、停业、停课等疫情控制措施。具体内容如下：

---

〔1〕 中共中央党史和文献研究院编：《习近平关于统筹疫情防控和经济社会发展重要论述选编》，中央文献出版社 2020 年版，第 49~51 页。

〔2〕 陈越峰：《从形式合法到裁量正义——传染病防治中限制人身自由措施的合法性证成》，载《政治与法律》2011 年第 10 期，第 42 页。

1. 医疗机构有权采取的控制措施

发现甲类传染病时，对病人、病原携带者，予以隔离治疗，隔离期限根据医学检查结果确定；对疑似病人，确诊前在指定场所单独隔离治疗；对医疗机构内的病人、病原携带者、疑似病人的密切接触者，在指定场所进行医学观察和采取其他必要的预防措施。拒绝隔离治疗或者隔离期未满擅自脱离隔离治疗的，可以由公安机关协助医疗机构采取强制隔离治疗措施。医疗机构发现乙类或者丙类传染病病人，应当根据病情采取必要的治疗和控制传播措施。发现疑似呼吸道传染病患者的，应当引导至发热门诊进行筛查。

通过立法规定，我们可以看出，医疗机构只能针对法定传染病，才可以采取控制措施。法定传染病类型决定控制措施。对于隔离和医学观察等限制人身自由的措施只能针对甲类传染病采取。如果其他乙类传染病和突发原因不明的传染病需要采取立法所称甲类传染病的预防、控制措施的，由国务院卫生行政部门及时报经国务院批准后予以公布、实施。按照比例原则，对于甲类传染病病人、病原携带者，疑似病人和密切接触者采取的控制措施强度有所区别。限制程度弱的强度小的措施应该优先选择，如果居家医学观察可以实现疫情防控目的，指定场所医学观察甚至医疗机构医学观察应该尽量避免。

但是，现行立法授权医疗机构采取隔离措施的规定备受质疑，有学者认为医疗机构并非中立的决定主体。公立或私立医疗机构均为市场活动主体，隔离观察涉及医疗机构的经济利益，医患之间容易产生隔离费用等经济纠纷，医疗机构决定实施隔离观察的客观性和中立性存疑。而且，医疗工作人员长于医学知识和经验，但缺少对行政法中比例原则、正当程序等法律知识的认知，难以从法律视角审查判断采取限制人身自由措施的适当性。此外，医疗机构自身权威性不足，即使依法寻求公安机关等其他机关的协助，实际执行效果可能不佳。如新冠肺炎暴发后，医疗机构疲于救治入院病患，并无余力去隔离密切接触者，甚至出现医生遭受个别患者攻击的案例，医疗机构自身的弱势地位可能造成空有权力却难以落实的尴尬处境。因此，医疗机构作为决定主体的适当性值得商榷。[1]

2. 疾病预防控制机构有权采取的控制措施

疾病预防控制机构发现传染病疫情或者接到传染病疫情报告时，应当及时对传染病疫情进行流行病学调查，判定密切接触者，根据调查情况提出划定疫点、疫区的建议，对被污染的场所进行卫生处理，指导做好对密切接触者的管理，并向卫生健康主管部门提出疫情防控方案；传染病暴发、流行时，对疫点、疫区进行卫生处理，向卫生健康主管部门提出疫情控制方案，并按照传染病防控相关要求采取措施。

流行病学调查对于有效遏制疫情具有重要意义。通过调查重点人群的行动轨迹，寻找与传染源、传播途径有关的蛛丝马迹，理清传播链，为判定密切接触者、采取隔离措施以及划定消毒范围提供依据。因此，疾病预防控制机构进行调查时，被调查者应提供真实信息；任何单位和个人不得隐瞒信息、阻碍调查。必要时，公安、工业和信息化、交通运输、网信等部门应予以协助。

3. 县级以上人民政府有权采取的控制措施

（1）采取隔离措施。对已经发生甲类传染病病例的场所或者该场所内的特定区域的人员，所在地的县级以上地方人民政府可以实施隔离措施，并同时向上一级人民政府报告；接到报告的上级人民政府应当实时作出是否批准的决定。上级人民政府作出不予批准决定的，实施隔离措施的人民政府应当立即解除隔离措施。隔离措施的解除，由原决定机关决定并宣布。

为了保障隔离人员的合法权益，立法规定在隔离期间，实施隔离措施的人民政府应当提供生活保障；被隔离人员有工作单位的，所在单位不得

---

[1] 参见王小光：《防疫常态化背景下强制隔离观察的法制完善》，载《行政法学研究》2021年第2期。

停止支付其隔离期间的工作报酬。但是对隔离实施主体、隔离执行场所、隔离期限等事项均无明确的法律规范予以释明。这种过于概括的立法模式赋予防疫机关极大的自由裁量权，防疫机关可以根据自己需要和理解设置门类多样的隔离观察方式。比如，北京市在 2020 年 7 月处置新发地突发疫情过程中采取居家隔离、集中隔离和小区封闭隔离三类隔离观察措施。北京新发地疫情出现之后，北京市丰台区决定对新发地牛羊肉综合大楼相关人员强制集中隔离 14 天，期满后再次延长隔离 14 天，延长依据是专家评估这类人员属于极高风险人群。在现行的防疫立法之中，并未对隔离期限及延长审查作出明确规定，防疫机关在理论上可以对一个对象连续实施隔离观察。宽泛规定给予防疫机关充分裁量空间，便于防疫机关采取迅捷的处置手段，以达到有效控制疫情的目的。但法律规定过于概括，以致失去通过法律规范防止权力滥用的作用，无疑会增加执法机关任意解释法律条文，扩张适用强制隔离观察措施的风险。[1] 因此未来应该完善关于强制隔离措施的运行程序，具体规定实施主体、执行场所、隔离期限以及救济等事项。

（2）采取紧急措施。传染病暴发、流行时，县级以上地方人民政府应当立即组织力量，按照预防、控制预案进行防治，切断传染病的传播途径；必要时，报经上一级人民政府决定，可以采取下列紧急措施并予以公告：限制或者停止集市、集会、影剧院演出或者其他人群聚集的活动；停工、停业、停课；封闭或者封存被传染病病原体污染的公共饮用水源、食品以及相关物品；控制或者扑杀染疫野生动物、家畜家禽；封闭可能造成传染病扩散的场所；在一定范围内实施交通管制；在一定范围内实施人员排查、疫情监测等社区防控措施；运用大数据、云计算等数字技术，按照必要且最小化原则开展信息采集、病例识别、传染源追踪等工作。上级政府接到下一级政府关于采取前款所列紧急措施的报告时，应当即时作出决定。

---

〔1〕 王小光：《防疫常态化背景下强制隔离观察的法制完善》，载《行政法学研究》2021 年第 2 期。

（3）征调、征用资源。传染病暴发、流行时，根据传染病疫情控制的需要，国务院有权在全国范围或者跨省、自治区、直辖市范围内，县级以上地方人民政府有权在本行政区域内紧急调集人员或者调用储备物资，临时征用房屋、交通工具以及相关设施、设备。紧急调集人员的，应当按照规定给予合理报酬。临时征用房屋、交通工具以及相关设施、设备的，应当依法给予补偿；能返还的，应当及时返还。

（4）宣布疫区。甲类、乙类传染病暴发、流行时，县级以上地方人民政府报经上一级人民政府决定，可以宣布本行政区域部分或者全部为疫区；国务院可以决定并宣布跨省、自治区、直辖市的疫区。县级以上地方人民政府可以在疫区内采取《传染病防治法（修订草案征求意见稿）》第48条规定的紧急措施，并可以对出入疫区的人员、物资和交通工具实施卫生检疫。省、自治区、直辖市人民政府可以决定对本行政区域内的甲类传染病疫区实施封锁；但是，封锁大、中城市的疫区或者封锁跨省、自治区、直辖市的疫区，以及封锁疫区导致中断干线交通或者封锁国境的，由国务院决定。疫区封锁的解除，由原决定机关决定并宣布。

（四）医疗救治制度

作好传染病患者的救治工作，一方面是以人为本的必然要求，另一方面是有利于消灭传染源、切断传播途径，最终减少感染人群。

1. 传染病预检、分诊制度

医院作为病毒的集聚地，人群感染风险高。在此情况下，医院的感染防护一刻也不能放松。院感防控措施之一就是医疗机构应当实行传染病预检、分诊制度；对怀疑为传染病患者的，应当引导至相对隔离的分诊点进行初诊。医疗机构不具备相应救治能力的，应当将患者或疑似患者及其病历记录一并转至具备相应救治能力的医疗机构。

医疗机构应该设立传染病预检分诊处，消毒隔离设施和防护用品，严格按照规范进行消毒和处理医疗废物。从事预检、分诊的医务人员应当严格遵守卫生管理法律、法规和有关规定，认真执行临床技术操作规范、常规以及有关工作制度。根据传染病的流行季节、周期、流行趋势和上级部门的要求，在接诊过程中注意询问有关流行病学史、职业史，结合主诉、病史，症状和体征等对患者进行预检。做好特定传染病的预检、分诊工作。初步排除特殊传染病后，再到相应的普通诊室就诊。经预检为传染病患者或传染病疑似患者，应当将病人分诊至感染性疾病科就诊，同时对接诊处采取必要的消毒措施。对呼吸道等特殊传染病患者或者疑似患者，应当依法采取隔离或者控制传播措施，并按照规定对病人的陪同人员和其他密切接触人员采取医学观察及其他必要的预防措施。

2. 重大传染病防治中药品超说明书用药制度

药品说明书是载明药品的重要信息的法定文件，是选用药品的法定指南。药品说明书的内容应包括药品的品名、规格、生产企业、药品批准文号、产品批号、有效期、主要成分、适应症或功能主治、用法、用量、禁忌、不良反应和注意事项，中药制剂说明书还应包括主要药味（成分）性状、药理作用、贮藏等。超说明书用药（off-label drug use，OLDU）指超出监管部门审批并由说明书所规定的适应症或功能主治、用法、用量、给药途径及适用人群的用药。通常情况，超说明书用药由于没有药品安全性和有效性的循证医学证据，对于患者来说有无法预见的风险。因此医师如果超说明书用药涉嫌违法，需要承担法律责任。

但是，如果遇到新型疾病，尤其是重大传染病防治紧急情况下，满足患者在罹患重大疾病时治疗需要就显得尤为迫切。我国关于超说明书用药存在立法空白，但实际诊疗中存在应用实践。比如，在此次新冠肺炎疫情防控工作中，国家卫生健康委在多次发布的试行诊疗方案中推荐了很多药物对该疾病进行治疗，包括洛匹那韦利托那韦（LPV/r）、利巴韦林、磷酸氯喹等药物，这些药物的应用都涉及超说明书用药制度。[1] 这种做法的合法性瑕疵在 2020 年的《传染病防治法（修订草案征求意见稿）》中给予了积极回应。其第 64 条规定，因重大传染病防治紧急需要，经国务院卫生健康主管部门提出建议并经国家药品监督管理部门组织论证同意后，医师可以采用药品说明书以外的用法进行医疗救治，但应当限定其用法在一定期限和范围内使用。但是该规定关于超说明书只是允许超用法吗？如果是超适应症是否允许？立法存在语焉不详。而且程序设置上，审批权限提高到国家层级，这样的规定能否应对紧急情况，仍然需要进一步的立法论证。

（五）保障制度

为使传染病预防控制工作落到实处，《传染病防治法》专章规定了保障措施，《传染病防治法（修订草案征求意见稿）》又进一步加强了传染病防控保障制度，明确传染病救治相关费用支付承担规则，建立应急物资、能力储备制度，是对传染病防治工作的有力支撑，其中规定了将传染病防治工作纳入国民经济和社会发展计划、经费保证、加强基层传染病防治体系建设、物资与治理能力储备、相关人员待遇等。

1. 传染病应急医用物资储备制度

《传染病防治法》第 63 条规定，县级以上人民政府负责储备防治传染病的药品、医疗器械和其他物资，以备调用。《突发公共卫生事件应急条例》第 32 条规定，突发事件发生后，国务院有关部门和县级以上地方人民政府及其有关部门，应当保证突发事件应急处理所需的医疗救护设备、救治药品、医疗器械等物资的生产、供应；铁路、交通、民用航空行政主管部门应当保证及时运送。无论是法律还是行政法规，立法者均意识到传染病防治药品、医疗器械和其他物资储备的必要性。然而立法将该项储备责任赋予了县级以上人民政府；突发事件发生后，赋予了国务院有关部门和

---

〔1〕 谢丰婴、王岳：《论新型传染病患者用药可及性的法律保障制度》，载《中国医院管理》2020 年第 10 期。

县级以上地方人民政府及其有关部门。这样的规定显然存在合理之处。首先，最早直接接触或者发现疑似传染病患者的是医疗机构的一线医务人员。其次，关于传染病防治所需用品的储备属于科学问题，需要储备什么物资、储备多少物资需要进行专业性判断和评估。最后，法律只是赋予了政府和相关部门职责，但是具体哪个部门没有规定。传染病防治所需物资在我国涉及多个部门，药品的生产归属药监局，口罩等医用耗材的生产归属工信部。

实践中，医疗机构医用耗材"零库存"的管理理念加剧了疫情防治时期医用耗材尤其是医用防护用品供需矛盾。零库存可以免去仓库建设、管理费用、存货维护、管理等成本，同时可以解决存货占用流动资金及库存物资的老化、损失、变质等问题。同时零库存加速了资金的周转速度，倡导的最小化库存回避了市场变化带来的产品积压风险。管理人员可以随时查询和监督到科室申领医用耗材的情况。然而零库存需要有充分的社会储备保障以及畅通的物流系统为前提。面对突发的公共卫生事件，显然社会没有充分的医疗防护用品的保障。由于本次新冠肺炎传染性强，对于物流系统也是极大的考验。

2019 年实施的《医疗机构医用耗材管理办法（试行）》对仓库管理提出高要求，既要确保医用耗材安全可靠、满足临床需求、全程可追溯，又要求库存不能形成积压，避免报损浪费。同时规定医疗机构应当遴选建立本单位的医用耗材供应目录，并严格遵守目录进行采购，其他科室部门不得单独采购。虽然该办法第 20 条也有"遇有重大急救任务、突发公共卫生事件等紧急情况，以及需要紧急救治但缺乏必要医用耗材时，医疗机构可以不受供应目录及临时采购的限制"的例外规定。但是笔者认为这显然不是明智之举。常态下，医疗机构应该建立传染病防治的相关医用耗材应急储备制度，建立库存动态调整和配置机制。

2. 重大传染病疫情中医疗保障制度

在本次抗击新冠肺炎疫情中，医疗保障发挥了重要的作用。2020 年 1

月 22 日国家医保局、财政部发出的《关于做好新型冠状病毒感染的肺炎疫情医疗保障的通知》提出"两个确保"。一是确保患者不因费用问题影响就医。对于确诊新冠肺炎患者发生的医疗费用，在基本医保、大病保险、医疗救助等按规定支付后，个人负担部分由财政给予补助，实施综合保障；对于确诊新冠肺炎的异地就医患者，先救治后结算，报销不执行异地转外就医支付比例调减规定；确诊新冠肺炎患者使用的药品和医疗服务项目，符合卫生健康部门制定的新冠肺炎诊疗方案的，可临时性纳入医保基金支付范围。二是确保收治医院不因支付政策影响救治。对收治患者较多的医疗机构，医保经办机构可预付部分资金，减轻医疗机构垫付压力。医保经办机构应及时调整有关医疗机构的总额预算指标，对新冠肺炎患者医疗费用单列预算。各级医保经办机构要确保与医疗机构及时结算，保证救治工作顺利进行。

健全重大疾病医疗保险和救助制度，涉及"三医联动"，也是对医保治理体系和治理能力的一次大考验。未来立法应该将医保防控疫情的有效做法形成制度性成果，将政策上升为立法。[1] 要健全应急医疗救助机制，在突发疫情等紧急情况时，确保医疗机构先救治、后收费，并完善医保异地即时结算制度。要探索建立特殊群体、特定疾病医药费豁免制度，有针对性免除医保支付目录、支付限额、用药量等限制性条款，减轻困难群众就医就诊后顾之忧。要统筹基本医疗保险基金和公共卫生服务资金使用，提高对基层医疗机构的支付比例，实现公共卫生服务和医疗服务有效衔接。[2]

---

〔1〕 参见鲁全：《重大突发公共卫生事件应对与社会保障治理能力现代化——"抗击新冠肺炎疫情与社会保障研讨会（通讯）"观点综述》，载《社会保障评论》2020 年第 2 期。

〔2〕 海韵、李晓楠：《医疗保障应对新冠肺炎疫情的作为和思考》，载《中国医疗保险》2020 年第 3 期。

第四节　艾滋病防治法

一、艾滋病防治法概述

艾滋病是一种由人类免疫缺陷病毒（Human Immuno-deficiency Virus，HIV）引起的严重的、致死性的人类病毒性传染病。其病毒传播包括血液传播、性接触传播、母婴传播三条途径。HIV 感染导致机体免疫功能缺陷而易发机会性感染和恶性肿瘤，艾滋病为 HIV 感染的最后阶段，已经确认则严重影响生存质量直至死亡，是近代医学史上最引人注目、最令人恐惧的传染病。解决该问题的唯一途径是攻克这一医学难题。但现实残酷地证明，至今没有方法可以治愈艾滋病患者。2020 年 7 月 6 日，联合国艾滋病规划署发布的《2020 全球艾滋病防治进展报告》显示，2019 年仍有 69 万人死于艾滋病相关疾病，3800 万艾滋病病毒感染者中仍有 1260 万人无法获得拯救生命的治疗。[1] 最近几年，我国每年报告新发现 HIV 感染者/AIDS 病人均超过 10 万例，且一年多于一年，至 2018 年 6 月 30 日，全国报告现存活艾滋病人和感染者超过 82 万人。2017 年中国新发现 HIV 感染者/AIDS 病人 13.5 万，较 2012 年的 8.2 万上升了 64%。[2]

《传染病防治法》、《艾滋病监测管理的若干规定》（已失效）以及其他有关艾滋病的立法都曾将艾滋病视为一般的传染病，强制检测、报告、接触追踪、隔离等措施在遏制艾滋病蔓延方面被大量采用。结果导致现在很多理论上很有效的防治措施不能够在现实中发挥应有的作用。相反，强制艾滋检测与隔离治疗以及严重的艾滋歧视使艾滋病感染者转入地下，更加

---

〔1〕《最新数据：全球艾滋病感染者已高达——》，载知乎网，https：//zhuanlan.zhihu.com/p/161194641，最后访问日期：2022 年 1 月 19 日。

〔2〕《中国艾滋病现状报告》，载新浪网，http：//k.sina.com.cn/article_1644114654_61ff32de02700gzgi.html，最后访问日期：2022 年 1 月 19 日。

剧了艾滋病传播的风险。[1] 立法者不应该将艾滋病看作一般的传染病。艾滋病无论如何特殊，其自然属性（作为疾病）本身并不会引起社会后果，其社会后果由人类行为、互动模式导致，在这个层面艾滋病问题成为社会问题。在分析艾滋病问题时，不能片面地强调个体行为的决定作用，而应当关注艾滋病流行的道德因素、文化因素和法律因素。只有通过分析多种因素对艾滋病流行的共同影响才能更深刻地认识个体的行为，进而指导行为干预和社会防治。[2]

2001 年联合国特别联大通过的《关于艾滋病毒/艾滋病问题的承诺宣言》中，中国政府向国际社会做出承诺在艾滋病防治工作中负主导责任。我国对艾滋病的立法较为庞杂，涉及艾滋病相关规定的包括传染病防治法、出入境管理法、卫生检验与检疫相关立法，[3] 为了更好地预防、控制艾滋病的发生与流行，保障人体健康和公共卫生，国务院以《传染病防治法》为基础，于 2006 年 1 月 29 日公布了《艾滋病防治条例》，对艾滋病的防治工作做出了总体性规定，后于 2019 年对该条例进行修订，增加了对造血干细胞的相关规定。

二、艾滋病防治法基本原则

（一）社会治理原则

在急遽变革的转型时代，艾滋病通常与贫困、毒品、犯罪、同性恋等诸多社会病痛相互交织缠绕，因此艾滋病的防治从来都不是某个人或某个组织能够单独完成的，必须要全社会各部门共同参与、相互配合。《中国遏制与防治艾滋病行动计划（2006—2010 年）》（已失效）明确提出"政府组

---

〔1〕 孟金梅：《我国艾滋病防治法律政策发展分析》，载《汕头大学学报（人文社会科学版）》2016 年第 3 期。

〔2〕 李振贤等：《走出疏离与紧张：增强艾滋病防治中法律的回应性——基于云南省 X 州的调查》，载《云南大学学报（法学版）》2011 年第 6 期。

〔3〕 参见王启梁、张剑源：《艾滋病防治的世界性法律行动与中国的法律实践》，载《现代法学》2010 年第 5 期。

织领导、部门各负其责、全社会共同参与"是我国艾滋病防治工作的基本原则。国务院卫生主管部门会同国务院其他有关部门制定国家艾滋病防治规划，县级以上人民政府根据相关条例统一领导艾滋病防治工作，同时国家鼓励和支持基层组织协助各级人民政府开展艾滋病防治工作。其中，政府是保障公民卫生的责任主体，只有通过法规制定、资金投入和动员全社会参与，才能遏制艾滋病流行和保障艾滋病患者权益。

事实证明：凡是在传统公共卫生领域中以强制控制手段和居高临下的政府管理者形式建构的社会预防模式，由于缺乏主体对象（感染者、患者和边缘化、易受伤害人群）的信任与合作，结果往往无效[1]。而所有以"对人的关注"为出发点建构的社会预防模式，由于重视艾滋病病人及感染者、吸毒人员、同性恋者等社会成员的主体地位，重视政府、非营利组织和受艾滋病影响的人群之间的合作，往往能最大限度地产生效果。公众对艾滋病患者及感染者的排斥和歧视，削弱了其检测、就医的积极性，甚至会产生仇恨社会的畸形心态。这是艾滋病防治道路上最大的障碍。面对这种境况，"公民社会"因其与社会公众的天然联系和组织社会的天然能力等优势而当仁不让地肩负起了艾滋病防治中的许多重要任务。若政策制定者及政府职能部门能够通过立法和法律实施明确艾滋病防治中社会力量的主体地位，鼓励参与、支持和引导其投身艾滋病防治事业，与公民社会良性互动，广泛授权以调动各种手段去实现确定的目标，必将有力地回应艾滋病防治中的社会需求，有效地遏制艾滋病蔓延，同时还可以促进社会发展和文明进步。[2]

（二）艾滋病自愿咨询检测原则

艾滋病的特殊性使常规公共卫生措施，诸如检测、报告、接触追踪、隔离等面对艾滋病的蔓延是不合适的和无效的。艾滋病往往在这样的人群

〔1〕 夏国美：《论中国艾滋病社会预防模式的变革》，载《社会科学》2005 年第 11 期。
〔2〕 李振贤等：《走出疏离与紧张：增强艾滋病防治中法律的回应性——基于云南省 X 州的调查》，载《云南大学学报（法学版）》2011 年第 6 期。

中通过他们秘密的、隐私的行为传播，而他们是在社会中最容易被边缘化和受羞辱的。在我国实行强制检测，对遏制艾滋病蔓延的作用实际上几乎并不显著，还会产生一定的副作用。正如联合国有关文件中指出的，未经知情同意的检测有如下一些事与愿违的后果：高费用、低效率，转移了防治和保健项目中本已稀缺的资源；所获得的信息可能不可靠；产生相反结果，促使人们隐藏可能感染艾滋病病毒的危险行为；检测可能用于歧视目的，如拒绝雇用、拒绝保险、勒令离职、退学等，其实感染者在很长的无症状时期本可以从事正常工作；削弱了个人防止感染的责任；给社会传送了一个错误信息，艾滋病仅是"有高危行为人群"的问题，从而助长了将"我们和他们"分开的思想，分裂人民群众，并进一步引起恐惧、排斥和歧视。[1]

因此，区别于一般传染病的强制检测，我国实行艾滋病自愿咨询和自愿检测原则。艾滋病自愿咨询检测是指人们在经过咨询后能对艾滋病检测做出明智选择的过程，是自愿和保密的。自愿咨询包括检测前咨询、检测后咨询、预防性咨询、支持性咨询和特殊需求咨询等。[2] 通过自愿咨询和检测，不仅可以尽早发现、及时治疗和预防感染，为受检者特别是感染者，提供心理支持，而且可以促使受检者减少危险行为，预防艾滋病病毒的传播。艾滋病自愿咨询检测既是艾滋病防治规划的关键组成部分，也是一种高效益的艾滋病病毒预防干预措施。

艾滋病咨询要遵循尊重、不评判、启发与自我决策、保密、坚持职业关系的基本原则。首先，应该和求询者建立和谐的咨询关系、说明保密等原则。其次，询问一般信息，进而评估检测的原因、行为危险性，分析检测的利弊。最终由求询者自己选择是否进行检测。如果同意检测的，应该

---

〔1〕 邱仁宗：《中国艾滋病防治中的伦理、政策和法律问题》，中美传染病疾病国际学术报告研讨会，2002 年 5 月 29 日。

〔2〕 卢红标：《自愿咨询检测在艾滋病防治工作中的应用探析》，载《中国民康医学》2014 年第 21 期。

介绍检测步骤、安排检测事宜、预约取检测结果的时间、地点；如果放弃检测的，应该强调预防 HIV 感染的重要性，提供有关知识信息，讨论行为改变计划。

（三）艾滋病病毒感染者、艾滋病病人及其家属合法权益保护原则

艾滋病本身是一种疾病，同时还具有特殊的社会属性，法律必须关注该领域的人权问题，保障艾滋病病人及感染者和其他易感人群的合法权益，真正做到治"病"救"人"。[1] 艾滋病作为最容易受到歧视的疾病之一，对艾滋病患者人权的保护也是相关立法的重点。人类社会中的每个群体都无权用言语、行为乃至法律去歧视和诋毁那些身体具有缺陷或残障的人群[2]，所以身体是否患病不是阻却"固有尊严"实现的障碍。平等权是艾滋病患者的核心权益。潘恩认为，所有的人都处于同一地位，所有的人生来就是平等的，并具有平等的天赋权利。[3] 《宪法》第 33 条第 2 款规定，中华人民共和国公民在法律面前一律平等。对于艾滋病患者而言，平等权应当是基本权利的核心，其他的一切权利都应建立在平等权之上。任何组织或个人均不得歧视艾滋病病毒感染者、艾滋病病人及其家属，且艾滋病病毒感染者、艾滋病病人及其家属享有的婚姻、就业、就医、入学等合法权益受法律保护。同时艾滋病人的个人隐私权也受到法律保护，任何人不得公开艾滋病病毒感染者、艾滋病病人或者其家属的信息。政府是控制艾滋病蔓延和管理艾滋病患者的责任主体，只有坚持政府的组织领导才能做好艾滋病的防治工作，从而切实保障好艾滋病患者的权益。[4]

目前立法上偏重强调艾滋病患者感染者、艾滋病病人的隐私权保护，在一定程度上淡化了艾滋病关联者的知情权，由此实践中产生的纠纷屡见

---

〔1〕 李振贤等：《走出疏离与紧张：增强艾滋病防治中法律的回应性——基于云南省 X 州的调查》，载《云南大学学报（法学版）》2011 年第 6 期。

〔2〕 谢琼：《残障人士权利与福利制度》，载《残疾人研究》2011 年第 1 期。

〔3〕 高其才：《法理学》，清华大学出版社 2007 年版，第 39~40 页。

〔4〕 韩康宁、宋尚昊：《政府职能视域下的艾滋病患者权益保护情势及对策》，载《行政科学论坛》2020 年第 2 期。

不鲜。

案例：

甲和未婚妻乙在 A 市妇幼保健院进行婚检，检查报告出来后，医生单独告知了乙其检查结果疑似艾滋病。甲询问医生，乙检查是否出现什么问题，医生却告诉甲一切正常。甲之后与乙结婚，后甲被查出感染艾滋病毒。甲质疑院方为何在体检时不告知其妻子乙疑似患艾滋病一事，并起诉了妇幼保健院。

根据《春城晚报》云南省卫生健康委通报的"2020 年云南省艾滋病防治工作"情况，2020 年 1 月至 10 月，艾滋病检测人数达 2820.3 万人次，较上一年同期增加 41.5%。其中，性传播仍为主要的传播途径。2020 年 1 月至 10 月检测发现的艾滋病病毒感染者中，性传播占 97.5%，较上一年同期增加 1.5 个百分点；其中异性传播占 91.2%，男男同性传播占 6.3%。[1] 参考上述数据，随着我国社会经济的不断发展，性传播仍将会是艾滋病传播的主要方式之一。鉴于此，如何在患者隐私权与其"准配偶"知情权、生命健康权之间平衡是立法急需要回应的问题。[2] 对此，我国目前各层次的立法彼此之间存在法律冲突。《艾滋病防治条例》第 39 条第 2 款规定，未经本人或者其监护人同意，任何单位或者个人不得公开艾滋病病毒感染者、艾滋病病人及其家属的姓名、住址、工作单位、肖像、病史资料以及其他可能推断出其具体身份的信息。《浙江省艾滋病防治条例》第 36 条第 2 款规定，对确诊的艾滋病病毒感染者和艾滋病病人，由省人民政府卫生健康主管部门培训合格的医务人员将诊断结果告知其本人、配偶或者监护人，并给予医学指导。《广西壮族自治区艾滋病防治条例》第 33 条第 2 款规定，艾滋病病毒感染者和艾滋病病人在得知阳性结果后一个月内应当将感染状

---

〔1〕 陶彦然、艾子文：《我省从艾滋病重灾区变为防控示范区》，载《春城晚报》2020 年 12 月 2 日，第 3 版。

〔2〕 参见万力、陈默：《艾滋病患者隐私权克减法律问题研究——立足于我国婚前医学检查的思考》，载《卫生软科学》2021 年第 5 期。

况告知配偶或者与其有性关系者，或者委托疾病预防控制机构代为告知其配偶或者与其有性关系者；艾滋病病毒感染者和艾滋病病人不告知或者不委托告知的，疾病预防控制机构有权告知其配偶或者与其有性关系者，并提供医学指导。《云南省艾滋病防治条例》第20条第2款规定，感染者和病人应当将感染艾滋病病毒的事实及时告知其配偶或者性伴侣；本人不告知的，医疗卫生机构有权告知。第57条第1项规定，感染者和病人不及时将感染艾滋病病毒的事实告知其配偶、有性关系者等存在暴露风险的人群的，依法承担民事责任；构成犯罪的，依法追究刑事责任。立法的不统一及其相互之间的冲突导致法律适用的不确定。因此未来立法中需要注意到艾滋病患者隐私权与特定主体知情权之间冲突问题，否则不利于艾滋病的防治，反而会导致艾滋病的进一步传播。

三、艾滋病防治主要法律制度

（一）宣传教育制度

艾滋病现象过于复杂，它汇集多种社会现象于一体，它既是医学问题，也是行为问题，还是社会问题；它既需要国家公权的干预，也需要社区和市民社会的积极参与；它既关乎道德和伦理，也充满了大量的法律问题。[1]因此，宣传教育成为艾滋病预防的重要举措。

根据《艾滋病防治条例》第10条规定，地方各级人民政府和政府有关部门应当组织开展艾滋病防治以及关怀和不歧视艾滋病病毒感染者、艾滋病病人及其家属的宣传教育，提倡健康文明的生活方式，营造良好的艾滋病防治的社会环境。地方各级人民政府和政府有关部门应当在车站、码头、机场、公园等公共场所以及旅客列车和从事旅客运输的船舶等公共交通工具显著位置，设置固定的艾滋病防治广告牌或者张贴艾滋病防治公益广告，组织发放艾滋病防治宣传材料。同时，地方各级人民政府和政府有关部门

---

[1]　夏立安：《二元化社会中法律对公共卫生的消极影响——以艾滋病现象为例》，载《现代法学》2008年第2期。

应当采取措施，鼓励和支持有关组织和个人对有易感染艾滋病病毒危险行为的人群开展艾滋病防治的咨询、指导和宣传教育。出入境检验检疫机构应当在出入境口岸加强艾滋病防治的宣传教育工作，对出入境人员有针对性地提供艾滋病防治咨询和指导。

县级以上地方人民政府应当将艾滋病防治工作纳入国民经济和社会发展规划，在医疗卫生机构开通艾滋病防治咨询服务电话，向公众提供艾滋病防治咨询服务和指导。其教育主管部门应当指导、督促高等院校、中等职业学校和普通中学将艾滋病防治知识纳入有关课程，开展有关课外教育活动。

国家鼓励和支持妇女联合会、红十字会开展艾滋病防治的宣传教育，将艾滋病防治的宣传教育纳入妇女儿童工作内容，提高妇女预防艾滋病的意识和能力，组织红十字会会员和红十字会志愿者开展艾滋病防治的宣传教育。

机关、团体、企业事业单位、个体经济组织应当组织本单位从业人员学习有关艾滋病防治的法律、法规、政策和知识，支持本单位从业人员参与艾滋病防治的宣传教育活动，卫生主管部门应对其提供技术支持。

（二）预防与控制制度

1. 国家建立健全艾滋病监测网络

国务院卫生主管部门制定国家艾滋病监测规划和方案。省、自治区、直辖市人民政府卫生主管部门根据国家艾滋病监测规划和方案，制定本行政区域的艾滋病监测计划和工作方案，组织开展艾滋病监测和专题调查，掌握艾滋病疫情变化情况和流行趋势。疾病预防控制机构负责对艾滋病发生、流行以及影响其发生、流行的因素开展监测活动。出入境检验检疫机构负责对出入境人员进行艾滋病监测，并将监测结果及时向卫生主管部门报告。

艾滋病监测管理的重点对象包括五类：艾滋病病人、艾滋病病毒感染者以及高危人群、发生艾滋病传播或者可能发生艾滋病传播的有关单位和场所以及被 HIV 污染或者可能被污染的医用物品。其中对于高危人群的监测更是关键。高危人群应主要包括疑似艾滋病病人、性病患者、卖淫嫖娼者、吸毒者（尤其是静脉注射的吸毒者）、男同性恋者、使用进口血浆制品者以及与艾滋病病人或病毒感染者密切接触者。对于这些高危人群应区别情况采取主动干预或自愿接受的方式，实施行为监测或 HIV 抗体验血检测。[1]

2. 完善公共场所的艾滋病防治措施

县级以上人民政府卫生、市场监督管理、药品监督管理、广播电视等部门应当组织推广使用安全套，建立和完善安全套供应网络。省、自治区、直辖市人民政府确定的公共场所的经营者应当在公共场所内放置安全套或者设置安全套发售设施。公共场所的服务人员应当依照《公共场所卫生管理条例》的规定，定期进行相关健康检查，取得健康合格证明；经营者应当查验其健康合格证明，不得允许未取得健康合格证明的人员从事服务工作。

3. 特殊人员的艾滋病防治

公安、司法行政机关对被依法逮捕、拘留和在监狱中执行刑罚以及被依法收容教育、强制戒毒的艾滋病病毒感染者和艾滋病病人，应当采取相应的防治措施，防止艾滋病传播。对卫生技术人员和在执行公务中可能感染艾滋病病毒的人员，县级以上人民政府卫生主管部门和其他有关部门应当组织开展艾滋病防治知识和专业技能的培训，有关单位应当采取有效的卫生防护措施和医疗保健措施。艾滋病病毒感染者和艾滋病病人应当根据《艾滋病防治条例》履行相关义务，不得以任何方式故意传播艾滋病。

4. 医疗卫生机构的措施

在中国静脉吸毒者艾滋病感染率极高的情况下，为了确保患者安全，

---

〔1〕　李敏：《我国艾滋病预防和控制的立法思考》，载《法律与医学杂志》2001 年第 4 期。

输给病人的血液、血制品，以及供移植的人体组织、器官、细胞、骨髓或精液，需要做强制性检测。但是强制性检测应该尽量缩小范围，以避免引起严重的副作用。

血站、单采血浆站应当对采集的人体血液、血浆进行艾滋病检测；不得向医疗机构和血液制品生产单位供应未经艾滋病检测或者艾滋病检测阳性的人体血液、血浆。血液制品生产单位应当在原料血浆投料生产前对每一份血浆进行艾滋病检测；未经艾滋病检测或者艾滋病检测阳性的血浆，不得作为原料血浆投料生产。医疗机构应当对因应急用血而临时采集的血液进行艾滋病检测，对临床用血艾滋病检测结果进行核查；对未经艾滋病检测、核查或者艾滋病检测阳性的血液，不得采集或者使用。

进口人体血液制品，应当依照《中华人民共和国药品管理法》的规定，经国务院药品监督管理部门批准，取得进口药品注册证书。禁止进出口用于临床医疗的人体血液、血浆、组织、器官、细胞、骨髓等。但是，出于人道主义、救死扶伤目的，可以进出口临床急需、捐献配型的特殊血型血液、骨髓造血干细胞、外周血造血干细胞、脐带血造血干细胞，由中国红十字会总会办理出入境手续；具体办法由国务院卫生主管部门会同国家出入境检验检疫机构制定。

（三）治疗与救助制度

联合国艾滋病规划署于2016年颁布了《艾滋病关怀与支持》。该文件兼顾了2016年世界卫生组织的综合指南，说明了艾滋病病毒感染者对关怀与支持的需求，指出关怀与支持的不足是艾滋病防治过程中最大的障碍之一。

我国《艾滋病防治条例》第41条规定，医疗机构应当为艾滋病病毒感染者和艾滋病病人提供艾滋病防治咨询、诊断和治疗服务。医疗机构不得因就诊的病人是艾滋病病毒感染者或者艾滋病病人，推诿或者拒绝对其其他疾病进行治疗。第42条规定，对确诊的艾滋病病毒感染者和艾滋病病人，医疗卫生机构的工作人员应当将其感染或者发病的事实告知本人；本人为无行为能力人或者限制行为能力人的，应当告知其监护人。

"四免一关怀"制度是我国在艾滋病治疗与救助方面最有力的政策措施之一，该制度于2003年被提出，通过《艾滋病防治条例》被正式确定下来。其中"四免"指的是：①对农村居民和城镇未参加基本医疗保险等医疗保障制度的经济困难人员中的艾滋病病人免费提供抗病毒治疗药物；②实施免费自愿咨询检测；③对艾滋病患者的孤儿实行免费上学；④对艾滋病孕妇实施免费艾滋病咨询、筛查和抗病毒药物治疗，减少母婴传播。"一关怀"指的是将生活困难的艾滋病患者纳入政府救助范围，按国家有关规定给予必要的生活救济，并积极扶持有生产能力的艾滋病患者参加生产活动。"四免一关怀"制度所体现的对于艾滋病病毒感染者和艾滋病病人的支持、治疗、关怀与非歧视原则，是全面性教育的重要内容。该制度的实施，加强了对艾滋病病毒的诊断与发现能力，有利于对艾滋病病毒感染者及患者的及时治疗，同时减轻了他们的家庭经济负担。

第五节 国境卫生检疫法

一、国境卫生检疫法概述

"检疫"是以法律为依据，包括 WTO 法律、规则、惯例和国家法律法规，由国家授权的特定机关对有关生物及其产品和其他相关商品实施科学鉴定与处理，以防止有害生物在国内蔓延和国际传播的一项强制性行政措施，或说是为防止人类疾病的传播所采取的防范管理措施。[1] 国境卫生检疫是指国家国境卫生检疫机关为了防止传染病由国外传入或者由国内传出，

---

〔1〕《论〈生物安全法草案〉对中国进出口检验检疫体系的强化意义》，载搜狐网，https：//www.sohu.com/a/399710563_100200845，最后访问日期：2022年2月24日。

通过国家设在国境口岸的卫生检疫机关，依照国境卫生检疫的法律、法规，在国境口岸、关口对出入境人员、交通工具、运输设备以及可能传播传染病的行李、货物、邮包等物品实施卫生检疫查验、疾病监测的卫生行政执法行为，其目的是防止传染病传入传出，维护国家卫生主权。[1] 根据入境、出境的方向，国境卫生检疫可分为入境检疫和出境检疫；根据实施检疫的国境口岸的地理位置，可分为海港检疫、航空检疫和陆地边境检疫。

（一）国境卫生检疫的相关概念

国境卫生检疫机关是指国家在国境口岸设立的依法实施传染病检疫、卫生监督和卫生处理等活动的卫生行政执法机构，代表国家行使国境口岸检疫主权。根据《国境卫生检疫法实施细则》，其职责包括：①执行《国境卫生检疫法》及其实施细则和国家有关卫生法规；②收集、整理、报告国际和国境口岸传染病的发生、流行和终息情况；③对国境口岸的卫生状况实施卫生监督；对入境、出境的交通工具、人员、集装箱、尸体、骸骨以及可能传播检疫传染病的行李、货物、邮包等实施检疫查验、传染病监测、卫生监督和卫生处理等；④对入境、出境的微生物、生物制品、人体组织、血液及其制品等特殊物品以及能传播人类传染病的动物，实施卫生检疫；⑤对入境、出境人员进行预防接种、健康检查、医疗服务、国际旅行健康咨询和卫生宣传；⑥签发卫生检疫证件；⑦进行流行病学调查研究，开展科学实验；⑧执行海关总署、国务院卫生行政部门指定的其他工作。

国境口岸卫生监督员是国境卫生检疫机关设置的实施卫生监督任务的执法人员。具体职责包括：①对国境口岸和停留在国境口岸的入境、出境交通工具进行卫生监督和卫生宣传；②在消毒、除鼠、除虫等卫生处理方面进行技术指导；③对造成传染病传播、啮齿动物和病媒昆虫扩散、食物中毒、食物污染等事故进行调查，并提出控制措施。

国境卫生检疫机关工作人员是由国家出入境检验检疫主管部门任命，

---

[1] 邓金凤：《域外国境卫生检疫法律制度》，载《人民法院报》2020年4月10日，第8版。

具体从事国境卫生检疫检查和卫生处理的工作人员。国境卫生检疫机关工作人员，应当秉公执法，忠于职守，对入境、出境的交通工具和人员，及时进行检疫；违法失职的，给予行政处分，情节严重构成犯罪的，依法追究刑事责任。

（二）我国国境卫生检疫法的立法历程

1948 年第一届世界卫生大会起草了《国际公共卫生条例》；1951 年第四届世界卫生大会通过了《国际公共卫生条例》。确立《国际公共卫生条例》的目的是最大限度防止疾病在国际的传播，同时又尽可能小地干扰世界交通运输；1969 年第二十二届世界卫生大会对《国际公共卫生条例》进行了修改、充实，并改称为《国际卫生条例（1969）》，随后于 1973 年和 1981 年进行修改、补充，修改后的条例，强调了流行病学监测和传染病控制，旨在加强流行病学的监测手段在国际的运用，以尽早发现或扑灭传染源，改善港口、机场及其周围的环境卫生，防止媒介扩散，并且鼓励各国卫生当局重视流行病学调查，减少疾病入侵的危险。

1995 年，世界卫生大会决定修改条例，历经 10 年，于 2005 年 5 月 23 日第五十八届世界卫生大会审议通过了修改后的《国际卫生条例（2005）》。其主要特征如下：体现了全人类共同利益性；与口岸建设和经济发展的相关性；实体法规范与程序法规范的兼容性；对空间和时间要求的特殊性；以及较强的专业性。《国际卫生条例（2005）》的制定，体现了国际卫生检疫从单纯的隔离留验到疾病监测、卫生监督和旅行者的卫生保健经历了多个发展阶段，检疫内容不断延伸，国际检疫法规条款不断修改补充的过程，开辟了人类通过国际卫生立法形式开展国际合作与疾病进行斗争的新纪元。[1] 中国作为《国际卫生条例（2005）》的缔约国，《国境卫生检疫法》及《国境卫生检疫法实施细则》虽然分别在 2007 年、2009 年、2018 年与 2010 年、2016 年、2019 年进行了修正与修订，但改动幅度很小，不足以满

---

[1]　邓金凤：《域外国境卫生检疫法律制度》，载《人民法院报》2020 年 4 月 10 日，第 8 版。

足日常卫生检疫工作需要，也不完全符合《国际卫生条例（2005）》的规定。

除此之外，面对国际国内传染病疫情发展的新态势和新挑战，专门针对我国国境卫生检疫的法律依据还包括：《尸体出入境和尸体处理的管理规定》（2006）、《出入境交通工具电讯卫生检疫管理办法》（2016）、《国境口岸突发公共卫生事件出入境检验检疫应急处理规定》（2018）、《国境口岸食品卫生监督管理规定》（2018）、《国境口岸卫生许可管理办法》（2018）、《出入境特殊物品卫生检疫管理规定》（2018）、《出入境人员携带物检疫管理办法》（2018）、《出入境快件检验检疫管理办法》（2018）、《进出境集装箱检验检疫管理办法》（2023）、《中华人民共和国国境口岸卫生监督办法》（2019）、《国际航行船舶进出中华人民共和国口岸检查办法》（2019）、《口岸艾滋病预防控制管理办法》（2020）等。

2020 年 10 月 17 日，第五十六号主席令发布了《生物安全法》，并自2021 年 4 月 15 日起施行。《生物安全法》赋予了国境卫生检疫新内容。比如，对评估为高风险的人员、运输工具、货物、物品等实施重点查验，严格控制高风险生物安全因子入境，构建口岸传染病监测网络，共同构建国家生物安全风险监测预警体系以及新发突发传染病的应急处置等。为了更好贯彻落实《生物安全法》，结合《国际卫生条例（2005）》的目的和范围以及有关缔约国权利和义务，为实现共同构建国门安全屏障和维护人类健康的目的，国境卫生检疫法律制度的修订[1]完善势在必行。

二、国境卫生检疫法基本原则

由于国际贸易的高速发展、人员流动的日益频繁，出于控制传染病的需要，国境卫生检疫法律体系的构建应该实现最大限度防止疾病在国际传播，实现保障人类健康的目的，同时又尽可能小地干扰世界交通运输。针

---

〔1〕 熊焕昌等：《浅析〈生物安全法〉与〈国境卫生检疫法〉的关联性》，载《口岸卫生控制》2021 年第 2 期。

对公共卫生风险，避免对国际交通和贸易造成不必要干扰的适当方式，预防、抵御和控制传染病的国际传播，并采取公共卫生应对措施。

（一）维护国家安全原则

重大传染病和生物安全风险是事关国家安全和发展、事关社会大局稳定的重大风险挑战，必须把生物安全作为国家总体安全的重要组成部分，把疫病防控和公共卫生应急体系作为国家战略体系的重要组成部分。国境卫生检疫对内是行政机关的行政执法行为，对外代表国家形象，是维护国家主权和尊严的国家行为，对及早发现和控制检疫传染病的发生和流行，有效防范各种潜在的有害人类健康的隐患，维护国家公共卫生安全、保护人民健康安全都具有重要的意义。

2020年初，面对新冠肺炎疫情在境外呈现扩散态势、通过口岸向境内蔓延扩散风险加剧的严峻形势，为了切实筑牢国境卫生检疫防线，坚决遏制疫情通过口岸传播扩散，为维护公共卫生安全提供有力的法治保障。2020年3月13日，最高人民法院、最高人民检察院、公安部、司法部、海关总署印发了《关于进一步加强国境卫生检疫工作依法惩治妨害国境卫生检疫违法犯罪的意见》，明确要依法及时、从严惩治妨害国境卫生检疫的六类妨害国境卫生检疫行为：一是检疫传染病染疫人或者染疫嫌疑人拒绝执行海关依照国境卫生检疫法等法律法规提出的健康申报、体温监测、医学巡查、流行病学调查、医学排查、采样等卫生检疫措施，或者隔离、留验、就地诊验、转诊等卫生处理措施的；二是检疫传染病染疫人或者染疫嫌疑人采取不如实填报健康申明卡等方式隐瞒疫情，或者伪造、涂改检疫单、证等方式伪造情节的；三是知道或者应当知道实施审批管理的微生物、人体组织、生物制品、血液及其制品等特殊物品可能造成检疫传染病传播，未经审批仍逃避检疫，携运、寄递出入境的；四是出入境交通工具上发现有检疫传染病染疫人或者染疫嫌疑人，交通工具负责人拒绝接受卫生检疫或者拒不接受卫生处理的；五是来自检疫传染病流行国家、地区的出入境交通工具上出现非意外伤害死亡且死因不明的人员，交通工具负责人故意隐瞒情况的；六是其他拒绝执行海关依照国境卫生检疫法等法律法规提出的检疫措施的。

（二）保护全人类健康权益原则

《国际卫生条例（2005）》是一部具有普遍约束力的国际卫生法，我国作为其缔约国，在发展、加强和保持快速有效应对突发公共卫生事件中发挥了重要作用。我国国境卫生检疫的工作目的不仅仅是保护本国人民，也是为了保护本国人民之外其他国家人民的健康安全，强调流行病学监测和传染病控制措施，旨在尽早发现和控制传染源，改善国境口岸环境卫生，防止媒介传播，减少疾病传播对人类造成的危险，体现了保护全人类生命健康和人类命运共同体的深刻内涵。

（三）重点防治原则

国境卫生检疫的检疫地点是国家法律明确规定的，主要指国境口岸，具体包括：中华人民共和国国际通航的港口、机场以及陆地边境和国界江河的口岸等。

国境卫生检疫范围依然具有其特殊性，检疫范围又称为检疫对象，具体包括：出入境的交通工具、人员、运输设备以及可能传播检疫传染病的行李、货物、邮包等物品。

（1）入境、出境人员，是指入境、出境我国国境的一切人员，包括交通员工、旅客、劳务人员、留学生、遣送人员等，根据《国际卫生条例（2005）》的规定，外交人员不享有卫生检疫豁免权。

（2）交通工具和运输设备。交通工具是指船舶、航空器、列车和其他车辆。运输设备是指货物集装箱。

（3）行李、货物、邮包。行李是指入境、出境人员携带的物品；货物是指由国外运进或者由国内运出的一切生产和生活资料；邮包是指入境、出境的邮件。

（4）微生物、人体组织、生物制品、血液及血液制品等。

（5）尸体、骸骨，是指需要入境或者出境进行殡葬的尸体、骸骨以及入出境及过境途中死亡人员的尸体、骸骨。

除此之外，我国国境卫生检疫的传染病包括：鼠疫、霍乱、黄热病以及国务院确定和公布的其他传染病。2020年国家卫生健康委员会将新型冠状病毒感染的肺炎列入《国境卫生检疫法》规定的检疫传染病管理。[1] 禁止入境传染病包括严重精神病、传染性肺结核病或者有可能对公共卫生造成重大危害的其他传染病。

三、国境卫生检疫主要法律制度

（一）出入境特殊物品检疫审批制度

为了规范出入境特殊物品卫生检疫监督管理，防止传染病传入、传出，防控生物安全风险，保护人体健康，出入境特殊物品卫生检疫监督管理遵循风险管理原则，在风险评估的基础上根据风险等级实施检疫审批。出入境特殊物品检疫审批制度的例外情形是，个人携带自用且仅限于预防或者治疗疾病用的血液制品或者生物制品出入境的，不需办理卫生检疫审批手续，出入境时应当向海关出示医院的有关证明；允许携带量以处方或者说明书确定的一个疗程为限。

根据《国境卫生检疫法实施细则》第11条，《出入境特殊物品卫生检疫管理规定》第2条、第32条的规定，出入境特殊物品包括入境、出境的微生物、人体组织、生物制品、血液及其制品等。微生物是指病毒、细菌、真菌、放线菌、立克次氏体、螺旋体、衣原体、支原体等医学微生物菌（毒）种及样本以及寄生虫、环保微生物菌剂。人体组织是指人体细胞、细胞系、胚胎、器官、组织、骨髓、分泌物、排泄物等。生物制品是指用于人类医学、生命科学相关领域的疫苗、抗毒素、诊断用试剂、细胞因子、

---

〔1〕《中华人民共和国国家卫生健康委员会公告2020年第1号》，载中国政府网，http：//www.gov.cn/xinwen/2020-01/21/content_5471158.htm，最后访问日期：2021年12月8日。

酶及其制剂以及毒素、抗原、变态反应原、抗体、抗原–抗体复合物、核酸、免疫调节剂、微生态制剂等生物活性制剂。血液是指人类的全血、血浆成分和特殊血液成分。血液制品是指各种人类血浆蛋白制品。

1. 申请出入境特殊物品卫生检疫审批应当具备的条件

根据《出入境特殊物品卫生检疫管理规定》第7条、第8条规定，申请特殊物品审批应当具备下列条件：①法律法规规定须获得相关部门批准文件的，应当获得相应批准文件；②具备与出入境特殊物品相适应的生物安全控制能力。同时，入/出境特殊物品的货主或者其代理人应当在特殊物品交运前分别向目的地/其所在地直属海关申请特殊物品审批。

2. 出入境特殊物品卫生检疫审批应当提供的材料

根据《出入境特殊物品卫生检疫管理规定》第9条、第10条规定，申请特殊物品审批的，货主或者其代理人应当按照以下规定提供相应材料：①《入/出境特殊物品卫生检疫审批申请表》；②出入境特殊物品描述性材料，包括特殊物品中英文名称、类别、成分、来源、用途、主要销售渠道、输出输入的国家或者地区、生产商等；③入境用于预防、诊断、治疗人类疾病的生物制品、人体血液制品，应当提供国务院药品监督管理部门发给的进口药品注册证书；④入境、出境特殊物品含有或者可能含有病原微生物的，应当提供病原微生物的学名（中文和拉丁文）、生物学特性的说明性文件（中英文对照件）以及生产经营者或者使用者具备相应生物安全防控水平的证明文件；⑤出境用于预防、诊断、治疗的人类疾病的生物制品、人体血液制品，应当提供药品监督管理部门出具的销售证明；⑥出境特殊物品涉及人类遗传资源管理范畴的，应当取得人类遗传资源管理部门出具的批准文件，海关对有关批准文件电子数据进行系统自动比对验核；⑦使用含有或者可能含有病原微生物的出入境特殊物品的单位，应当提供与生物安全风险等级相适应的生物安全实验室资质证明，BSL–3级以上实验室必须获得国家认可机构的认可；⑧出入境高致病性病原微生物菌（毒）种或者样本的，应当提供省级以上人民政府卫生主管部门的批准文件。其中第 5 项规定的"销售证明"包含药品监督管理部门出具的《医疗器械出口备案表》和《医疗器械产品出口销售证明》，两者均可作为企业办理出入境特殊物品卫生检疫审批相关申请材料。同时，申请人为单位的，首次申请特殊物品审批时，除提供《出入境特殊物品检疫管理规定》第 9 条所规定的材料以外，还应当提供单位基本情况和实验室生物安全资质证明文件。申请人为自然人的，应当提供身份证复印件。出入境病原微生物或者可能含有病原微生物的特殊物品，其申请人不得为自然人。

3. 《特殊物品审批单》有效期

根据《出入境特殊物品卫生检疫管理规定》第 14 条规定，《特殊物品审批单》有效期如下：①含有或者可能含有高致病性病原微生物的特殊物品，有效期为 3 个月。②含有或者可能含有其他病原微生物的特殊物品，有效期为 6 个月。③除上述规定以外的其他特殊物品，有效期为 12 个月。《特殊物品审批单》在有效期内可以分批核销使用。超过有效期的，应当重新申请。

（二）卫生检疫查验制度

1. 交通工具和人员的检疫查验

入境的交通工具和人员，必须在最先到达的国境口岸的指定地点接受检疫。这里的指定地点包括：港口的检疫锚地、允许航空器降落的航空站、国际列车到达国境后第一个火车站的站台及江河口岸边境的通道口等。检疫期间，除引航员外，未经国境卫生检疫机关许可，任何人不准上下交通工具，不准装卸行李、货物、邮包等物品。入境旅客必须在指定的地点，接受入境查验，同时用书面或者口头回答检疫医师提出的有关询问。在此期间，入境旅客不得离开查验场所。徒步入境、出境的人员，必须首先在指定的场所接受入境、出境查验，未经卫生检疫机关许可，不准离开指定的场所。

交通工具及其人员抵达国境前，必须向检疫机关报告交通工具的名称、国籍、始发地和目的地、工作人员和旅客人数以及货物种类等事项，如果发现检疫传染病、疑似检疫传染病，或者有人非因意外伤害而死亡并死因不明时，还需报告病名或者主要症状、患病人数和死亡人数等。交通工具负责人应当主动提交各种申报证件和相关文件，接受检疫医师的检查和询问。对没有染疫或者不需要卫生处理的交通工具，检疫医师应当签发入境检疫证；如有卫生处理和限制的事项，应当在入境检疫证上签注，并按照签注事项办理；如有染疫或染疫嫌疑的情况，则应当发给卫生处理通知书，卫生处理完毕后，再发给入境检疫证。

出境的交通工具和人员，必须在最后离开的国境口岸接受检疫。交通工具负责人应当主动提交各种申报证件和相关文件，接受检疫医师的检查和询问。对没有染疫或者不需要卫生处理的交通工具，检疫医师应当签发出境检疫证。如因卫生处理不能按原定时间出发的，应当及时通知相关机关。如果发生染疫或者染疫嫌疑的情况，卫生检疫机关应当阻止染疫人、染疫嫌疑人出境，但是对来自国外并且在到达时受就地诊验的人，本人要求出境的，可以准许出境；如果乘交通工具出境，检疫医师应当将这种情况在出境检疫证上签注，同时通知交通工具负责人采取必要的预防措施。这里的染疫人是指正在患检疫传染病的人，或者经卫生检疫机关初步诊断、认为已经感染检疫传染病或者已经处于检疫传染病潜伏期的人。染疫嫌疑人是指接触过检疫传染病的感染环境，并且可能传播检疫传染病的人。

2. 出入境物品检疫查验

（1）集装箱、货物、废旧物等物品检疫查验。入境、出境的集装箱、货物、废旧物等物品在到达口岸的时候，承运人、代理人或者货主，必须向卫生检疫机关申报并接受卫生检疫。对来自疫区的、被传染病污染的以及可能传播检疫传染病或者发现与人类健康有关的啮齿动物和病媒昆虫的集装箱、货物、废旧物等物品，应当实施消毒、除鼠、除虫或者其他必要的卫生处理。集装箱、货物、废旧物等物品的货主要求在其他地方实施卫生检疫、卫生处理的，卫生检疫机关可以给予方便，并按规定办理。

（2）行李和物品检疫查验。入境、出境的旅客、员工个人携带或者托运可能传播传染病的行李和物品，应当接受卫生检查。卫生检疫机关对来自疫区或者被传染病污染的各种食品、饮料、水产品等应当实施卫生处理或者销毁，并签发卫生处理证明。卫生检疫机关对应当实施卫生检疫的邮包进行卫生检查和必要的卫生处理时，邮政部门应予配合。未经卫生检疫机关许可，邮政部门不得运递。

（3）微生物、生物制品等特殊物品检疫查验。入境、出境的微生物、人体组织、生物制品、血液及其制品等特殊物品的携带人、托运人或者邮递人，必须向卫生检疫机关申报并接受卫生检疫，凭卫生检疫机关签发的特殊物品审批单办理通关手续。未经卫生检疫机关许可，不准入境、出境。

（4）尸体和骸骨检疫查验。尸体，是指人去世后的遗体及其标本，标本包括人体器官组织、人体骨骼及其标本。需要入境或者出境对遗体进行殡葬的，应当按照《关于尸体运输管理的若干规定》和《关于遗体运输入出境事宜有关问题的通知》以及国家其他有关规定，向民政部门、海关、出入境检验检疫机构办理有关殡葬和出入境手续。因医学科研需要，由境内运出或者由境外运进尸体，应当按照《人类遗传资源管理暂行办法》和《关于加强医用特殊物品出入境卫生检疫管理的通知》（已失效）的规定，办理相关审批手续。

在国境口岸以及停留在该场所的入境、出境交通工具上，所有非因意外伤害而死亡并死因不明的尸体，必须经卫生检疫机关查验，并签发尸体移运许可证后，方准移运。来自国内疫区的交通工具，或者在国内航行中发现检疫传染病、疑似检疫传染病，或者有人非因意外伤害而死亡并死因不明的，交通工具负责人应当向到达的国境口岸卫生检疫机关报告，接受临时检疫。

入境、出境的尸体、骸骨托运人或者代理人应当申请卫生检疫，并出示死亡证明或者其他有关证件，对不符合卫生要求的，必须接受卫生检疫机关实施的卫生处理。经卫生检疫合格后，方准运进或者运出。对因患检疫传染病而死亡的病人尸体，必须就近火化，不准移运。

3. 其他形式检疫查验

（1）电讯检疫查验。电讯检疫是指出入境的交通工具通过无线通讯或其他便捷通讯方式，按要求向出入境检验检疫机构（以下简称"检验检疫机构"）申报规定内容。经检验检疫机构进行风险评估，认为其符合检疫要求的，准予其无疫通行，不实施登交通工具检疫。

比较外国国境卫生检疫的形式，我们发现：加强信息通报，简化检疫程序已成为一种趋势。比如英国，船舶须通过无线电、传真、电子邮件或其他适当手段到达前向授权官员报告相关信息。授权官员认为不会引起传染病或结核的传播时，可以授予该船舶无疫通行，并且对到达船舶不再有检疫信号的要求；当有传染病发生时，要求信息不间断地传递到下一港或目的地。[1] 这样的检疫检验方式符合最小限制原则，可以很好地实现防止传染病疫情国际传播和促进国际贸易往来共赢的目标。

我国出入境船舶申请电讯检疫的，船舶运营者或其代理人应当在船舶预计抵达或驶离口岸 24 小时前向检验检疫机构申报。入境船舶航程不足 24 小时的，在驶离上一口岸时申请入境电讯检疫。出境船舶在港时间不足 24 小时的，可在抵达本口岸时申请出境电讯检疫。出入境航空器申请电讯检疫的，入境航空器在预计降落 30 分钟前，出境航空器在离境关闭舱门 15 分钟前向检验检疫机构申报。出入境列车申请电讯检疫的，列车运营者或其代理人应当在列车预计抵达或离开口岸 30 分钟前申报。

检验检疫机构对出入境交通工具的运营者及其代理人实施诚信管理，

---

〔1〕 李林中等：《中英两国船舶卫生检疫法律的比较》，载《中国国境卫生检疫杂志》2017 年第 4 期。

建立信息档案，内容包括：营业执照、运营航线信息、运营交通工具信息。这些相关信息改变时，应及时变更。检验检疫机构根据口岸抽查、卫生监督、诚信管理对已实施电讯检疫的出入境交通工具实施监督抽查，抽查比例不高于20%。对交通工具存在不符合电讯检疫要求情况的，停止受理该交通工具的电讯检疫申请6个月。电讯检疫入境档案保存3年，出境档案保存2年。电子数据应长期保存，涉及重大疫情和案件、典型案例等事项的档案，作长期或永久保存。

（2）非口岸检疫查验。来自国外的船舶、航空器因故停泊、降落在中国境内非口岸地点的时候，船舶、航空器的负责人应当立即向就近的国境卫生检疫机关或者当地卫生行政部门报告。除紧急情况外，未经国境卫生检疫机关或者当地卫生行政部门许可，任何人不准上下船舶、航空器，不准装卸行李、货物、邮包等物品。

（3）临时检疫查验。来自国内疫区的交通工具，或者在国内航行中发现检疫传染病、疑似检疫传染病，或者有人非因意外伤害而死亡并死因不明的，交通工具负责人应当向到达的国境口岸卫生检疫机关报告，接受临时检疫。

（4）边境接壤地区检疫查验。中华人民共和国边防机关与邻国边防机关之间在边境地区的往来，居住在两国边境接壤地区的居民在边境指定地区的临时往来，双方的交通工具和人员的入境、出境检疫，依照双方协议办理，没有协议的，依照中国政府的有关规定办理。

（三）卫生处理制度

卫生处理包括对染疫人及染疫嫌疑人隔离、留验和就地诊验等医学措施，以及消毒、除鼠、除虫等卫生措施。入境、出境的集装箱、行李、货物、邮包等物品需要卫生处理的，由卫生检疫机关实施。

（1）对染疫人及染疫嫌疑人的卫生处理。就地诊验指一个人在卫生检疫机关指定的期间，到就近的卫生检疫机关或者其他医疗卫生单位去接受诊察和检验；或者卫生检疫机关、其他医疗卫生单位到该人员的居留地，对其进行诊察和检验。卫生检疫机关对受就地诊验的人员，应当发给就地诊验记录簿，必要的时候，可以在该人员出具履行就地诊验的保证书以后，再发给其就地诊验记录簿。受就地诊验的人员应当携带就地诊验记录簿，按照卫生检疫机关指定的期间、地点，接受医学检查；如果就地诊验的结果没有染疫，就地诊验期满的时候，受就地诊验的人员应当将就地诊验记录簿退还卫生检疫机关。卫生检疫机关应当将受就地诊验人员的情况，用最快的方法通知受就地诊验人员的旅行停留地的卫生检疫机关或者其他医疗卫生单位。卫生检疫机关、医疗卫生单位遇有受就地诊验的人员请求医学检查时，应当视同急诊给予医学检查，并将检查结果在就地诊验记录簿上签注；如果发现其患检疫传染病或者监测传染病、疑似检疫传染病或者疑似监测传染病时，应当立即采取必要的卫生措施，将其就地诊验记录簿收回存查，并且报告当地卫生防疫机构和签发就地诊验记录簿的卫生检疫机关。

留验指将染疫嫌疑人收留在指定的处所进行诊察和检验。根据传染病的潜伏期的不同，留验的期限也有所不同。比如，对染有鼠疫嫌疑人从船舶、航空器到达时算起，就地诊验或者留验的期限为不超过6日。对染有霍乱的船舶、航空器，对离船、离航空器的员工、旅客，从卫生处理完毕时算起，就地诊验或者留验的期限为不超过5日。来自黄热病疫区的人员，在入境时，必须向卫生检疫机关出示有效的黄热病预防接种证书。对无有效的黄热病预防接种证书的人员，卫生检疫机关可以从该人员离开感染环境的时候算起，实施6日的留验，或者实施预防接种并留验到黄热病预防接种证书生效时为止。受留验的人员必须在卫生检疫机关指定的场所接受留验；但是有下列情形之一的，经卫生检疫机关同意，可以在船上留验：船长请求船员在船上留验的；旅客请求在船上留验，经船长同意，并且船上有船医和医疗、消毒设备的。

隔离指将染疫人收留在指定的处所，限制其活动并进行治疗，直到消除传染病传播的危险。受留验的人员在留验期间如果出现检疫传染病的症状，卫生检疫机关应当立即对该人员实施隔离，对与其接触的其他受留验的人员，应当实施必要的卫生处理，并且从卫生处理完毕时算起，重新计算留验时间。

（2）对交通工具的卫生处理。接受入境检疫的交通工具有下列情形之一的，应当实施消毒、除鼠、除虫或者其他卫生处理：来自检疫传染病疫区的；被检疫传染病污染的；发现有与人类健康有关的啮齿动物或者病媒昆虫的。如果外国交通工具的负责人拒绝接受卫生处理，除有特殊情况外，准许该交通工具在国境卫生检疫机关的监督下，立即离开中华人民共和国国境。

其中关于除鼠卫生处理的规定是：国际航行船舶的船长，必须每隔6个月向卫生检疫机关申请一次鼠患检查，卫生检疫机关根据检查结果实施除鼠或者免予除鼠，并且分别发给除鼠证书或者免予除鼠证书。该证书自签发之日起6个月内有效。如果船舱是空舱，或者舱内虽然装有压舱物品或者其他物品，但是这些物品不引诱鼠类，放置情况又不妨碍实施鼠患检查。卫生检疫机关经检查确认船舶无鼠害的，方可签发免予除鼠证书。对油轮在实舱时进行检查，可以签发免予除鼠证书。卫生检疫机关对船舶的鼠患检查或者除鼠，应当尽量在船舶空舱的时候进行。如果船舶因故不宜按期进行鼠患检查或者蒸熏除鼠，并且该船又开往便于实施鼠患检查或者蒸熏除鼠的港口，可以准许该船原有的除鼠证书或者免予除鼠证书的有效期延长1个月，并签发延长证明。

（3）对物品的卫生处理。国境卫生检疫机关对来自疫区的、被检疫传染病污染的或者可能成为检疫传染病传播媒介的行李、货物、邮包等物品，应当进行卫生检查，实施消毒、除鼠、除虫或者其他卫生处理。对来自疫区的、被传染病污染的以及可能传播检疫传染病或者发现与人类健康有关的啮齿动物和病媒昆虫的集装箱、货物、废旧物等物品，应当实施消毒、除鼠、除虫或者其他必要的卫生处理。集装箱、货物、废旧物等物品的货主要求在其他地方实施卫生检疫、卫生处理的，卫生检疫机关可以给予方便，并按规定办理。

卫生检疫机关对来自疫区或者被传染病污染的各种食品、饮料、水产品等应当实施卫生处理或者销毁，并签发卫生处理证明。卫生检疫机关对应当实施卫生检疫的邮包进行卫生检查和必要的卫生处理时，邮政部门应予配合。未经卫生检疫机关许可，邮政部门不得运递。卫生检疫机关对入境、出境的废旧物品和曾行驶于境外港口的废旧交通工具，根据污染程度，分别实施消毒、除鼠、除虫，对污染严重的实施销毁。由国外起运经过中华人民共和国境内的货物，如果不在境内换装，除发生在流行病学上有重要意义的事件、需要实施卫生处理外，一般情况下不实施卫生处理。

（4）对尸体、骸骨的卫生处理。入境、出境的尸体、骸骨托运人或者代理人应当申请卫生检疫，并出示死亡证明或者其他有关证件，对不符合卫生要求的，必须接受卫生检疫机关实施的卫生处理。经卫生检疫合格后，方准运进或者运出。对因患检疫传染病而死亡的病人尸体，必须就近火化，不准移运。

（四）传染病监测法律制度

传染病监测指对特定环境、人群进行流行病学、血清学、病原学、临床症状以及其他有关影响因素的调查研究，预测有关传染病的发生、发展和流行。入境、出境的交通工具、人员、食品、饮用水和其他物品以及病媒昆虫、动物，均为传染病监测的对象。

根据《国境卫生检疫法实施细则》第98条规定，传染病监测内容包括：首发病例的个案调查；暴发流行的流行病学调查；传染源调查；国境口岸内监测传染病的回顾性调查；病原体的分离、鉴定，人群、有关动物血清学调查以及流行病学调查；有关动物、病媒昆虫、食品、饮用水和环境因素的调查；消毒、除鼠、除虫的效果观察与评价；国境口岸以及国内外监测传染病疫情的收集、整理、分析和传递；对监测对象开展健康检查和对监测传染病病人、疑似病人、密切接触人员的管理。

传染病监测的主要措施：①阻止某些疾病患者入境。2010年，国务院常务会议通过了《国务院关于修改〈中华人民共和国国境卫生检疫法实施细则〉的决定》和《国务院关于修改〈中华人民共和国外国人入境出境管理法实施细则〉的决定》。两个决定分别修改了《中华人民共和国国境卫生检疫法实施细则》第99条的规定和《中华人民共和国外国人入境出境管理法实施细则》第7条第4项的规定。两个决定的实质内容是一致的，即：取消对患有艾滋病、性病、麻风病外国人的入境限制，并限定禁止入境的患有精神病和肺结核病外国人的范围。首先，随着对艾滋病、性病、麻风病研究的不断深入，人们逐步认识到，限制患有艾滋病、性病、麻风病的外国人入境的做法，对本国疾病防控工作的作用十分有限，反而屡次成为中国举办各类国际活动的一个不便之处。其次，轻度精神病病人不会对社会秩序、公共及他人安全造成危害，没有必要禁止患有轻度精神病的外国人入境。同样，"开放性肺结核病"并不都具有传染性，将禁止入境的患有肺结核病的外国人限定为"患有传染性肺结核病的外国人"更为科学。[1]因此，目前立法规定：卫生检疫机关应当阻止患有严重精神病、传染性肺结核病或者有可能对公共卫生造成重大危害的其他传染病的外国人入境。②填报健康申明卡和出示健康证明等相关证件。受入境、出境检疫的人员，必须根据检疫医师的要求，如实填报健康申明卡，出示某种有效的传染病预防接种证书、健康证明或者其他有关证件。凡申请出境居住1年以上的中国籍人员，必须持有卫生检疫机关签发的健康证明。中国公民出境、入境管理机关凭卫生检疫机关签发的健康证明办理出境手续。凡在境外居住1年

---

〔1〕《中国取消对患有艾滋病等外国人入境限制》，载搜狐网，https：//www.sohu.com/a/285424711_120078003，最后访问日期：2022年2月25日。

以上的中国籍人员，入境时必须向卫生检疫机关申报健康情况，并在入境后 1 个月内到就近的卫生检疫机关或者县级以上的医院进行健康检查。公安机关凭健康证明办理有关手续。健康证明的副本应当寄送到原入境口岸的卫生检疫机关备案。国际通行交通工具上的中国籍员工，应当持有卫生检疫机关或者县级以上医院出具的健康证明。健康证明的项目、格式由海关总署统一规定，有效期为 12 个月。③发放就诊方便卡。对来自检疫传染病和监测传染病疫区的人员，检疫医师可以根据流行病学和医学检查结果，发给就诊方便卡。卫生检疫机关、医疗卫生单位遇到持有就诊方便卡的人员请求医学检查时，应当视同急诊给予医学检查；如果发现其患检疫传染病或者监测传染病，疑似检疫传染病或者疑似监测传染病，应当立即实施必要的卫生措施，并且将情况报告当地卫生防疫机构和签发就诊方便卡的卫生检疫机关。

（五）卫生监督法律制度

国际上通常不区分检疫查验和卫生监督，比如国际航行船舶无论入境、出境还是在国内港口航行期间，均受其监管（inspection）；人员则代之以健康监护，整个过程呈现出一个动态管理过程。[1] 我国国境卫生检疫立法将二者进行区分，卫生检疫包括检疫检验、卫生监督、传染病监测等措施。检疫检验和卫生监督的对象、内容不同。

卫生检疫机关依据公共卫生场所管理、食品卫生等有关法律法规和卫生标准对入出境的交通工具、集装箱、货物、口岸区域，为口岸及检疫对象提供服务的单位以及相关从业人员进行卫生监督。其主要职责包括：监督和指导有关人员对啮齿动物、病媒昆虫的防除；检查和检验食品、饮用水及其储存、供应、运输设施；监督从事食品、饮用水供应的从业人员的健康状况，检查其健康证明书；监督和检查垃圾、废物、污水、粪便、压

---

〔1〕 李林中等：《中英两国船舶卫生检疫法律的比较》，载《中国国境卫生检疫杂志》2017 年第 4 期。

舱水的处理等。

国境卫生检疫机关设立国境口岸卫生监督员，执行国境卫生检疫机关交给的任务。国境口岸卫生监督员在执行任务时，有权对国境口岸和入境、出境的交通工具进行卫生监督和技术指导，对卫生状况不良和可能引起传染病传播的因素提出改进意见，协同有关部门采取必要的措施，进行卫生处理。对抵制卫生监督，拒不接受卫生处理的需要承担相应的法律责任。

国境口岸和国境口岸内涉外的宾馆、生活服务单位以及候船、候车、候机厅（室）应当有健全的卫生制度和必要的卫生设施，并保持室内外环境整洁、通风良好；国境口岸有关部门应当采取切实可行的措施，控制啮齿动物、病媒昆虫，使其数量降低到不足为害的程度。仓库、货场必须具有防鼠设施；国境口岸的垃圾、废物、污水、粪便必须进行无害化处理，保持国境口岸环境整洁卫生。

交通工具上的宿舱、车厢必须保持清洁卫生，通风良好；交通工具上必须备有足够的消毒、除鼠、除虫药物及器械，并备有防鼠装置；交通工具上的货舱、行李舱、货车车厢在装货前或者卸货后应当进行彻底清扫，有毒物品和食品不得混装，防止污染；对不符合卫生要求的入境、出境交通工具，必须接受卫生检疫机关的督导立即进行改进。

国境口岸和交通工具上的食品、饮用水必须符合有关的卫生标准；国境口岸内的涉外宾馆，以及向入境、出境的交通工具提供饮食服务的部门，必须取得卫生检疫机关发放的卫生许可证；国境口岸内涉外的宾馆和入境、出境交通工具上的食品、饮用水从业人员应当持有有效健康证明。

（六）出入境检疫检验应急处理法律制度

国境口岸突发公共卫生事件是指突然发生、造成或可能造成出入境人员和国境口岸公众健康严重损害的重大传染病疫情、群体性不明原因疾病、重大食物中毒以及其他严重影响公众健康的事件，包括：发生鼠疫、霍乱、黄热病、肺炭疽、传染性非典型肺炎病例的；乙类、丙类传染病较大规模的暴发、流行或多人死亡的；发生罕见的或者国家已宣布消除的传染病等疫情的；传染病菌种、毒种丢失的；发生临床表现相似的但致病原因不明且有蔓延趋势或可能有蔓延趋势的群体性疾病的；中毒人数 10 人以上或者中毒死亡的；国内外发生突发事件，可能危及国境口岸的。

1. 国境口岸突发公共卫生事件应急准备制度

海关总署按照《突发公共卫生事件应急条例》的要求，制订全国国境口岸突发事件出入境检验检疫应急预案。主管海关根据全国国境口岸突发事件出入境检验检疫应急预案，结合本地口岸实际情况，制订本地国境口岸突发事件出入境检验检疫应急预案，并报上一级海关和当地政府备案。海关应当定期开展突发事件出入境检验检疫应急处理相关技能的培训，组织突发事件出入境检验检疫应急演练，推广先进技术。海关应当根据国境口岸突发事件出入境检验检疫应急预案的要求，保证应急处理人员、设施、设备、防治药品和器械等资源的配备、储备，提高应对突发事件的处理能力。海关应当依照法律、行政法规、规章的规定，开展突发事件应急处理知识的宣传教育，增强对突发事件的防范意识和应对能力。

2. 国境口岸突发公共卫生事件报告和通报制度

海关总署建立国境口岸突发事件出入境检验检疫应急报告制度，建立重大、紧急疫情信息报告系统。有国境口岸突发公共卫生事件情形之一的，直属海关应当在接到报告 1 小时内向海关总署报告，并同时向当地政府报告。海关总署对可能造成重大社会影响的突发事件，应当及时向国务院报告。隶属海关获悉有国境口岸突发公共卫生事件情形之一的，应当在 1 小时内向直属海关报告，并同时向当地政府报告。海关总署和主管海关应当指定专人负责信息传递工作，并将人员名单及时向所辖系统内通报。国境口岸有关单位和个人发现有《国境口岸突发公共卫生事件出入境检验检疫应急处理规定》第 2 条规定情形之一的，应当及时、如实地向所在口岸的海关报告，不得隐瞒、缓报、谎报或者授意他人隐瞒、缓报、谎报。接到报告的海关应当依照本规定立即组织力量对报告事项调查核实、确证，采取必要的控制措施，并及时报告调查情况。海关总署应当将突发事件的进展情况，及时向国务院有关部门和直属海关通报。接到通报的直属海关，应当及时通知本关区内的有关隶属海关。海关总署建立突发事件出入境检验检疫风险预警快速反应信息网络系统。主管海关负责将发现的突发事件通过网络系统及时向上级报告，海关总署通过网络系统及时通报。

3. 国境口岸突发公共卫生事件的应急处理制度

突发事件发生后，发生地海关经上一级海关批准，应当对突发事件现场采取下列紧急控制措施：对现场进行临时控制，限制人员出入；对疑为人畜共患的重要疾病疫情，禁止病人或者疑似病人与易感动物接触；对现场有关人员进行医学观察，临时隔离留验；对出入境交通工具、货物、集装箱、行李、邮包等采取限制措施，禁止移运；封存可能导致突发事件发生或者蔓延的设备、材料、物品；实施紧急卫生处理措施。

海关应当组织专家对突发事件进行流行病学调查、现场监测、现场勘验，确定危害程度，初步判断突发事件的类型，提出启动国境口岸突发事件出入境检验检疫应急预案的建议。海关总署国境口岸突发事件出入境检验检疫应急预案应当报国务院批准后实施；主管海关的国境口岸突发事件出入境检验检疫应急预案的启动，应当报上一级海关批准后实施，同时报告当地政府。根据突发事件应急处理的需要，国境口岸突发事件出入境检验检疫应急处理指挥体系有权调集海关人员、储备物资、交通工具以及相关设施、设备；必要时，海关总署可以依照《国境卫生检疫法》第6条的规定，提请国务院下令封锁有关的国境或者采取其他紧急措施。

第六章　非传染性疾病防治法

　　慢性非传染性疾病给全球带来的负担和威胁是一项主要的公共卫生挑战。据推测，到 2030 年为止，非传染性疾病将成为全世界最主要的死亡疾病。2019 年我国慢性病导致的死亡占总死亡 88.5%，其中心脑血管病、癌症、慢性呼吸系统疾病死亡比例为 80.7%。慢性非传染性疾病新增病例中，超过三分之二的病人都是由他们的行为方式所致：烟草使用、不健康饮食、缺乏身体活动和过度饮酒等。在慢性非传染性疾病面前，传统针对传染性疾病的疫苗接种和强制隔离等干预措施显得无能为力。

　　新公共卫生背景下，通过改变个人的行为方式来预防慢性疾病成为公共卫生治理的重点问题。对于个人生活方式国家干预饱受国家家长式主义的责难。[1] 人们担心社会问题的"公共卫生化"可能导致政府采取更具侵入性和强制性的控制。社会生态模式认为：疾病不仅是医学问题，更是社会问题。个人应该为自己的选择负责，承担健康的个人责任，但是当个人选择是由本身控制之外的因素所决定时，社会就应该承担起对该"不幸"的人的补偿责任。由于社会发展失衡而导致的特定群体承受的个人健康受损，国家亦应承担积极改善的责任。

---

　　〔1〕　参见洪延青：《公共卫生法制的视角转换——基于控烟和肥胖防控等新兴公共卫生措施的讨论》，载《环球法律评论》2012 年第 1 期。

第一节　烟草控制法

一、烟草控制法概述

根据世界卫生组织《2000—2025 年全球烟草使用流行趋势全球报告》（第三版），到目前为止，全球估计有 10 亿吸烟者，其中约 80% 生活在低收入和中等收入国家。每年有 800 多万人死于烟草使用，其中 700 多万人因直接使用烟草而死亡，还有约 120 万不吸烟者因接触二手烟雾而死亡。[1] 2021 年国家卫健委发布的《中国吸烟危害健康报告 2020》显示，我国吸烟人数超 3 亿，2018 年 15 岁及以上人群吸烟率为 26.6%，其中男性吸烟率高达 50.5%，高于国际水平。烟草每年使我国 100 多万人失去生命，如不采取有效行动，预计到 2030 年将增至每年 200 万人，到 2050 年增至每年 300 万人。[2] 烟草消费和接触烟草烟雾对人体健康、家庭幸福、健康公平和社会经济发展构成很大威胁，是导致死亡、疾病和贫困的主要原因。面对如此严峻形势，不论是国际组织，还是中国政府，都对控烟采取了积极有效的措施和行动。

《世界卫生组织烟草控制框架公约》是由世界卫生组织主持制定的第一部全球性公约，于 2003 年 5 月 21 日在第五十六届世界卫生大会上通过，并于 2005 年 2 月 27 日生效。目前签署者有 168 个，缔约方有 182 个。当前《世界卫生组织烟草控制框架公约》对控烟采取的措施包括监测烟草使用与预防政策、保护人们免受烟草烟雾危害、提供戒烟帮助、警示烟草危害、抵制烟草在大众媒体中的发展、确保禁止烟草广告、促销和赞助、提高烟

---

〔1〕 WHO Global Report on Trends in Prevalence of Tobacco Use 2000–2025, Third edition.

〔2〕 《国家卫生健康委发布〈中国吸烟危害健康报告 2020〉》，载中国政府网，http://www.nhc. gov. cn/guihuaxxs/s7788/202105/c1c6d17275d94de5a349e379bd755bf1. shtml，最后访问日期：2021 年 11 月 13 日。

税、制定国家烟草控制计划、控制电子烟的使用等。[1] 自《世界卫生组织烟草控制框架公约》实施以来，到目前为止，四分之三的国家和 53 亿的人口至少受《世界卫生组织烟草控制框架公约》的一项措施保护，98 个国家，44 亿人口至少受《世界卫生组织烟草控制框架公约》的两项措施保护，且有 111 个国家对电子烟进行了监管，这些国家中将近 32% 的国家禁止电子烟的销售，覆盖受益人群 24 亿人，其他 79 个国家采取了一项或者多项措施监管电子烟，覆盖人群 32 亿。[2]

我国第十届全国人大常委会第十七次会议于 2005 年 8 月 27 日批准了该公约，10 月 11 日正式向联合国交存了批准书，90 天之后生效。切实履行《世界卫生组织烟草控制框架公约》，进一步提高全社会对吸烟危害的认识，积极营造控烟、健康、文明的良好社会环境，提高全民健康素质，对促进经济社会协调发展和全面进步起到了关键的作用。2019 年中国疾控预防控制中心发布的 2018 年中国成人烟草调查最新结果显示，我国 15 岁及以上人群吸烟率与既往调查结果相比呈下降趋势，二手烟暴露情况有所改善，公众支持无烟环境政策比例进一步上升。[3] 可见当前我国的控烟措施是有一定成效的。

控烟的国际法方面，除《世界卫生组织烟草控制框架公约》之外，《防治接触烟草烟雾准则》是有效防治二手烟草烟雾的主要国际法律文书。若干权威科学机构确认，二手烟草烟雾是一种致癌物。《世界卫生组织烟草控制框架公约》的一些缔约国，如芬兰和德国，将二手烟草烟雾划为致癌物，在其卫生和安全法中将防治接触二手烟草烟雾作为一项工作。各国防止烟草烟雾的义务也体现在许多国际法律文书，如《世界卫生组织组织法》《儿

---

〔1〕 这些措施简称为"MPOWER"，详情请参考 WHO Report on the Global Epidemic, 2021.

〔2〕 WHO Report on the Global Tobacco Epidemic, 2021.

〔3〕《2018 年中国成人烟草调查结果发布——我国 15 岁及以上人群吸烟率呈下降趋势》，载中国疾病预防控制中心网，https：//www.chinacdc.cn/yw_9324/201905/t20190530_202932.html，最后访问日期：2021 年 11 月 13 日。

童权利公约》《消除对妇女一切形式歧视公约》和《经济、社会和文化权利公约》承认的生命权和享有最高而能获得的健康标准的权利中。

控烟的国内法规定，一方面主要集中于国家烟草专卖法律制度，如《中华人民共和国烟草专卖法》（以下简称《烟草专卖法》）、《烟草专卖法实施条例》、《中华人民共和国烟叶税法》、《烟草专卖许可证管理办法》、《烟草专卖许可证管理办法实施细则》、《烟草专卖品准运证管理办法》、《烟草专卖行政处罚程序规定》等。另一方面主要为控烟法律制度，自 2020 年 6 月 1 日起施行的《基本医疗卫生与健康促进法》是中国卫生与健康领域第一部基础性、综合性的法律。其中第 78 条对控烟进行了规定，国家采取措施，减少吸烟对公民健康的危害。公共场所控制吸烟，强化监督执法。烟草制品包装应当印制带有说明吸烟危害的警示。禁止向未成年人出售烟酒。除此之外，《中华人民共和国未成年人保护法》（以下简称《未成年人保护法》）第 17 条、第 59 条，《中华人民共和国广告法》（以下简称《广告法》）第 22 条都有对控烟作了具体的规定。

近年来，国家各部门也积极响应国家控烟政策，相关部门规章政策如，2011 年颁布实施的《公共场所卫生管理条例实施细则》第 18 条明确规定"室内公共场所禁止吸烟"；2010 年《教育部办公厅、卫生部办公厅关于进一步加强学校控烟工作的意见》；2009 年《卫生部、国家中医药管理局、总后勤部卫生部、武警部队后勤部关于 2011 年起全国医疗卫生系统全面禁烟的决定》；2014 年《国家卫生和计划生育委办公厅关于进一步加强控烟履约工作的通知》；2014 年《教育部关于在全国各级各类学校禁烟有关事项的通知》；2013 年 12 月 29 日，中共中央办公厅、国务院办公厅联合印发了《关于领导干部带头在公共场所禁烟有关事项的通知》，要求把各级党政机关建成无烟机关，各级党政机关公务活动中严禁吸烟；2016 年《中华人民共和国国民经济和社会发展第十三个五年规划纲要》《"健康中国 2030"规划纲要》及各类慢性病、健康促进等工作规划都将"推进公共场所禁烟"作为重要内容。另外，各地还通过"文明城市""卫生城市""健康促进区县"创建等来推进无烟环境创建。目前已有 20 多个城市实施了无烟法规，覆盖了我国总人口的十分之一，其中北京、上海、深圳、西安、秦皇岛、张家口、武汉等十多个城市实施了全面无烟法规（包括地方性法规和规章，要求室内公共场所、室内工作场所和公共交通工具全面禁烟）。还有部分城市实施了爱国卫生条例或文明促进条例等，对室内公共场所禁烟作了明确规定。除此之外，近几年关于控烟的地方立法也有很多。2018 年修订的《杭州市公共场所控制吸烟条例》自 2019 年 1 月 1 日起施行，条例规定到 2022 年实现室内公共场所全面禁烟，禁烟场所也禁吸电子烟；《秦皇岛市控制吸烟办法》自 2019 年 8 月 1 日生效，后于 2021 年修正，规定室内工作场所、室内公共场所和公共交通工具禁止吸烟，电子烟纳入无烟场所监管范围，室外海滨和沙滩等禁止吸烟，开创中国禁烟先河；2019 年修正的《深圳经济特区控制吸烟条例》自 2019 年 10 月 1 日起施行，将电子烟纳入监管范围，对违法处罚程序等做了修改，高铁站台等室外公共场所纳入监管，对在禁烟场所吸电子烟进行了首例处罚；《张家口市公共场所控制吸烟条例》（2019 年 8 月 15 日公布）和《武汉市控制吸烟条例》（2019 年 11 月 23 日公布）自 2020 年 1 月 1 日起施行，规定室内公共场所、室内工作场所和公共交通工具禁止吸烟，电子烟纳入无烟场所监管范围。

二、烟草控制法基本原则

（一）国家宏观调控原则

国家对烟草和烟草制品从计划、生产、运输、销售到税收、价格等一系列活动进行全程监管。

国家加强卷烟和烟叶生产总量控制，要合理确定烟叶和卷烟生产计划指标，严格按照计划组织烟叶收购和卷烟生产，严肃查处违反计划管理的生产经营行为；严格实施烟草专卖和许可证制度，从事烟草专卖品生产、销售、进出口业务必须依法取得许可证，运输烟草专卖品必须依法取得准运证，要加强对卷烟销售市场的监督检查，坚决取缔无证经营；税收对控烟具有重要的作用，国家加强烟草制品税收管理，按照"抑制烟草生产供应，保证国家财政收入"的总体要求，严格烟草税收征管，确保烟草企业依法按时足额纳税。规范地方政府行为，防止为片面追求地方高税收对烟草企业采取不适当的鼓励、支持和保护措施；加强烟草制品价格管理，完善烟草制品价格形成机制，利用价格杠杆实现控烟目标。严格执行国家对烟草制品调拨价、批发价的统一管理，逐步加强对烟草制品零售价的指导力度，防止烟草经营主体利用价格手段促销烟草制品和追求高额利润；加强烟草企业收益管理，严格控制烟草企业成本费用，加大监督检查力度，防止不合理开支。完善国有资本经营预算，坚持按第一类标准对国有烟草企业收取国有资本收益，加强对烟草企业税后利润的使用管理，防止烟草企业盲目提高生产能力；加大烟草产业结构调整力度，要继续推进烟草行业改革，压缩烟草企业和卷烟品牌数量，控制新增投资和生产能力。鼓励烟叶产区发展烟叶替代作物，压缩烟叶种植区域，努力为转产烟农提供切实可行的支持和帮助。要努力降低地方财政对烟草产业的依赖度，严格限制各种鼓励烟草发展的扶持政策，促进烟草产业转型发展。

（二）预防为主原则

为有效预防烟草消费所带来的巨大经济损害和健康成本，我国采取了一系列措施，如制定烟草国家标准、规定烟草包装标识和社会宣教等。

烟草产品需要遵守国家法律《烟草专卖法》，以及多项烟草相关的国家标准，其中卷烟产品系列国家标准是强制性国家标准，对卷烟特性有严格要求。国家烟草质量监督检验中心是政府有关部门批准设立、认证的国家级政府实验室，承担烟草成分及释放物的检验职责。中国检验检疫科学研究院设有烟草安全与控烟技术实验室，其他还有海关烟草相关实验室。在中国有烟草添加剂的禁用清单，许可使用清单及最高限量。

国家烟草专卖局、国家质量监督检验检疫总局《关于印发境内卷烟包装标识的规定的通知》，对市场销售烟草制品的包装和标签开展符合性审查和监测，确保警语和信息明确、醒目和清晰。该规定明确要求，卷烟包装体上应使用中华人民共和国的规范汉字印刷警语。警语内容分三组：第一组：吸烟有害健康请勿在禁烟场所吸烟；第二组：尽早戒烟有益健康戒烟可减少对健康的危害；第三组：劝阻青少年吸烟禁止中小学生吸烟。第一组警语应在包装体正面警语区内使用。第二、三组警语在包装体背面警语区内轮换使用，在市场流通环节中的同一品牌、同一规格、同一包装、同一条码的卷烟，其条、盒每年应轮流或同时使用两组不同警语标识，使用时不要求条、盒警语一一对应。警语区内文字应明确、清晰和醒目，易于识别，字体采用黑体字。卷烟包装体应按照国家标准要求标注焦油量、烟碱量及一氧化碳量等烟气成分和释放物的信息，中文字体高度不得小于 2.0 毫米。卷烟包装体上及内附说明中禁止使用误导性语言，如"保健""疗效""安全""环保""低危害"等卷烟成分的功效说明用语；"淡味""超淡味""柔和"等卷烟品质说明用语；"中低焦油""低焦油""焦油含量低"等描述用语。

为倡导健康文明的生活方式，控制烟草消费，尤其是针对未成年人，社会宣传教育具有重要的意义。政府机关、医院、学校等机构应率先开展"无烟单位"健康教育活动，采用多种形式加强烟草危害宣传工作，切实营造远离烟草的良好环境。动员和引导广播、电影、电视、报纸、期刊、网络等新闻媒体开展控制烟草的公益宣传活动，提高公众控烟意识，营造良好的舆论氛围。

（三）保护未成年人原则

《未成年人保护法》第 17 条、第 59 条专门规定了父母或者其他监护人不得放任、唆使未成年人吸烟（含电子烟），学校、幼儿园周边不得设置售烟网点，禁止向未成年人销售烟草，烟草经营者应当在显著位置设置不向未成年人销售烟草的标志，对难以判明是否是未成年人的，应当出示身份证件。任何人不得在学校、幼儿园和其他未成年人集中活动的公共场所吸烟等。

按照《未成年人保护法》等规定，全国各级烟草行政管理部门大力整治中小学周边零售店向未成年人出售烟草制品的行为，而且随着电子烟的兴起，为保护未成年人，对电子烟的管控也势在必行。2018年8月，国家市场监督管理总局、国家烟草专卖局发布《关于禁止向未成年人出售电子烟的通告》，规定市场主体不得向未成年人销售电子烟，呼吁社会各界共同保护未成年人免受电子烟侵害。2019年10月，国家卫生健康委、中央宣传部、教育部、市场监管总局、广电总局、国家烟草局、共青团中央、全国妇联联合发布《关于进一步加强青少年控烟工作的通知》，从强化青少年控烟宣传引导、严厉查处违法向未成年人销售烟草制品、加大对违法烟草广告的打击力度、加强影视作品中吸烟镜头的审查、全面开展电子烟危害宣传和规范管理、全力推进无烟中小学校建设等方面着手，切实营造青少年远离烟草的良好环境。2019年11月30日，国家烟草专卖局、国家市场监督管理总局发布《关于进一步保护未成年人免受电子烟侵害的通告》，敦促电子烟生产、销售企业或个人及时关闭电子烟互联网销售网站或客户端；敦促电商平台及时关闭电子烟店铺，并将电子烟产品及时下架；敦促电子烟生产、销售企业或个人撤回通过互联网发布的电子烟广告，进一步保护青少年免受电子烟危害。

（四）依法控烟、全面履约原则

控烟是保护人类健康的重要手段，依法控烟是提高国民身体素质，促进百姓健康的重要内容，能有效保障每个人的健康权。依法控烟也是我国建设法治国家的基本要求，应不断强化控烟执法机制和能力建设，加快推进烟草控制工作法制化、规范化进程。

当前我国对烟草进行控制的法律体系逐渐成形，国家和地方公共场所禁烟的法律法规体系已经建立，但国家统一的烟草控制基本法律尚未制定，地方控烟立法和执法水平参差不齐，对烟草控制的重视程度仍有待提升。

控烟工作还应全面履行《世界卫生组织烟草控制框架公约》明确规定的责任和义务，在减少烟草需求、供应和危害等方面不断取得新进展，具体包括：应全面推进公共场所控烟立法和执法，加强无烟党政机关、无烟医疗卫生机构、无烟学校、无烟家庭等无烟环境建设；深入开展控烟宣传教育，包括电子烟危害宣传等；加强青少年控烟工作，为青少年营造远离烟草危害的环境；提供简短戒烟干预、戒烟门诊、戒烟热线等戒烟服务；定期开展烟草流行监测；不断强化卷烟包装标识健康危害警示；切实加强烟草税收、价格和收益管理；建立完善烟草制品成分管制和信息披露制度；有效打击烟草制品非法贸易；积极开展控烟国际交流合作等。

（五）政府主导、单位负责和公众参与原则

控烟工作是各级政府的重要职责，应建立以政府为主导的控烟机制，强化政府监管的职责。政府可以通过制定相关立法和政策，从国家和地方政府行政监督管理的层面，采取各种有效措施减少公众接触烟草，降低烟草危害。

各单位应具体负责，从有效控制烟草消费、严格进行控烟管理、尽力宣传烟草危害等各方面入手进行控烟。具体而言，公共场所和公共交通工具经营者应当在禁烟场所设立醒目的禁止吸烟警语和标志，开展吸烟有害健康的宣传；在禁止吸烟的场所不得设置烟草广告和放置吸烟器具；应配备专（兼）职人员负责本区域的控烟管理等。

控制烟草工作不仅是政府和社会的责任，公众参与也非常重要。广泛调动和鼓励社会公众参与控烟，能有效发挥人民群众的监督力量，增强控烟合力，营造全社会参与控烟的良好氛围。动员社区，加强监督，并提高执法效力。鼓励社区成员监督遵守情况，并举报违反行为，可大大增强控烟效果，并减少公权力执法的成本，节约资源。应建立社区投诉制度，并畅通投诉渠道，如免费投诉电话热线等，确保任何个人或非政府组织都可以采取行动，管制接触二手烟雾。

三、烟草控制主要法律制度

（一）烟草专卖许可证制度

从事烟草专卖品的生产、批发、零售业务，以及经营烟草专卖品进出口业务和经营外国烟草制品购销业务的，必须依照《烟草专卖法》和《烟草专卖法实施条例》的规定，申请领取烟草专卖许可证。烟草专卖许可证分为：烟草专卖生产企业许可证，烟草专卖批发企业许可证，烟草专卖零售许可证。

取得烟草专卖生产企业许可证，应当具备下列条件：有与生产烟草专卖品相适应的资金；有生产烟草专卖品所需要的技术、设备条件；符合国家烟草行业的产业政策要求；国务院烟草专卖行政主管部门规定的其他条件。取得烟草专卖批发企业许可证，应当具备下列条件：有与经营烟草制品批发业务相适应的资金；有固定的经营场所和必要的专业人员；符合烟草专卖批发企业合理布局的要求；国务院烟草专卖行政主管部门规定的其他条件。取得烟草专卖零售许可证，应当具备下列条件：有与经营烟草制品零售业务相适应的资金；有固定的经营场所；符合烟草制品零售点合理布局的要求；国务院烟草专卖行政主管部门规定的其他条件。

国家烟草局与公安、海关、市场监管、邮政、交通等部门密切协作，不断建立和完善联合打假打私工作机制，始终保持高压态势，严厉打击源头制假和走私贩私违法活动，深入推进打击制售假烟和销售走私烟网络工作，努力实现打假打私形势的不断好转，取得了显著成效。2019年，全国共依法查处5万元以上假私烟案件10 826起；查获假烟40.97万件；查获走私烟13.91万件；收缴制假烟机337台；查获非法烟丝烟叶2.61万吨。海关总署连续组织开展打击走私"国门利剑2018""国门利剑2019"联合专项行动，均将烟草走私列入打击涉税商品走私重点，在打击传统烟草走私及打击电子烟、加热不燃烧卷烟等烟草制品走私方面取得了显著成效。同时，筹建"海关总署国家烟草专卖局打击烟草走私情报中心"，为进一步精准打击烟草走私活动提供智力支持。

（二）公共场所控烟制度

基于《世界卫生组织烟草控制框架公约》第8条[1]的构想，采取有效措施防止接触烟草烟雾，需要在特定空间或者环境完全消除吸烟和烟草烟雾，以建立100%的无烟环境。根据该条规定和《防止接触烟草烟雾准则》的具体规定，缔约方应确保在所有室内公共场所、室内工作场所、公共交通工具和其他可能的（室外或准室外）公共场所免于接触二手烟草烟雾。针对公共场所的定义，各国由于环境和文化的不同各有差异，但随着控烟意识的提高，对其范围的有不断扩大的趋势。

1. 所有室内公共场所一律禁止吸烟

根据我国《公共场所卫生管理条例》第2条规定，公共场所包括：宾馆、饭馆、旅店、招待所、车马店、咖啡馆、酒吧、茶座；公共浴室、理发店、美容店；影剧院、录像厅（室）、游艺厅（室）、舞厅、音乐厅；体育场（馆）、游泳场（馆）、公园；展览馆、博物馆、美术馆、图书馆；商场（店）、书店；候诊室、候车（机、船）室、公共交通工具等。《公共场所卫生管理条例实施细则》第18条第1、3款规定，公共场所不仅不可以吸烟，也不得设置自动售烟机。

根据我国相关规定[2]，公共交通一般是指运载公众换取报酬或者商业利益的任何车辆。具体而言包括：各类旅客列车的软卧、硬卧、软座、硬座、旅客餐车车厢内；各类客运轮船的旅客座舱、卧舱及会议室、阅览室

---

〔1〕《世界卫生组织烟草控制框架公约》第8条规定，防止接触烟草烟雾各缔约方承认科学已明确证实接触烟草烟雾会造成死亡、疾病和功能丧失。每一缔约方应在国家法律规定的现有国家管辖范围内采取和实行，并在其他司法管辖权限内积极促进采取和实行有效的立法、实施、行政和/或其他措施，以防止在室内工作场所、公共交通工具、室内公共场所，适当时，包括其他公共场所接触烟草烟雾。

〔2〕《关于在公共交通工具及其等候室禁止吸烟的规定》的通知，由全国爱卫会、卫生部、铁道部、交通部、建设部、民航总局发布，自1997年5月1日起施行。

等公共场所，长途客运汽车；民航国内、国际航班各等客舱内；地铁、轻轨列车，各类公共汽车、电车（包括有轨电车）、出租汽车，各类客渡轮（船）、游轮（船）、客运索道及缆车；各类车站、港口、机场的旅客等候室、售票厅及会议室、阅览室等公共场所；铁路、交通、民航的卫生主管部门和建设部的城建主管部门根据实际需要，确定的其他禁止吸烟场所。除此之外，还应该包括出租车、救护车和其他公共配送车辆等。

公共交通工具的经营或管理单位应履行下列职责：在禁止吸烟场所必须设立明显的禁止吸烟标志；其形式和内容由当地卫生行政部门具体规定，并标示电话号码或者其他方式，供公众举报违法行为以及现场投诉。在禁止吸烟场所不得设置烟草广告标志，不放置吸烟器具；公共交通工具车身不得设置烟草广告标志；旅客等候室及运行时间较长的公共交通工具，可以指定吸烟的区域或设置有通风装置的吸烟室；指定吸烟的区域和设置的吸烟室必须设立准许吸烟的明显标志；禁止吸烟场所的经营或管理单位必须对禁止吸烟的工作进行严格管理，设置专（兼）职卫生检查员监督管理本场所的禁烟工作，劝阻旅客吸烟；禁止吸烟场所的经营或管理单位有责任和义务，采取各种形式向旅客开展吸烟有害的健康教育工作。

2. 特殊公共场所室外区域全面禁止吸烟

当前，公共场所室外区域尚未实施全面禁烟，但为了保护未成年人和他人利益，某些特殊公共场所的室外区域是要求全面禁烟的。如托幼机构、儿童福利机构、学校、活动中心、教育培训机构等以未成年人为主要活动人群的公共场所的室外区域；高等学校的室外教学区域；妇幼保健机构、儿童医院、妇产医院的室外区域；体育、健身场馆的室外观众坐席、赛场区域；公共交通工具的室外等候区域；法律、法规规定的其他禁止吸烟的室外场所，如民用机场的航空器活动区域、候机楼内旅客活动区域（设置的吸烟区除外）、旅客通道、摆渡车内等都明确规定禁止吸烟。除此之外，各级人民政府也可以根据当时情况，如举办大型公众活动，可以规定临时划定禁止吸烟的室外区域。

特殊公共场所的室外区域可以设立吸烟点，吸烟点以外的区域禁止吸烟。没有设立吸烟点的公共场所室外区域属于全面禁止吸烟的场所。这些室外区域包括：除妇幼保健机构、儿童医院、妇产医院以外的其他医疗卫生机构、计划生育技术服务机构和养老机构的室外区域；除儿童福利机构以外的其他社会福利机构的室外区域；风景名胜区、文物保护单位、公园、游乐园的室外区域；法律、法规规定的其他可以设置吸烟点的室外场所。兼具个人居住和工作场所功能的区域，如监狱、精神病院或养老院等则可以根据具体情况具体安排是否设置和如何设置吸烟点。室外设置吸烟点，应当符合下列要求：符合消防安全标准；设置明显的引导标识；远离通风口、人员密集区域和行人必经通道；在显著位置设置醒目的吸烟危害健康警示标识或者图片。

（三）烟草广告控制制度

《世界卫生组织烟草控制框架公约》明确规定，要全面禁止烟草广告和赞助活动。依据《广告法》相关规定，在中国境内广泛禁止烟草广告。《广告法》第22条明确规定：禁止在大众传播媒介或者公共场所、公共交通工具、户外发布烟草广告。禁止向未成年人发送任何形式的烟草广告。禁止利用其他商品或者服务的广告、公益广告，宣传烟草制品名称、商标、包装、装潢以及类似内容。烟草制品生产者或者销售者发布的迁址、更名、招聘等启事中，不得含有烟草制品名称、商标、包装、装潢以及类似内容。

为防止电视节目及影视剧的烟草广告软性植入，广电总局办公厅《关于严格控制电影、电视剧中吸烟镜头的通知》规定：电影和电视剧中不得出现烟草的品牌标识和相关内容，及变相的烟草广告；不得出现在国家明令禁止吸烟及标识禁止吸烟的场所吸烟的镜头；不得表现未成年人买烟、吸烟等将烟草与未成年人相联系的情节，不得出现有未成年人在场的吸烟镜头。严格控制与烟草相关的情节和镜头。严格控制以"艺术需要""个性化表达"为名出现的吸烟镜头，应尽量用其他形式代替以吸烟表现人物心理、现场氛围的情节；对确因剧情需要出现的吸烟镜头，应尽可能缩减吸烟镜头的时长和频率。2019 年出台《未成年人节目管理规定》（后于 2021 年修订，国家广播电视总局令第 9 号），明确规定未成年人节目不得含有表现吸烟、售烟内容，对广播电视和网络视听涉未成年人节目内容作出严格规定。中国控烟协会每年开展热播国产影视剧烟草镜头监测，通过对热播的 30 部电影和 30 部电视剧进行烟草镜头监测，形成监测报告并召开新闻发布会，旨在倡导影视界承担社会责任，拍摄无烟影视作品，做社会先进文化和移风易俗的引领者；通过媒体及时传播，引起了社会广泛反响。

随着社会的发展和网络的进步，互联网违法发布烟草广告的问题逐渐突出。2016 年 7 月 4 日，原国家工商行政管理总局公布《互联网广告管理暂行办法》（已失效）中明确规定禁止利用互联网发布烟草广告。烟草企业通过自有网站、第三方网站、各类互联网应用程序，如 PC 端应用程序和移动客户端等所进行的网络推广，只要定性为烟草广告的都属于被禁止之列，而且通过个人账户在第三方平台发布的烟草广告也将被禁止。利用互联网发布烟草广告的，由市场监督管理部门责令停止发布广告，对广告主处 20 万元以上 100 万元以下的罚款，情节严重的，并可以吊销营业执照，由广告审查机关撤销广告审查批准文件、一年内不受理其广告审查申请；对广告经营者、广告发布者，由市场监督管理部门没收广告费用，处 20 万元以上 100 万元以下的罚款，情节严重的，并可以吊销营业执照。

随着电子烟市场的强劲发展，对电子烟的广告管控也成为大家关注的热点。长期以来，电子烟在市场上存在大量虚假宣传的现象，利用网络平台及大规模线下实体店和自动售卖机，违背事实发布广告，广告中经常以比传统香烟对健康危害小、具有辅助戒烟效果等为售卖亮点，大肆宣传、推广和售卖电子烟，诱导消费者甚至青少年群体吸食电子烟。2019 年国家烟草专卖局、国家市场监督管理总局发布的《关于进一步保护未成年人免受电子烟侵害的通告》，要求电子烟生产、销售企业或个人及时关闭电子烟互联网销售网站或客户端；敦促电商平台及时关闭电子烟店铺，并将电子烟产品及时下架；敦促电子烟生产、销售企业或个人撤回通过互联网发布的电子烟广告。随着监管的力度不断加大，各地纷纷出现了当地的首张电子烟广告罚单。[1]

（四）戒烟制度

戒烟会给吸烟者带来即时并长期的健康益处，临床实践证明，戒烟可以有效降低心率、血压、改善循环系统、增强肺功能、减轻咳嗽气短等症状，降低患冠心病、肺癌、口腔癌、咽喉癌、食道癌、膀胱癌、宫颈癌和胰腺癌的风险，可有效增加预期寿命，降低儿童罹患多种二手烟雾相关疾病的风险，如呼吸道疾病和耳部感染等，降低阳萎、难孕、早产、婴儿出生体重偏低或流产的概率。[2] 有研究表明，当前 COVID-19 作为一种侵袭肺部的传染病，吸烟者发展为重病和出现死亡的风险更高，[3] 所以戒烟作为一种有效的控烟手段，对吸烟者和周围人的健康都具有重要的意义。

国家卫生健康委通过基本公共卫生服务项目，陆续在全国范围内鼓励推动各地建设戒烟门诊，提供临床戒烟服务，对各级各类医疗机构开展戒烟服务进行统筹规划和监督管理，逐步探索实行戒烟服务产品和服务市场准入的管理；根据国内外实践和科学论证，制定并推广临床戒烟操作指南，在各级医疗机构中进行戒烟干预服务的技术指导与推广，指导临床医务工作者开展戒烟知识培训和戒烟实践，提高戒烟工作人员的业务素质和服务

---

[1] 《全国首单！深圳给电子烟广告开罚单》，载潇湘晨报网，https://baijiahao.baidu.com/s?id=1684599816152377913&wfr=spider&for=pc，最后访问日期：2021 年 11 月 8 日。《江西开出首张电子烟广告罚单》，载国家市场监督管理总局广告监督管理司网，http://www.samr.gov.cn/ggjgs/sjdt/gzdt/202108/t20210805_333394.html，最后访问日期：2021 年 11 月 8 日。

[2] 《烟草：戒烟对健康的益处》，载世界卫生组织网，https://www.who.int/zh/news-room/q-a-detail/tobacco-health-benefits-of-smoking-cessation，最后访问日期：2021 年 11 月 8 日。

[3] 《世卫组织关于烟草使用与 COVID-19 的声明》，载世界卫生组织网，https://www.who.int/zh/news/item/11-05-2020-who-statement-tobacco-use-and-covid-19，最后访问日期：2021 年 11 月 8 日。

能力，促进戒烟服务的专业化、规范化。

除此之外，我国政府为了给老百姓提供更好的戒烟干预服务，进行了一系列的工作：推广设立免费戒烟热线，如 12320 卫生热线，为戒烟者提供简便可行的戒烟建议和各种戒烟服务信息；促进移动端戒烟项目的推广，如中日友好医院加入世界卫生组织移动戒烟项目，开发移动戒烟 APP；建立覆盖全国的戒烟门诊协作网络，加强戒烟服务公共设施建设，加强国际国内合作交流，推动资源共享；开发戒烟门诊数据管理平台，规范数据提交内容和形式，提高数据收集效率；编制戒烟培训教材，编写标准化戒烟培训教材；支持开展戒烟药物和戒烟技术研究开发并推广应用等。

全球经验显示，要减少烟草需求和对人类健康的损害，需要从提高税收、无烟公共场所环境、全面禁止烟草广告、烟草包装警示语、控制大众媒介宣传、提供简明有效的戒烟建议等各个方面全面采取措施，才能改变社会规范，实现逐步降低吸烟率的目标。

第二节　职业卫生法

一、职业卫生法概述

身体健康和生命安全是人民群众最关心、最现实、最直接涉及切身利益的问题，职业病防治与千千万万劳动者身体息息相关，也与我国经济建设的健康持续发展、社会和谐有着重要联系。1996 年召开的世界卫生大会上通过了《世界卫生组织人人享有职业卫生的全球战略》（WHO Global Strategy for Occupational Health for All）的新决议。

我国政府一直十分重视对劳动者身体健康的保障。1956 年，我国以苏联标准为蓝本，首次颁布了《工业企业设计暂行卫生标准》（标准-101-56），内含 53 项有害物质的最高容许浓度；1963 年修订为《工业企业设计卫生标准》（国标建 GBJ1-62）；1979 年再次修订为《工业企业设计卫生标准》（TJ36-79），其中包括 111 项有害物质和 9 项生产性粉尘的卫生标准。自 20 世纪 80 年代开始，在多年研究的基础上，多项标准相继颁布，涉及粉尘卫生标准、工业毒物卫生标准、作业场所空气监测方法、生物监测方法、高温作业分级标准、体力搬运重量限值标准等 300 多项国家标准。

2001 年 10 月 27 日，第九届全国人民代表大会常务委员会通过《职业病防治法》，该法自 2002 年 5 月 1 日起施行。这是中国的第一部职业病防治的法律，该法第 9 条第 1 款规定"国家实行职业卫生监督制度"。这部法律的实施对于推动我国职业病防治工作，保护劳动者职业健康发挥了重要作用。该法于 2011 年、2016 年、2017 年、2018 年共修正过 4 次。该法多次修正，不仅体现了我国政府机构不断改革，职业病防治最终由卫生行政部门主管，不断理顺监管事项；更体现了政府对职业病防治问题的高度重视，通过多次完善法律规定，不断破除职业病诊断难的现实困境。

职业卫生监督管理有关的行政法规主要有：《使用有毒物品作业场所劳动保护条例》《尘肺病防治条例》《放射性同位素与射线装置安全和防护条例》《突发公共卫生事件应急条例》《女职工劳动保护特别规定》，以及有关保障职业病患者权益的《工伤保险条例》。

职业卫生监督管理的部门规章和规范性文件有《国家职业卫生标准管理办法》、《职业病诊断与鉴定管理办法》（国家卫生健康委令第 6 号）、《职业健康检查管理办法》（国家卫生健康委令第 2 号）、《工作场所职业卫生管理规定》（国家卫生健康委令第 5 号）、《职业卫生技术服务机构管理办法》（国家卫生健康委令第 4 号）、《建设项目职业病危害风险分类管理目录》（2021 年版）、《职业病危害因素分类目录》、《化学品毒性鉴定管理规范》以及原国家安全生产监督管理总局发布的《职业病危害项目申报办法》《建设项目职业病防护设施"三同时"监督管理办法》《用人单位职业健康监护监督管理办法》等。

截至 2020 年底，全国共有职业健康检查机构 4520 个、职业病诊断机构 589 个。2020 年全国共报告各类职业病新病例 17 064 例，职业性尘肺病及其他呼吸系统疾病 14 408 例（其中职业性尘肺病 14 367 例），职业性耳鼻喉口腔疾病 1310 例，职业性传染病 488 例，职业性化学中毒 486 例，物理因素所致职业病 217 例，职业性皮肤病 63 例，职业性肿瘤 48 例，职业性眼病 24 例，职业性放射性疾病 10 例，其他职业病 10 例，因尘肺病死亡 6668 例。[1]

职业病防治的立法意图是明确劳动工作过程中职业病防治要求；明确用人单位在用人过程中保护劳动者健康的法定义务和责任；明确劳动者的职业健康权利；明确有关组织和社团的职责；体现保护受害者和职业病患者权益；理顺职业病诊断、鉴定程序，体现公平、公正、公开原则，与现有医政管理法律法规衔接；与现有职业病待遇规定和社会保障立法相衔接。

二、职业卫生法基本原则

（一）预防为主、防治结合原则

职业病防治工作坚持预防为主、防治结合的方针。职业病的突出特点是其危害的严重性，不少职业病目前尚无特效治疗，尘肺病是不可逆转的；职业病的另一个特点是可以预防的，预防是防治职业病的最有效措施之一。[2] 职业病防治按照三级预防措施加以预防，以保护和促进职业人群的健康。一级预防（primary prevention）又称病因预防，主要是生产前和劳动过程中采取各种措施降低职业病发生的可能性，从根本上消除或控制职业性有害因素对人的作用和损害，包括改进生产工艺和生产设备，合理利用防护设施及个人防护用品，以减少或消除职业病产生的机会。法律规定的建设项目预评价制度、职业病危害项目申报制度、"三同时"审查制度。这些都是预防为主方针的具体体现。二级预防（secondary prevention）又称发

---

〔1〕　2017 年我国卫生健康事业发展统计公报，载 http://www.gov.cn/guoqing/2021-07/22/content_5626526.htm，最后访问日期：2021 年 11 月 8 日。

〔2〕　刘玉宝：《职业卫生行政执法中若干问题探析》，载《中国卫生监督杂志》2004 年第 5 期。

病预防，是加强劳动者的身体检查，为劳动者建立健康档案，及时检测和诊断人体可能受到职业性有害因素所致的健康损害。三级预防（tertiary prevention）又称临床预防，是指劳动者被确诊为职业病之后，对劳动者给予积极的治疗和促进康复措施，从而减轻疾病危害，阻止疾病严重化，从而保证劳动者的身体健康。

（二）科学公正、及时便民原则

职业病的预防、诊断和鉴定工作都具有极强的技术性特点，必须严格遵循相关标准，遵循科学公正、及时便民的原则，依据法律规定进行职业病防治。如诊断机构应依据职业病诊断标准，根据临床表现、医学检查结果，结合上述资料，进行综合分析做出诊断。

（三）职业卫生监督管理工作实施多部门、分段管理原则

职业病防治建立用人单位负责、行政机关监管、行业自律、职工参与和社会监督的机制，实行分类管理、综合治理的基本原则。首先，职业卫生监督管理部门由卫生行政部门、劳动保障行政部门按照各部门职责实施分段管理，由卫生行政部门负责建设项目职业卫生审查、用人单位的职业病防治监督管理、职业病危害事故调查处理、职业卫生标准制定、职业健康检查、职业病诊断的监督管理和职业病诊断争议鉴定等；由劳动保障行政部门负责劳动合同、工伤保险和职业病人保障等。其次，法律明确了用人单位在劳动前、劳动中和职业病诊断防治中的法定义务，工会组织在职业病防治过程中的义务等规定，明确了职业病防治多部门管理的法律原则。

三、职业卫生主要法律制度

（一）明确职业病的含义

基于《职业病防治法》的规定，职业病是指企业、事业单位和个体经济组织等用人单位的劳动者在职业活动中，因接触粉尘、放射性物质和其他有毒、有害因素而引起的疾病。职业病的分类和目录由国务院卫生行政部门会同国务院劳动保障行政部门制定、调整并公布。2013 年 12 月 23 日，

原国家卫生计生委、人力资源和社会保障部、原国家安全生产和监督管理总局、中华全国总工会 4 部门联合印发现行《职业病分类和目录》。该目录将职业病分为职业性尘肺病及其他呼吸系统疾病、职业性皮肤病、职业性眼病、职业性耳鼻喉口腔疾病、职业性化学中毒、物理因素所致职业病、职业性放射性疾病、职业性传染病、职业性肿瘤、其他职业病 10 类 132 种。

（二）前期预防法律制度

1. 对于产生职业病危害的用人单位，明确其工作场所应当符合职业卫生要求

职业病危害因素的强度或者浓度符合国家职业卫生标准；有与职业病危害防护相适应的设施；生产布局合理，符合有害与无害作业分开的原则；有配套的更衣间、洗浴间、孕妇休息间等卫生设施；设备、工具、用具等设施符合保护劳动者生理、心理健康的要求；法律、行政法规和国务院卫生行政部门关于保护劳动者健康的其他要求。

2. 建立职业病危害项目申报制度

用人单位工作场所存在职业病目录所列职业病的危害因素的，应当及时、如实地向所在地卫生行政部门申报危害项目，接受监督。

现行的 2015 年版《职业病危害因素分类目录》将职业病危害因素分为粉尘、化学因素、物理因素、放射性因素、生物因素和其他因素共 6 类 459 种危害因素，具体粉尘类 52 种，化学因素 375 种，物理因素 15 种，放射性因素 8 种，生物因素 6 种和其他因素 3 种。

3. 确立职业病危害预评价制度

新建、扩建、改建建设项目和技术改造、技术引进项目（以下统称建设项目）可能产生职业病危害的，建设单位在可行性论证阶段应当进行预评价。

医疗机构建设项目可能产生放射性职业病危害的，建设单位应当向卫生行政部门提交放射性职业病危害预评价报告。卫生行政部门应当自收到

预评价报告之日起 30 日内，作出审核决定并书面通知建设单位。未提交预评价报告或者预评价报告未经卫生行政部门审核同意的，不得开工建设。

职业病危害预评价报告应当对建设项目可能产生的职业病危害因素及其对工作场所和劳动者健康的影响作出评价，确定危害类别和职业病防护措施。

4. 确立职业病危害控制效果评价制度

建设项目在竣工验收前，建设单位应当进行职业病危害控制效果评价。

建设项目的职业病防护设施所需费用应当纳入建设项目工程预算，并与主体工程同时设计、同时施工、同时投入生产和使用。

建设项目的职业病防护设施设计应当符合国家职业卫生标准和卫生要求；其中，医疗机构放射性职业病危害严重的建设项目的防护设施设计，应当经卫生行政部门审查同意后，方可施工。

医疗机构可能产生放射性职业病危害的建设项目竣工验收时，其放射性职业病防护设施经卫生行政部门验收合格后，方可投入使用；其他建设项目的职业病防护设施应当由建设单位负责依法组织验收，验收合格后，方可投入生产和使用。卫生行政部门应当加强对建设单位组织的验收活动和验收结果的监督核查。

5. 国家对从事放射性、高毒、高危粉尘等作业实行特殊管理

为了加强对放射性同位素、射线装置安全和防护的监督管理，促进放射性同位素、射线装置的安全应用，保障人体健康，保护环境，国务院颁布《放射性同位素与射线装置安全和防护条例》，对从事有关放射性同位素、射线装置的安全和防护工作进行详细规定。

(三) 劳动过程中防护与管理制度

1. 明确用人单位应当采取职业病防治管理措施

用人单位应当采取职业病防治管理措施，管理措施应当符合下列要求：设置或者指定职业卫生管理机构或者组织，配备专职或者兼职的职业卫生

管理人员，负责本单位的职业病防治工作；制定职业病防治计划和实施方案；建立、健全职业卫生管理制度和操作规程；建立、健全职业卫生档案和劳动者健康监护档案；建立、健全工作场所职业病危害因素监测及评价制度；建立、健全职业病危害事故应急救援预案。

2. 明确用人单位应当采取的职业病防治措施的具体要求

（1）保障专款专用。用人单位应当保障职业病防治所需的资金投入，不得挤占、挪用，并对因资金投入不足导致的后果承担责任。

（2）设置防护设施。用人单位必须采用有效的职业病防护设施，并为劳动者提供个人使用的职业病防护用品。用人单位为劳动者个人提供的职业病防护用品必须符合防治职业病的要求；不符合要求的，不得使用。

用人单位应当优先采用有利于防治职业病和保护劳动者健康的新技术、新工艺、新设备、新材料，逐步替代职业病危害严重的技术、工艺、设备、材料。

对职业病防护设备、应急救援设施和个人使用的职业病防护用品，用人单位应当进行经常性的维护、检修，定期检测其性能和效果，确保其处于正常状态，不得擅自拆除或者停止使用。

（3）设置公告、警示和报警装置。产生职业病危害的用人单位，应当在醒目位置设置公告栏，公布有关职业病防治的规章制度、操作规程、职业病危害事故应急救援措施和工作场所职业病危害因素检测结果。

对产生严重职业病危害的作业岗位，应当在其醒目位置，设置警示标识和中文警示说明。警示说明应当载明产生职业病危害的种类、后果、预防以及应急救治措施等内容。

对可能发生急性职业损伤的有毒、有害工作场所，用人单位应当设置报警装置，配置现场急救用品、冲洗设备、应急撤离通道和必要的泄险区。

对放射工作场所和放射性同位素的运输、贮存，用人单位必须配置防护设备和报警装置，保证接触放射线的工作人员佩戴个人剂量计。

（4）实施日常监测和定期检测、评估。用人单位应当实施由专人负责的职业病危害因素日常监测，并确保监测系统处于正常运行状态。

用人单位应当按照国务院卫生行政部门的规定，定期对工作场所进行职业病危害因素检测、评价。检测、评价结果存入用人单位职业卫生档案，定期向所在地卫生行政部门报告并向劳动者公布。

职业病危害因素检测、评价由依法设立的取得国务院卫生行政部门或者设区的市级以上地方人民政府卫生行政部门按照职责分工给予资质认可的职业卫生技术服务机构进行。职业卫生技术服务机构所作检测、评价应当客观、真实。

发现工作场所职业病危害因素不符合国家职业卫生标准和卫生要求时，用人单位应当立即采取相应治理措施，仍然达不到国家职业卫生标准和卫生要求的，必须停止存在职业病危害因素的作业；职业病危害因素经治理后，符合国家职业卫生标准和卫生要求的，方可重新作业。

（5）对劳动者的告知义务。用人单位与劳动者订立劳动合同（含聘用合同，下同）时，应当将工作过程中可能产生的职业病危害及其后果、职业病防护措施和待遇等如实告知劳动者，并在劳动合同中写明，不得隐瞒或者欺骗。

劳动者在已订立劳动合同期间因工作岗位或者工作内容变更，从事与所订立劳动合同中未告知的存在职业病危害的作业时，用人单位应当依照前款规定，向劳动者履行如实告知的义务，并协商变更原劳动合同相关条款。

用人单位违反前两款规定的，劳动者有权拒绝从事存在职业病危害的作业，用人单位不得因此解除与劳动者所订立的劳动合同。

（6）职业卫生培训义务。职业卫生培训包括两类：一是用人单位的主要负责人和职业卫生管理人员应当进行职业卫生培训；二是劳动者应当进行培训。

用人单位应当对劳动者进行上岗前的职业卫生培训和在岗期间的定期职业卫生培训，普及职业卫生知识，督促劳动者遵守职业病防治法律、法规、规章和操作规程，指导劳动者正确使用职业病防护设备和个人使用的职业病防护用品。劳动者应当学习和掌握相关的职业卫生知识，增强职业病防范意识，遵守职业病防治法律、法规、规章和操作规程，正确使用、维护职业病防护设备和个人使用的职业病防护用品，发现职业病危害事故隐患应当及时报告。

（7）职业健康检查义务。职业健康检查包括上岗前、在岗期间和离岗时的职业健康检查。对从事接触职业病危害的作业的劳动者，用人单位应当按照国务院卫生行政部门的规定组织检查，并将检查结果书面告知劳动者。职业健康检查费用由用人单位承担。

用人单位不得安排未经上岗前职业健康检查的劳动者从事接触职业病危害的作业；不得安排有职业禁忌的劳动者从事其所禁忌的作业；对在职业健康检查中发现有与所从事的职业相关的健康损害的劳动者，应当调离原工作岗位，并妥善安置；对未进行离岗前职业健康检查的劳动者不得解除或者终止与其订立的劳动合同。

（8）建立职业健康监护档案。用人单位应当为劳动者建立职业健康监护档案，并按照规定的期限妥善保存。

职业健康监护档案应当包括劳动者的职业史、职业病危害接触史、职业健康检查结果和职业病诊疗等有关个人健康资料。

劳动者离开用人单位时，有权索取本人职业健康监护档案复印件，用人单位应当如实、无偿提供，并在所提供的复印件上签章。

（9）应急救援和控制措施。发生或者可能发生急性职业病危害事故时，用人单位应当立即采取应急救援和控制措施，并及时报告所在地卫生行政部门和有关部门。卫生行政部门接到报告后，应当及时会同有关部门组织调查处理；必要时，可以采取临时控制措施。卫生行政部门应当组织做好医疗救治工作。

对遭受或者可能遭受急性职业病危害的劳动者，用人单位应当及时组织救治、进行健康检查和医学观察，所需费用由用人单位承担。

（10）未成年人和女职工劳动保护措施。用人单位不得安排未成年职工从事接触职业病危害的作业；不得安排孕期、哺乳期的女职工从事对本人和胎儿、婴儿有危害的作业。

3. 明确设备材料销售单位的义务

向用人单位提供可能产生职业病危害的设备的，应当提供中文说明书，并在设备的醒目位置设置警示标识和中文警示说明。警示说明应当载明设备性能、可能产生的职业病危害、安全操作和维护注意事项、职业病防护以及应急救治措施等内容。

向用人单位提供可能产生职业病危害的化学品、放射性同位素和含有放射性物质的材料的，应当提供中文说明书。说明书应当载明产品特性、主要成份、存在的有害因素、可能产生的危害后果、安全使用注意事项、职业病防护以及应急救治措施等内容。产品包装应当有醒目的警示标识和中文警示说明。贮存上述材料的场所应当在规定的部位设置危险物品标识或者放射性警示标识。

国内首次使用或者首次进口与职业病危害有关的化学材料，使用单位或者进口单位按照国家规定经国务院有关部门批准后，应当向国务院卫生行政部门报送该化学材料的毒性鉴定以及经有关部门登记注册或者批准进口的文件等资料。

（四）职业病诊断的法律规定

为了规范职业病诊断与鉴定工作，加强职业病诊断与鉴定管理，国家卫健委根据《职业病防治法》规定，制定了《职业病诊断与鉴定管理办法》并于2021年1月4日公布，该办法对职业病诊断鉴定机构、程序等问题给予了详尽规定。

1. 明确职业病诊断机构和医师的条件和职责

（1）职业病诊断机构的条件和职责。医疗卫生机构开展职业病诊断工作，应当在开展之日起 15 个工作日内向省级卫生健康主管部门备案。职业病诊断机构对备案信息的真实性、准确性、合法性负责。当备案信息发生变化时，应当自信息发生变化之日起 10 个工作日内向省级卫生健康主管部门提交变更信息。省级卫生健康主管部门应当自收到完整备案材料之日起15 个工作日内向社会公布备案的医疗卫生机构名单、地址、诊断项目（即《职业病分类和目录》中的职业病类别和病种）等相关信息。

医疗卫生机构开展职业病诊断工作应当具备下列条件：①持有《医疗机构执业许可证》；②具有相应的诊疗科目及与备案开展的诊断项目相适应的职业病诊断医师及相关医疗卫生技术人员；③具有与备案开展的诊断项目相适应的场所和仪器、设备；④具有健全的职业病诊断质量管理制度。

职业病诊断机构承担以下职责：公开职业病诊断程序和诊断项目范围，方便劳动者进行职业病诊断；在备案的诊断项目范围内开展职业病诊断，依法独立行使诊断权，并对其作出的职业病诊断结论负责；及时向所在地卫生健康主管部门报告职业病。职业病诊断机构发现职业病病人或者疑似职业病病人时，应当及时向所在地县级卫生健康主管部门报告。职业病诊断机构应当在作出职业病诊断之日起 15 日内通过职业病及健康危害因素监测信息系统进行信息报告，并确保报告信息的完整、真实和准确；按照卫生健康主管部门要求报告职业病诊断工作情况；建立和健全职业病诊断管理制度；加强职业病诊断医师等有关医疗卫生人员技术培训和政策、法律培训；采取措施改善职业病诊断工作条件，提高职业病诊断服务质量和水平；法律规定的其他职责。

法律同时强调承担职业病诊断的医疗卫生机构不得拒绝劳动者进行职业病诊断的要求。

（2）职业病诊断医师的条件和职责。从事职业病诊断的医师应当具备下列条件，并取得省级卫生健康主管部门颁发的职业病诊断资格证书：具有医师执业证书；具有中级以上卫生专业技术职务任职资格；熟悉职业病防治法律法规和职业病诊断标准；从事职业病诊断、鉴定相关工作 3 年以上；按规定参加职业病诊断医师相应专业的培训，并考核合格。

职业病诊断医师应当依法在职业病诊断机构备案的诊断项目范围内从事职业病诊断工作，不得从事超出其职业病诊断资格范围的职业病诊断工作；职业病诊断医师应当按照有关规定参加职业卫生、放射卫生、职业医学等领域的继续医学教育。

2. 明确职业病诊断实施的要求

（1）劳动者诊断机构的选择。劳动者可以在用人单位所在地、本人户籍所在地或者经常居住地依法承担职业病诊断的医疗卫生机构进行职业病诊断。

劳动者依法要求进行职业病诊断的，职业病诊断机构不得拒绝劳动者进行职业病诊断的要求。

（2）职业病诊断的资料及获得。职业病诊断机构进行职业病诊断需要以下资料：劳动者职业史和职业病危害接触史（包括在岗时间、工种、岗位、接触的职业病危害因素名称等）；劳动者职业健康检查结果；工作场所职业病危害因素检测结果；职业性放射性疾病诊断还需要个人剂量监测档案等资料。

职业病诊断的资料通过以下途径获得：

第一，劳动者本人提供。诊断机构收到劳动者职业病诊断要求后，应告知劳动者职业病诊断的程序和所需材料。劳动者应当填写《职业病诊断就诊登记表》，并提供本人掌握的职业病诊断有关资料。

第二，用人单位提供。职业病诊断机构进行职业病诊断时，应当书面通知劳动者所在的用人单位提供上述职业病诊断资料，用人单位应当在接到通知后的 10 日内如实提供。用人单位未在规定时间内提供职业病诊断所需资料的，职业病诊断机构可以依法提请卫生健康主管部门督促用人单位提供。

第三，职业病诊断机构提请卫生健康主管部门调查。劳动者对用人单位提供的工作场所职业病危害因素检测结果等资料有异议，或者因劳动者的用人单位解散、破产，无用人单位提供上述资料的，职业病诊断机构应当依法提请用人单位所在地卫生健康主管部门进行调查。卫生健康主管部门应当自接到申请之日起30日内对存在异议的资料或者工作场所职业病危害因素情况作出判定。

第四，职业病诊断机构现场调查或提请卫生健康主管部门组织现场调查。职业病诊断机构需要了解工作场所职业病危害因素情况时，可以对工作场所进行现场调查，也可以依法提请卫生健康主管部门组织现场调查。卫生健康主管部门应当在接到申请之日起30日内完成现场调查。

在确认劳动者职业史、职业病危害接触史时，当事人对劳动关系、工种、工作岗位或者在岗时间有争议的，职业病诊断机构应当告知当事人依法向用人单位所在地的劳动人事争议仲裁委员会申请仲裁。

（3）职业病诊断结论的作出。职业病诊断应当按照法律规定和国家职业病诊断标准，综合分析下列因素：病人的职业史、职业病危害接触史和工作场所职业病危害因素情况、临床表现以及辅助检查结果等。

材料齐全的情况下，职业病诊断机构应当在收齐材料之日起30日内作出诊断结论。

经卫生健康主管部门督促，用人单位仍不提供工作场所职业病危害因素检测结果、职业健康监护档案等资料或者提供资料不全的，职业病诊断机构应当结合劳动者的临床表现、辅助检查结果和劳动者的职业史、职业病危害接触史，并参考劳动者自述或工友旁证资料、卫生健康等有关部门提供的日常监督检查信息等，作出职业病诊断结论。对于作出无职业病诊断结论的病人，可依据病人的临床表现以及辅助检查结果，作出疾病的诊断，提出相关医学意见或者建议。

没有证据否定职业病危害因素与病人临床表现之间的必然联系的，应当诊断为职业病。

职业病诊断机构作出职业病诊断结论后，应当出具职业病诊断证明书。职业病诊断证明书应当由参与诊断的取得职业病诊断资格的执业医师签署。职业病诊断证明书一式五份，劳动者一份，用人单位所在地县级卫生健康主管部门一份，用人单位两份，诊断机构存档一份。职业病诊断证明书应当于出具之日起15日内由职业病诊断机构送达劳动者、用人单位及用人单位所在地县级卫生健康主管部门。

3. 确定职业病诊断档案制度

职业病诊断机构应当建立职业病诊断档案并永久保存，档案应当包括：职业病诊断证明书，职业病诊断记录，用人单位、劳动者和相关部门、机构提交的有关资料，临床检查与实验室检验等资料。

（五）职业病鉴定的法律规定

1. 职业病鉴定实行两级鉴定制

设区的市级职业病诊断鉴定委员会负责职业病诊断争议的首次鉴定。当事人对设区的市级职业病鉴定结论不服的，可以在接到诊断鉴定书之日起15日内，向原鉴定组织所在地省级卫生健康主管部门申请再鉴定，省级鉴定为最终鉴定。

2. 职业病鉴定有关主体

（1）职业病鉴定办事机构的设立。设区的市级以上地方卫生健康主管部门可以指定办事机构，具体承担职业病诊断鉴定的组织和日常性工作。职业病鉴定办事机构的职责是，接受当事人申请；组织当事人或者接受当事人委托抽取职业病诊断鉴定专家；组织职业病诊断鉴定会议，负责会议记录、职业病诊断鉴定相关文书的收发及其他事务性工作；建立并管理职业病诊断鉴定档案；报告职业病诊断鉴定相关信息；承担卫生健康主管部门委托的有关职业病诊断鉴定的工作。

职业病诊断机构不能作为职业病鉴定办事机构。

设区的市级以上地方卫生健康主管部门应当向社会公布本行政区域内依法承担职业病诊断鉴定工作的办事机构的名称、工作时间、地点、联系人、联系电话和鉴定工作程序。

（2）职业病鉴定专家库的设立。省级卫生健康主管部门应当设立职业病诊断鉴定专家库，并根据实际工作需要及时调整其成员。专家库可以按照专业类别进行分组。专家库应当以取得职业病诊断资格的不同专业类别的医师为主要成员，吸收临床相关学科、职业卫生、放射卫生、法律等相关专业的专家组成。专家应当具备下列条件：具有良好的业务素质和职业道德；具有相关专业的高级专业技术职务任职资格；熟悉职业病防治法律法规和职业病诊断标准；身体健康，能够胜任职业病诊断鉴定工作。

（3）职业病鉴定委员会的产生。参加职业病诊断鉴定的专家，应当由当事人或者由其委托的职业病鉴定办事机构从专家库中按照专业类别以随机抽取的方式确定。抽取的专家组成职业病诊断鉴定委员会。

经当事人同意，职业病鉴定办事机构可以聘请本省、自治区、直辖市以外的相关专业专家作为职业病诊断鉴定委员会成员，并享有表决权。

鉴定委员会人数为 5 人以上单数，其中相关专业职业病诊断医师应当为本次鉴定专家人数的半数以上。疑难病例应当增加鉴定委员会人数，充分听取意见。鉴定委员会设主任委员 1 名，由鉴定委员会成员推举产生。职业病诊断鉴定会议由鉴定委员会主任委员主持。

参加职业病诊断鉴定的专家有下列情形之一的，应当回避：是职业病诊断鉴定当事人或者当事人近亲属的；已参加当事人职业病诊断或者首次鉴定的；与职业病诊断鉴定当事人有利害关系的；与职业病诊断鉴定当事人有其他关系，可能影响鉴定公正的。

3. 职业病鉴定的程序

（1）当事人提出申请。当事人对职业病诊断机构作出的职业病诊断有异议的，可以在接到职业病诊断证明书之日起30日内申请鉴定。当事人申请职业病诊断鉴定时，应当提供以下资料：职业病诊断鉴定申请书；职业病诊断证明书；申请省级鉴定的还应当提交市级职业病诊断鉴定书。

（2）职业病鉴定办事机构受理申请。职业病鉴定办事机构应当自收到申请资料之日起5个工作日内完成资料审核，对资料齐全的发给受理通知书；资料不全的，应当当场或者在5个工作日内一次性告知当事人补充。资料补充齐全的，应当受理申请。

职业病鉴定办事机构收到当事人鉴定申请之后，根据需要可以向原职业病诊断机构或者组织首次鉴定的办事机构调阅有关的诊断、鉴定资料。原职业病诊断机构或者组织首次鉴定的办事机构应当在接到通知之日起10日内提交。

（3）职业病鉴定办事机构组织鉴定。职业病鉴定办事机构应当在受理鉴定申请之日起40日内组织鉴定。

鉴定委员会应当听取当事人的陈述和申辩，必要时可以组织进行医学检查，医学检查应当在30日内完成。

根据职业病诊断鉴定工作需要，职业病鉴定办事机构可以向有关单位调取与职业病诊断、鉴定有关的资料，有关单位应当如实、及时提供。

需要了解被鉴定人的工作场所职业病危害因素情况时，职业病鉴定办事机构根据鉴定委员会的意见可以组织对工作场所进行现场调查，或者依法提请卫生健康主管部门组织现场调查。现场调查应当在30日内完成。

医学检查和现场调查时间不计算在职业病鉴定规定的期限内。

职业病诊断鉴定应当遵循客观、公正的原则，鉴定委员会进行职业病诊断鉴定时，可以邀请有关单位人员旁听职业病诊断鉴定会议。所有参与职业病诊断鉴定的人员应当依法保护当事人的个人隐私、商业秘密。

（4）鉴定结论的作出。鉴定委员会应当认真审阅鉴定资料，依照有关规定和职业病诊断标准，经充分合议后，根据专业知识独立进行鉴定。在事实清楚的基础上，进行综合分析，作出鉴定结论。鉴定结论应当经鉴定委员会半数以上成员通过。

（5）职业病诊断鉴定书的制作和送达。职业病诊断鉴定书应当包括以下内容：劳动者、用人单位的基本信息及鉴定事由；鉴定结论及其依据，鉴定为职业病的，应当注明职业病名称、程度（期别）；鉴定时间。

诊断鉴定书加盖职业病鉴定委员会印章。

首次鉴定的职业病诊断鉴定书一式五份，劳动者、用人单位、用人单位所在地市级卫生健康主管部门、原诊断机构各一份，职业病鉴定办事机构存档一份；省级鉴定的职业病诊断鉴定书一式六份，劳动者、用人单位、用人单位所在地省级卫生健康主管部门、原诊断机构、首次职业病鉴定办事机构各一份，省级职业病鉴定办事机构存档一份。

职业病诊断鉴定书的格式由国家卫生健康委员会统一规定。

职业病鉴定结论与职业病诊断结论或者首次职业病鉴定结论不一致的，职业病鉴定办事机构应当在出具职业病诊断鉴定书后 10 日内向相关卫生健康主管部门报告。

职业病鉴定办事机构出具职业病诊断鉴定书后，应当于出具之日起 10 日内送达当事人，并在出具职业病诊断鉴定书后的 10 日内将职业病诊断鉴定书等有关信息告知原职业病诊断机构或者首次职业病鉴定办事机构，并通过职业病及健康危害因素监测信息系统报告职业病鉴定相关信息。

（6）职业病鉴定办事机构制作鉴定记录。职业病鉴定办事机构应当如实记录职业病诊断鉴定过程，完成鉴定记录。鉴定记录应包括：鉴定委员会的专家组成，鉴定时间，鉴定所用资料，鉴定专家的发言及其鉴定意见，表决情况，经鉴定专家签字的鉴定结论。

有当事人陈述和申辩的，应当如实记录。

鉴定结束后，鉴定记录应当随同职业病诊断鉴定书一并由职业病鉴定办事机构存档，永久保存。

（六）职业健康监督检查法律规定

1. 职业卫生监督机构

县级以上人民政府职业卫生监督管理部门依照职业病防治法律、法规、国家职业卫生标准和卫生要求，依据职责划分，对职业病防治工作进行监督检查。

2. 采取措施

卫生行政部门履行监督检查职责时，有权采取下列措施：进入被检查单位和职业病危害现场，了解情况，调查取证；查阅或者复制与违反职业病防治法律、法规的行为有关的资料和采集样品；责令违反职业病防治法律、法规的单位和个人停止违法行为。

发生职业病危害事故或者有证据证明危害状态可能导致职业病危害事故发生时，卫生行政部门可以采取下列临时控制措施：责令暂停导致职业病危害事故的作业；封存造成职业病危害事故或者可能导致职业病危害事故发生的材料和设备；组织控制职业病危害事故现场。在职业病危害事故或者危害状态得到有效控制后，卫生行政部门应当及时解除控制措施。

卫生行政部门及其职业卫生监督执法人员履行职责时，不得有下列行为：对不符合法定条件的，发给建设项目有关证明文件、资质证明文件或者予以批准；对已经取得有关证明文件的，不履行监督检查职责；发现用人单位存在职业病危害的，可能造成职业病危害事故的，不及时依法采取控制措施；其他违法的行为。

第三节　精神卫生法

一、精神卫生法概述

从历史的角度去看，把精神障碍视为一种疾病，是一个巨大的进步。

古代人们将举止怪异、思考逻辑奇异之人视为中邪了，或者鬼神附身了。他们家人往往通过寻求宗教力量，寻求法师的力量驱鬼而祈求改善其症状。然而当法师无法缓解或改善精神障碍者的症状时，甚至使得他们的症状更加恶化时，社会对于精神障碍者的认知就愈发恐惧。由于当时人们对于精神障碍不具备相应的医学知识，精神障碍者得不到科学医治，病况愈发严重，最终其行为无法控制，进而犯下许多暴力罪行。本该是社会弱势者的精神障碍者逐渐地被社会视为危险因素。随着精神医学的发展，人们逐渐认识到行为举止异常有可能是精神疾病患者，需要送医院诊治。

近年来，随着我国经济体制改革的不断深入和居民经济文化水平的逐步提高，社会竞争日趋加剧，人们面临各种压力，精神健康问题获得越来越多的关注。精神疾病不仅关系到患者的身心健康，长期不治、任其恶化会对他人甚至社会造成严重的危害。有数据显示截止到 2014 年，我国各类重性精神病人已达 210 万余人，全国累计筛查出危险等级在三级以上的精神障碍患者有 30 多万名。精神病人已经成为我国社会治安防控中不可忽视的对象。一方面，严重精神障碍制造的重大恶性事件频发如云南大火案，严重侵害了社会公共安全。另一方面，一些正常的公民被强行送去精神病院接受治疗，"被精神病"事件的披露折射出精神卫生领域的乱象。

精神障碍患者较躯体疾病患者更加脆弱，他们几乎在任何社会都是属于最弱势的一个群体。社会同情、接纳、治疗精神障碍患者的历史，远远短于驱赶、囚禁、迫害他们的历史。[1] 所以精神卫生是卫生体系中最迫切需要立法的领域。《精神卫生法》已于 2013 年 5 月 1 日起正式生效实施。这标志着我国精神障碍患者人权保障水平和社会文明程度上升到一个新的高度。

---

〔1〕 谢斌等：《精神卫生立法的国际视野和中国现实——来自中国医师协会精神科医师分会的观点》，载《中国心理卫生杂志》2011 年第 10 期。

二、精神卫生法基本原则

（一）自愿医疗原则

《保护精神病患者和改善精神保健的原则》（1991 年联合国大会第 46/119 号决议）规定：除另有规定的外，未经患者知情同意，不得对其施行任何治疗。如果患者需要在精神卫生机构接受治疗，应尽一切努力避免非自愿住院。顺应世界精神卫生立法潮流，坚持国际立法基本准则，吸收其先进理念。我国《精神卫生法》确立了"精神障碍的住院治疗实行自愿原则"。精神障碍的住院治疗与其他疾病的住院治疗一样，原则上要根据患者的意愿进行，实行自愿原则。除法律另有规定的外，患者不同意住院治疗的，医疗机构不得对患者实施住院治疗。

自愿医疗的原则还体现在"出"的环节，自愿住院医疗的精神障碍患者可随时要求出院，医疗机构应当同意。医疗机构认为不宜出院的，应告知理由；如患者仍坚持出院，则由医疗机构在病历中记录，并提出出院后的治疗建议，由患者签字确认。这样的立法设计体现了对于患者自决权的尊重。就精神障碍患者而言，由于各种原因其自身存在感知、情感和思维等精神活动的紊乱或者异常，导致明显的心理痛苦或者社会适应等功能损害，在很多情况下，无法自主表达其内心真实的意愿，人们也很难准确把握其自主表达是否能够反映其真实意愿。但这仅仅是权利实现的途径问题，我们并不能以此否定精神障碍患者的自决权，其自决权仍应受到最大限度的尊重和最低程度的限制。

（二）共同治理原则

世界范围内的精神卫生实践表明，精神疾病的严重性、复杂性、社会性，在本质上要求其防治机制的综合性。第六十六届世界卫生大会通过的《2013—2020 年精神卫生综合行动计划》再次重申建立多部门合作的"伙伴关系"。《全国精神卫生工作体系发展指导纲要（2008 年—2015 年)》指出，我国尚未建立有效的机构间工作衔接机制。精神疾病的预防、治疗和康复是一个社会系统工程，既不是卫生计生部门一家的事，也不是几个有限的部门之间的合作，需要促进社会力量广泛参与，激发社会形成重视精神卫生、关爱精神障碍患者的社会环境。在制度建构方面，不应仅仅强调有关职能部门之间的合作，还要主动进行社会动员，开启"民智"，整合社会资源，促进包括志愿者组织在内的公益性组织、社团和患者及其家属共同参与精神卫生的全面治理中来。《精神卫生法》第6条规定，精神卫生工作实行政府组织领导、部门各负其责、家庭和单位尽力尽责、全社会共同参与的综合管理机制。从应然意义上讲，精神卫生法律制度属于社会法范畴，它不应当局限于精神卫生工作的管理法律制度的范畴，而应当是一部精神疾病患者权益保障法，并且是一部精神卫生的社会促进法。因此，如何动员全社会的资源，形成"政府领导、部门合作、社会参与"的社会协同机制，是精神卫生立法的一个重要价值追求。

（三）精神障碍患者合法权益保护原则

精神障碍患者这类特殊群体，因其自身精神活动的紊乱或者异常导致心理痛苦或者社会适应等功能损害，加之病因和发病机理不明，缺乏针对性的防治手段和措施，治愈率低，病残率高，社会危害性难以预料和控制；而且对于精神卫生知识的缺失，使公众对精神障碍患者普遍存在反感甚至歧视，自古以来精神障碍患者就属于社会的弱者，他们大多受到孤立和歧视。值得欣慰的是，为改变这种状态，国际社会、各国政府和广大精神卫生工作者进行了长期不懈的努力。对精神疾病患者的权利保护，各国普遍选取了精神卫生立法的权利保护机制。相比较于制定精神卫生政策等其他保护机制，精神卫生立法更具有稳定性和强制性，从而更有利于精神疾病患者权利的实现。有学者研究发现，世界范围内精神卫生立法的发展大致可以分成两个阶段：第一阶段的重点是保护社会，其内容主要为重性精神病患者的收治；第二阶段则为保护患者，扩大精神卫生服务，促进精神健康。从20世纪50年代开始，世界各国相继对精神卫生法规进行了大规模的修订，既往的社会防卫性的司法模式逐步演变成了治疗性的尊重人权的医学模式的精神卫生法。[1] 我国的《精神卫生法》"发展精神卫生事业，规范精神卫生服务，维护精神障碍患者合法权益"的立法宗旨顺应了国际精神卫生立法的时代潮流。

三、精神卫生主要法律制度

(一) 非自愿医疗制度

强制住院是指当患者没有病识感，即不认为自己有病，也不会有自行求医行为；然而有些精神疾病患者，或因情绪的不稳，容易有冲动的行为，或因不合逻辑的思考、怪异的思想，或异常的知觉，导致有自伤或者伤人的行为状况发生时，为了保护患者及他人的安全，避免生命、身体或财物遭受损害，必须采取的紧急措施，将不愿住院的病患送往医疗机构接受治疗，且治疗必须以住院的方式。

强制精神障碍患者入院接受治疗的强制住院制度，是对该患者人身自由的剥夺，是对其行使拒绝治疗权利的严重限制。此制度存在的正当化支撑是法律家长主义和警察权思想。法律家长主义具有为了保护本人自身利益，进而干涉自由的特质。精神障碍患者罹患疾病，危及自身生命时，有时并不具有能力作出最有利于自己的决定。此时法律先行强制其入院，以确保患者的利益。警察权思想认为，为了防止精神障碍患者对社会秩序造成危害，基于其对他人具有明显的伤害危险性时，才有权强制其入院治疗。

1. 送治主体

《精神卫生法》第28条第2款规定，疑似精神障碍患者发生伤害自身、危害他人安全的行为，或者有伤害自身、危害他人安全的危险的，其近亲属、所在单位、当地公安机关应当立即采取措施予以制止，并将其送往医疗机构进行精神障碍诊断。由此我们可以看出，送治主体比较宽泛，除了

---

〔1〕 彭少慧：《论精神卫生法的基本原则》，载《湖南公安高等专科学校学报》2010年第6期。

公安机关，还包括近亲属和所在单位。

2. 收治标准

如果诊断结论、病情评估表明，就诊者为严重精神障碍患者并有下列情形之一的，应当对其实施住院治疗：①已经发生伤害自身的行为，或者有伤害自身的危险的；②已经发生危害他人安全的行为，或者有危害他人安全的危险的。首先，《精神卫生法》的规定区分了"送治标准"和"收治标准"，前者是"疑似"，后者是"表明"，无疑这样的表述比较科学、合理。其次，进一步区分了不同类型的严重障碍患者及其不同法律待遇，因为他们存在法理性基础的差异。如上所述，一种是以监护权为基础，"已经发生伤害自身的行为，或者有伤害自身的危险的"；另一种是以警察权为基础，"已经发生危害他人安全的行为，或者有危害他人安全的危险的"。立法在设计时出发点不相同，监护权侧重于保护被监护人的利益。而警察权侧重于保护公共利益。

3. 收治决定主体及程序

如上所述，两种非自愿医疗的法理基础是不同的，所以法律对其进行了不同的设计。《精神卫生法》规定，伤害自身或有伤害自身危险的患者的住院治疗，其监护人拥有否决权。具有伤害他人及伤害他人危险的患者住院治疗，给予了监护人享有程序上的救济权利。监护人申请救济的，如果再次诊断结论或者鉴定报告表明，精神障碍患者存在伤害他人或者伤害他人危险的，其监护人应当同意对患者实施住院治疗。但是如果监护人仍不配合，公安机关就可以依法介入非自愿住院治疗。通过比较不难看出，从患者权利角度而言，警察权是一种危险的权力，因为任何个人均可能因为该权利而被剥夺自由自主权。因此，法律必须对这一权力的行使做出必要的更严格的限制。所以《精神卫生法》只赋予危害他人或有危害他人危险的患者的监护人申请再次诊断和鉴定的救济权利。

4. 收治住院

精神障碍患者有本法第 30 条第 2 款第 2 项情形，其监护人不办理住院手续的，由患者所在单位、村民委员会或者居民委员会办理住院手续，并由医疗机构在患者病历中予以记录。

5. 出院

《精神卫生法》在第 44 条规定了精神障碍患者的出院程序。除了比较强调患者的法律地位之外，每条都与患者的疾病严重程度、住院医疗类型相互对应，分为以下三种情形：自愿入院的患者，可以随时要求出院；伤害自身的高危患者监护人可以随时要求出院；医院针对危害他人的高危患者，根据患者病情，及时组织进行检查评估后，认为可以出院的，立即通知患者和监护人。

（二）精神障碍患者监护制度

精神障碍患者的早期发现、诊断、治疗和康复都离不开监护人的看护和居家管理。根据《中华人民共和国民法典》（以下简称《民法典》）规定，为成年精神疾病患者设定监护人的前提是其为无民事行为能力人或者限制民事行为能力人。而认定精神疾病患者为无民事行为能力人或者限制民事行为能力人，必须经其利害关系人依法向法院申请并由法院宣告。由于申请程序复杂、周期冗长，要求利害关系人付出一定的时间和经济的成本，并承担一定程度的申请失败的风险，因此实践中利害关系人很少主动向法院申请。这种"无申请则无宣告"的状况就决定了我国精神疾病患者的监护人设立难，造成许多精神疾病患者没有监护人的现状。针对这种现实，《精神卫生法》第 83 条第 3 款则规定精神障碍患者的监护人，是指依照民法通则的有关规定可以担任监护人的人。

我国精神障碍患者监护制度的性质在本质上仅为监护人的一项民事法律义务。精神障碍患者的监护在概念上是指监护人对精神障碍患者权益的保护，其目的是保护精神障碍患者的合法权益以及维护正常的经济秩序。但精神障碍患者的监护并不同于公法上的保护，它是通过设立一个民事主体作为监护人来实现的保护，也即在我国，精神障碍患者监护制度实质上是纯粹的民事法律制度。

此外，在我国民法体系中，精神障碍患者监护人制度的法律性质更多的是一项义务。但我国精神障碍患者监护人制度表现出了明显的重家庭责任、轻国家责任，重私力自治、轻公力干预的特点。因此，现实生活中经常发生监护人难找、监护人不尽职责却没有相应的国家公权力加以干预的现象，从而严重损害了精神障碍患者的合法权益。由于监护人监督制度的缺失，一方面相当数量的监护人不能或者不能很好地履行监护责任，导致一些精神病人缺乏监护，致使精神病人流落街头或者衣食无着。另一方面监护人滥用监护权的现象也较普遍，一些监护人采用暴力或者其他关押措施管制精神病人，还有的监护人为自己利益随意处置精神病人的财产。相关调查结果显示：相当数量的监护人送患者入院后，存在对患者不闻不问、不接不管的情况，使精神障碍患者长期滞留医院。

2020 年公布的《民法典》顺应了国际关于成年监护制度的发展趋势，由"隔离式概括监管模式"向"人权监护模式"转变，以尊重自我决定和有限监护为基本原则，平衡了自治和他治，防止精神障碍者的自由被过度地干预，极大地维护了其人格尊严。[1] 然而实践中，精神障碍患者的监护主体以父母和配偶最为常见，考虑到年龄、生活关联度等因素，配偶虽然系监护的最理想人选，但鉴于精神病人已婚的比例相对较低，现实中主要承担监护职责的依然是精神病人的父母。[2] 然而由于后续治疗服药的经济压力以及父母年龄的增长，监护人的监护能力也在逐渐下降，很难做到对精神病人全方位的照顾和监管。严加看管的监护人职责束之高阁，无法真正落地。我们认为通过国家亲权制度可以填补父母亲权固有缺陷之不能。精神障碍者的生存权难以通过家庭自我救济途径获得，必须通过国家建立

〔1〕 李霞：《成年监护制度的现代转向》，载《中国法学》2015 年第 2 期。

〔2〕《精神卫生法》第 83 条规定，本法所称精神障碍患者的监护人，是指依照民法通则的有关规定可以担任监护人的人。参见罗丽新等：《肇事肇祸精神病人特征分析》，载《齐齐哈尔医学院学报》2016 年第 13 期。

社会救济与保障机制才能得以实现制。社会福利制度的完善，为国家承担弱势群体的保护责任和义务，以国家亲权的形式为精神障碍者的救助提供了现实基础。北京市在创新社会治理体制、健全公共安全体系、加强精神障碍者权利保障方面进行了积极探索。2012 年北京市已将户籍内的重性精神疾病患者门诊免费服药工作列入财政预算。[1] 2015 年北京市建立了严重精神障碍患者监护人看护补助制度[2]，激励监护人积极主动履行职责，防范精神障碍者肇事肇祸事件发生。

（三）严重精神障碍发病报告制度

随着循证卫生决策（Evidence-based）的理念深入到政府、政策制定者的观念之中，利用监测数据了解特定领域卫生问题的现状、构建政策问题等已非常普遍。《精神卫生法》第 24 条规定，国务院卫生行政部门建立精神卫生监测网络，实行严重精神障碍发病报告制度，组织开展精神障碍发生状况、发展趋势等的监测和专题调查工作。精神卫生监测和严重精神障碍发病报告管理办法，由国务院卫生行政部门制定。国务院卫生行政部门应当会同有关部门、组织，建立精神卫生工作信息共享机制，实现信息互联互通、交流共享。

2012 年原卫生部制定了《重性精神疾病信息管理办法》（卫办疾控发〔2012〕81 号，已失效）规定需要报告的重性精神疾病共有 6 种，具体是：①精神分裂症；②分裂情感性障碍；③偏执性精神病；④双相情感障碍；⑤癫痫所致精神障碍；⑥精神发育迟滞。同时该文件还规定，省、市两级

---

〔1〕《北京市门诊使用免费基本药品治疗严重精神障碍管理办法（试行）》提出，具有北京市户籍的经具有精神障碍诊疗资质的医疗机构确诊为严重精神障碍的患者，若自愿接受社区服务管理和免费基本药品服务，可以到户籍所在地基层卫生服务机构建立档案，领取门诊免费治疗手册，确定一所提供服务的医疗机构。持免费治疗手册到确定的定点医疗机构门诊治疗严重精神障碍，免费服用相应基本药品。

〔2〕《严重精神障碍患者监护人申领看护管理补贴的暂行办法》规定：由严重精神障碍者监护人向街道办事处（乡镇政府）提出申请，由居住地村居委会和卫生、公安、民政、残联等部门的基层工作人员共同审核，对落实看护管理并且患者未发生肇事肇祸行为的监护人，给予每月 200 元、全年 2400 元的补贴，所需经费由区县财政支付。

建立卫生部门与公安部门之间的重性精神疾病信息定期交换与共享机制。但是交换的范围仅限于危险性评估 3 级以上患者相关信息。[1]该制度具体要求：首先，医疗机构应当按照卫生行政部门规定的内容、程序、时限和方式将确诊患有精神疾病的患者情况，向该医疗机构所在区、县的精神疾病预防控制机构报告。区、县精神疾病预防控制机构应当对信息进行核实，并向市精神疾病预防控制机构报告；其次，区、县精神疾病预防控制机构应当对重性精神疾病患者建立档案，并将重性精神疾病患者信息通报社区卫生服务机构和街道办事处、乡镇人民政府。街道办事处、乡镇人民政府应当及时了解本辖区重性精神疾病患者的情况，并与精神疾病预防控制机构建立患者信息沟通机制；最后，区、县精神疾病预防控制机构和社区卫生服务机构应当定期访视重性精神疾病患者。居民委员会、村民委员会应当协助进行定期访视，并根据精神疾病患者的病情需要，协助其进行治疗。无论是"信息报告制度""信息通报制度"，还是"定期访视制度"，我们看到立法表述是均使用的是"应当"，亦即无需征得精神疾病患者或者监护人的同意。《精神卫生法》第 4 条第 3 款规定，有关单位和个人应当对精神障碍患者的姓名、肖像、住址、工作单位、病历资料以及其他可能推断出其身份的信息予以保密；但是，依法履行职责需要公开的除外。那么我们是否可以理解为医务人员对患者登记建档的过程属于"依法履行职责需要公开"的范畴。这样的立法规定，实践中可能会引发一些纠纷矛盾。由于精神病患者的歧视问题是较为普遍的，调查表明 80%的患者遭遇过歧视，从而使患者陷入了"病耻感—歧视—受伤害—自信心降低—社会功能下降"的怪圈。所以精神疾病患者或者监护人非常敏感，通常认为自己或者家人患有精神疾病属于个人隐私的范围，然而按照法律规定，对每个从医院回

---

〔1〕 我国对严重精神障碍患者的危险性评估共分为 6 级。其中 0 至 2 级不予赘述。3 级：明显打砸行为，不分场合，针对财物。不能接受劝说而停止。4 级：持续的打砸行为，不分场合，针对财物或人，不能接受劝说而停止。5 级：持管制性危险武器的针对人的任何暴力行为，或者纵火、爆炸等行为。无论在家里还是公共场合。

到社区的重性精神病患者，辖区内的精防医生都要定期探访，通过观察他们的神情举止作出危险性评估记录在案，并指导病人吃药、复查，降低患者的复发率，这样的做法极容易造成其反感和拒绝。实践中家属关于"谁泄露了我们的信息"的抱怨和投诉比比皆是。

案例：

因被单位发现自己曾经患有精神疾病，公交车司机付博（化名）丢了工作。也正是此时，付博知道了自己的病史是被记录在北京市精神卫生信息管理系统——一个不公开的内部网站。付博认为，是这个记录让自己丢了饭碗，他以侵害自己名誉权为由，将搜集、上报信息、制作网站的乡镇、区和北京市三级精神卫生保健机构告上了法庭，要求删除自己的患病信息。最终，法院驳回了付博的诉讼请求。付博想不通，自己的疾病已经好了，并被司法鉴定为完全民事行为能力人，为什么还要保存自己的患病史，他不想戴着"精神病人"这顶帽子过一辈子。[1]

令人欣慰的是，随着《中华人民共和国民法典》《中华人民共和国个人信息保护法》的颁布实施，该问题在一定程度上得以改善。但是法律的局限性仍然暴露出一些待解决的问题。比如：目前信息收集目的不明确、共享范围过大、信息利用过度、"只进不出"等。我们认为：严重精神障碍发病报告制度的立法价值目标应该是兼顾公共安全和隐私保护。顾此失彼的法律设计不是良法，要在秩序和自由之间取得合理平衡，立法应该区分强制报告和任意报告，明确精神障碍者信息收集的目的，建立信息共享中的过滤机制和精神障碍者信息剔除制度。[2]

（四）区分心理咨询与治疗

心理咨询的对象一般不是病人，大部分是精神状态基本健康，但心理

---

〔1〕《"精神病"帽子能不能摘?》，载网易新闻，https://www.163.com/news/article/B9TTJKSK00014AED.html，最后访问日期：2022年1月20日。

〔2〕李筱永：《风险预警中精神障碍者个人信息处理失序的法律应对》，载《残疾人研究》2021年第2期。

上存在冲突的亚健康状态的人，目的是帮助求助者发现问题，靠挖掘求助者自身的潜能来解除心理困扰，防止心理问题演变为精神障碍。心理治疗，是指借助心理学的、非药物的技术和方法改变患者的心理状态来达到治疗精神障碍的目的。临床上心理治疗的最常见对象是神经症等强度精神障碍患者，同时也包括需配合药物治疗进行心理治疗的重要精神障碍患者。心理咨询和心理治疗的不同点决定了他们在规制过程中需要区别对待，在立法时应区分心理咨询和心理治疗的执业范围，对二者的权利和义务进行不同规定，这样才能使二者在规范的过程中更加科学。

《精神卫生法》规定了心理咨询的职业范围和义务，即心理咨询人员应当提高业务素质，遵守执业规范，为社会公众提供专业化的心理咨询服务。心理咨询人员不得从事心理治疗或者精神障碍的诊断、治疗。心理咨询人员发现接受咨询的人员可能患有精神障碍的，应当建议其到符合本法规定的医疗机构就诊。心理咨询人员应当尊重接受咨询人员的隐私，并为其保守秘密。但是涉及机构和人员的职业准入等均未加以规定，于是滋生了心理咨询市场人员鱼目混珠、乱收费，甚至使得一些轻微患者病情加重的乱象。

心理治疗不同于心理咨询，它属于医疗行为，所以，心理咨询人员不可以从事心理治疗。目前从事心理治疗的人员主要有两类：一类是开展临床心理诊疗的精神科医师（临床心理专业属于精神科的二级科目），有精神障碍的诊断权、心理治疗权、药物处方权。另一类是专门的心理治疗师（技师类），属于卫生技术人员，只有精神障碍的心理诊断（不可出具诊疗证明），心理治疗权，无药物处方权。

第七章　特殊人群健康保健法

健康，是人类最基本的人权，而人人享有健康，则是一个伟大愿景。人民健康是民族昌盛和国家富强的重要标志，也是广大人民群众的共同追求。党的十八大以来，以习近平同志为核心的党中央把健康中国建设上升为国家战略，制定和出台一系列改革举措，推动卫生健康事业取得长足发展，人民健康水平显著提高。在健康保健问题上，我国坚持以人为本，把人民健康作为社会和经济发展的重要战略投资，提出了医疗卫生事业与经济社会协调发展的目标，致力于建立一个能使人人享有的、体现社会公平的、政府和个人能够负担的、与社会经济发展水平相适应的初级卫生保健体系，使全体人民享有可及、适宜和可持续的卫生保健。习近平总书记也明确指出健康是幸福生活最重要的指标，在习近平总书记的关心下，全社会对健康的关注也提高到一个前所未有的新高度，一条以人民为中心的"健康之路"正在铺设。在这条"健康之路"的铺设过程中，我们更需要重点关注的是特殊群体的健康保健问题，因为对于未成年人、母婴、老年人、残疾人等特殊群体，由于其年龄、状态的不同，往往面临高于常人的健康风险，因而需要特别关注。[1]《基本医疗卫生与健康促进法》亦明确提出"公民依法享有从国家和社会获得基本医疗卫生服务的权利"，为了促进基本公共卫生服务实质公平，关注特殊人群的健康，为其制定个性化的健康

---

〔1〕 陈云良：《促进公共卫生法律体系向公共卫生法治体系转化》，载《法学》2021年第9期。

保障制度是一项重要举措。[1] 我国法律体系中对特殊群体权益的保障已形成体系，如针对儿童的《中华人民共和国未成年人保护法》和《中华人民共和国家庭教育促进法》以及正在研究制定的儿童福利法，又如以《中华人民共和国残疾人保障法》为基础，以相应行政法规、地方性法规为配套，以国务院部门规章和地方政府规章为补充的保障残障人士权益的法律规范体系。因此，特殊群体的健康保健需要法律制度来托底和保障，进一步夯实增进民生福祉的健康基石。

第一节　母婴保健法

一、母婴保健法概述

母婴保健是妇幼健康服务的一项重要内容，不仅关乎国家人口素质，更与人力资源的健康存量紧密联系。随着三孩政策的全面实施，我国的母婴保健工作处于重要战略机遇期。虽然我国在服务资源和机构建设等方面已取得一定成效，但现有母婴保健法律制度和保障体系仍有待进一步完善。我国《母婴保健法》自 1995 年施行至今，仅在 2009 年进行一次部分修正，之后在 2017 年进行第二次修正，共计 39 条，包括 7 个部分。除了总则和附则，根据保健内容分为婚前保健和孕产期保健，并对技术鉴定、行政管理和法律责任进行明确。根据《母婴保健法》第 1 条的规定，制定该法旨在保障母亲和婴儿的健康，进一步提高我国的出生人口素质。2001 年 6 月 20 日，为贯彻落实《母婴保健法》，国务院颁布《母婴保健法实施办法》，共计 44 条，主要涉及婚前保健、孕产期保健、婴儿保健、技术鉴定、监督管理、罚则和附则。

---

〔1〕　朱宁宁：《为特殊群体健康权提供特别保障》，载《中国人大》2018 年第 7 期。

（一）法定范畴

我国《母婴保健法》并未明确界定母婴的范畴，只在具体法条中运用"育龄妇女""孕妇""产妇""胎儿""新生儿"等词汇。《母婴保健法》第38条，即附则部分，也只是对"指定传染病""严重遗传性疾病""有关精神病"和"产前诊断"等词语的含义进行了解释。

（二）实施机制

《母婴保健法实施办法》第44条仅概括介绍了"医疗、保健机构"这一概念。根据我国《母婴保健法实施办法》第3条，母婴保健技术服务涵盖7种类型：母婴保健科普宣传教育、婚前医学检查、产前诊断和遗传病诊断、助产技术、节育手术、新生儿疾病筛查以及最后的兜底条款，即有关生育、节育、不育的其他生殖保健服务。这7种技术服务基本覆盖母婴保健全过程。概而言之，婚前保健和孕产期保健是我国母婴保健的两个核心阶段。婚前保健阶段主要是婚前卫生的咨询指导及婚前医学检查，预防降低疾病发生概率。而母婴保健指导、孕产妇保健、胎儿保健和新生儿保健，这4种属于后者，即孕产期保健，防治出生缺陷等疑难问题。

（三）监督管理

根据我国《母婴保健法》总则第4条第1款规定，我国的母婴保健工作由国务院卫生行政部门主管负责，按照具体情况实行分级分类指导和监督管理。在此基础上，单列一章"行政管理"。根据第28条至第31条的规定，地方各级人民政府应积极防治地方性高发性疾病，避免因环境等不利因素给母亲和婴儿造成危害。县级以上人民政府的卫生行政部门对行政区划范围内的母婴保健工作全权负责并进行宏观管理。作为医疗保健机构，则具体负责其职责范围内的母婴健康事项，不断提高医学技术水平，建立完善医疗保健工作规范。

（四）保障措施

根据我国《母婴保健法实施办法》第6条和第8条的相关规定，母婴保健应当纳入政府的行政规划之中，由各级政府为其提供必要的经济、物质条件和技术支持。县级以上地方人民政府也可根据本地实际情况设立专项资金。财政、公安、民政、教育、劳动保障和计划生育等相关部门应当对此予以积极的配合。对贫困地区和少数民族地区的母婴保健工作更应给予大力支持。但我国现行法律中并未详细明确各级政府如何从财力或人才角度予以保障。

（五）法律责任

我国主要是针对未取得母婴保健技术许可、出具虚假医学证明文件和违法进行胎儿鉴定这三种行为予以惩治。根据《母婴保健法实施办法》第40条、第41条、第42条的相关规定，如果医疗机构或其从业者在未正式获得母婴保健技术许可的情况下，违反法律的禁止性规定，擅自进行医学检查诊断或出具医学证明，给予警告，责令停止违法行为，没收违法所得，并根据情节判处罚款。若进行违法胎儿性别鉴定的，给予警告，责令停止违法行为；对医疗、保健机构直接负责的主管人员和其他直接责任人员给予行政处分。若因出具虚假医学证明文件，延误诊治致使严重损害他人身心健康的，或是进行两次以上胎儿性别鉴定、以营利为目的进行胎儿性别鉴定的，将均被撤销执业资格或证书。

二、母婴保健法基本原则

（一）生育权保障原则

生育权保障原则是母婴保健的最基本原则，主要是对育龄妇女的生育自由予以保障的原则。从权利的具体性质来看，生育权与身体权有相似之处，生育权属于自由性人格权益，而身体权兼具自由性人格权与物质性人格权的属性，两者均与主体对自身的某些支配有关。其中，由于生育自由往往表现为主体支配身体的行为，故生育权被认为属于身体权范畴。另外，生育权与健康权的区别较为明显，前者是自由性人格权益，而后者是物质性人格权益，但生育权与健康权也存在一定程度上的交集，众所周知，"产关"是绝大多数孕妇会遇到的人生中的生命健康风险，如果没有医疗和法律的全方位保障，对于产妇来讲将是"一尸两命"的悲剧，如轰动一时的"孕妇李某某死亡事件"和"榆林产妇坠楼死亡事件"皆是生育过程中生命健康权受到侵害的典型案例，进而也暴露出法律对孕妇群体生育过程中生命健康权缺乏保障的问题。以下则主要诠释生育权在我国法律体系中保障模式及法律问题。

1.《民法典》对生育权的保障

尽管我国《民法典》未明文确立生育权，但其开放性为生育权的人格权地位提供了制度空间。生育权的正当性源于其自由价值，当下我国生育观念在保留传统家文化的同时也基本完成对生育自由价值的吸纳，且公法对生育权范围的合理限缩不构成对私法上生育权成立的阻碍。尽管生育行为须男女两性配合完成，但关于是否生育的选择本质上由个人做出，故生育权归属于作为个体的自然人。生育权在社会中具有典型公开性，社会对于生育自由的重要性早已达成普遍共识。生育权符合从利益到权利的一般证成标准，将其视为人格权。

2.《人口与计划生育法》对生育权的保障

《人口与计划生育法》第17条规定，公民有生育的权利。第3条规定，开展人口与计划生育工作，应当与增加妇女受教育和就业机会、增进妇女健康、提高妇女地位相结合，也在一定程度上体现了对女性的特别关注。生育权与计划生育政策并不矛盾。基于生育行为的社会属性，国家对其进行宏观调控具有现实必要性。我国计划生育政策是特定历史时期在承认生育权的前提下，根据基本国情所做出的具有充分理由之决策。该政策的目的绝不在于不合理地限制公民生育自由，而在于实现我国《宪法》中"使人口的增长同经济和社会发展计划相适应"之目标，以更好地保障更多公民的自由。同时，对生育权的保护并不意味着完全排除国家基于发展战略的正当干预，更不允许"公民在行使此项权利时可以无拘无束、为所欲为"，而是倡导有节制的、负责任的自由。此外，我国计划生育政策呈现出逐渐放宽的趋势。自2013年以来，独生子女政策陆续被"单独二孩""全面二孩"与"全面三孩"政策替代，2021年修正的《人口与计划生育法》第18条也为此作出相应修改。这体现出，当经济社会发展程度升高，掣肘生育自由的物质等因素变少，国家对生育自由的干预也随之减少。

3. 《妇女权益保障法》对生育权的保障

作为保障妇女在各方面权益的基础性法律之一，《中华人民共和国妇女权益保障法》（以下简称《妇女权益保障法》）实施近30年来，面临一些新情况、新问题。2021年12月20日，《中华人民共和国妇女权益保障法（修订草案）》提请十三届全国人大常委会第三十二次会议初审。《妇女权益保障法》第32条对生育权主体作了更为直接的规定，"妇女依法享有生育子女的权利，也有不生育的自由"。目前的《妇女权益保障法》仅确立了妇女的生育权，但《人口与计划生育法》第17条将生育权主体界定为全体公民，虽然后者并非民事立法的范围，但一定程度上反映了立法者对生育权主体认知的调整。此外，《最高人民法院关于适用〈中华人民共和国民法典〉婚姻家庭编的解释（一）》第23条认可了生育权的主体为女性，但同时为了保护男方的权益，又将因是否生育发生纠纷，致使感情确已破裂作为法定的离婚事由，为男方的权利救济打开了通道。男性生育权的确立滞后于女性，主要是由于女性承担了大部分的生育任务，而生育对男性的影响在早先未能凸显。同时，强调对某一权利的救济往往是由于它容易受到侵害，我国立法将男性生育权纳入保护对象，很大程度也反映了女性的弱势群体地位逐步得到改善，而生育自由对男性的重要性日益增加，且受到侵害的可能性也较以前更大。因此，男性生育权是伴随女性生育权的成熟而逐渐确立的，其理论源流是女性生育权，而其正式确立则是基于法律的平等理念。

4. 单身女性生育权保障的伦理与法律问题

所谓适婚单身女性生育权，指年龄符合法律规定，不患有医学上不允许结婚的疾病且尚未缔结婚姻的女性，包括未婚、离异、丧偶等，她们享有的怀孕、分娩、抚育子女的权利。冻卵全名是卵细胞冷冻保存，是一项比较成熟而且安全的人类辅助生殖技术，冷冻卵细胞为女性生育提供了更多的时间、内容和方式的选择空间。《人类辅助生殖技术规范》禁止未婚单身女性进行冻卵，随着社会经济发展，女性不断解放，呼吁放开冻卵管制的声音愈发强烈。支持放开者多以保障女性生育权为最主要理由，并对冻卵技术促进女性生育潜能和男女平权持积极态度；反对者往往关注冻卵技术可能导致的不利后果，除了冻卵技术本身成功率不高外，反对者更加关注激发卵子黑市、促生代孕市场等问题，此外，放开冻卵限制甚至还有造成生殖技术为基础的阶层分化可能。这其实是生育权利层面与社会管理层面的碰撞，两者就性质而言根本不在一个维度，权利层面的呼吁和管理层面的难题并不能直接对话。

虽然《妇女权益保障法》第 32 条规定妇女拥有生育权，指出妇女是生育权的享有主体，但在实际操作中，单身妇女实现生育权是与形形色色的条件进行捆绑的。例如 2021 年修正的《吉林省人口与计划生育条例》第 29 条规定，达到法定婚龄决定不再结婚并无子女的妇女，可以采取合法的医学辅助生育技术手段生育一个子女。2003 年，卫生部发布《关于修订人类辅助生殖技术与人类精子库相关技术规范、基本标准和伦理原则的通知》，禁止给单身妇女实施人类辅助生殖技术，若妇女要使用该技术，要有结婚证、身份证和准生证，还要提交户口本和当地计划生育部门的联系方式。可见，无论是地方条例还是法律规范等，都对单身女性实现生育权的过程进行了限定，使单身女性享有的生育权的保护面临着巨大的困境。

5. 女性生育力保存技术对生育权保障的影响

由于社会环境和生活方式的变化，晚婚晚育、卵巢功能衰竭和肿瘤患者年轻化，导致人类生育能力下降，生殖健康和生育能力的保存日益成为公众关注的焦点。随着重金属等环境污染加剧、外源性激素摄入过多、生活压力增大等因素，半个世纪以来人类生育力不断下降，提前保存人类生育力意义重大。此外癌症也越趋年轻化，很多还没结婚生育的年轻癌症患者面临两大生育方面的问题，即死亡后无后代和放化疗可能对其生育力造成的毁灭性打击，生育力保存既能解决其实际问题也能缓解其心理焦虑。同样生育力保存对军人、警察、消防员、高危运动员等也都意义重大。女性生育能力保存（fertility preservation）是针对育龄期女性和青春期前女性，保护她们可能受到损害的生育功能的一项治疗，是指使用手术、药物或实验室技术来帮助有不育风险的女性，并保护和保持他们遗传后代的能力。目前，保存女性生育能力的主要方法有冷冻卵子、冷冻胚胎、冷冻卵巢组织等。生育力保存的范围很广，不仅适用于想要推迟生育年龄的健康人群，也适用于警察、消防员、IT专家等在生活中容易发生事故高危从业者。还包含那些受疾病影响的人，年轻的癌症患者是保留生育能力的主要目标人群。

根据2020年《女性生育力保存国际指南》可知：女性生育功能受到多种因素的影响，其中年龄是最为关键的因素，另外遗传因素和后天因素等亦影响着女性生育功能，如一些病理情况下的治疗，特别是有性腺毒性的治疗可能会严重损害女性生育功能。对于有保存生育力功能需求的女性，每个人都应该得到个体化的生育力保存的专业咨询，如今更多的是生殖科专家在提供这项咨询。生育力保存的一些技术已经发展得相当成熟，对于女性生育力保存重点关注在癌症患者之中，然而，由于其他疾病本造成的生育功能损害或者疾病治疗所使用的药物存在性腺毒性，因此，我们在法律上应当保障对于将接受危及生育能力的治疗（如化疗或盆腔放疗）或损害卵巢功能的手术的年轻女性患者，应在放疗、化疗和手术前考虑保留生育能力。根据疾病治疗的紧迫性、治疗方案、患者的年龄、婚姻状况等，会同妇产科、肿瘤科、生殖科进行个体化保育。除了生育力保存技术，人造子宫取代女性妊娠技术的关注度也非常高，2021年4月，《自然》杂志发布以色列魏茨曼科学研究所研究，称其利用"人造子宫"，已成功培育出数百只小老鼠，且小鼠所有器官发育指标都正常。人造子宫所带来的问题并不是在于科技进步，怎么利用法律去限制这项科技成果被滥用是需要重点思考的问题。

总之，生育自由的背后是人之尊严与自治，自由选择是否生育的权利实属人之为人而与生俱来的权利范畴，生育权保障原则是实现生育安全和母婴保健的基本原则。

（二）贫弱母婴物质帮扶原则

贫弱母婴物质帮扶原则是对于贫弱的母婴需要保障获得物质帮助的权利，避免因贫弱而无法养育出生子女。我国《宪法》第 45 条第 1 款规定，中华人民共和国公民在年老、疾病或者丧失劳动能力的情况下有从国家和社会获得物质帮助的权利。对贫弱者的物质帮助反映了人的尊严实现需要生活的保障这样一个基本共识，保有个人体面适足的生活是人的尊严实现的基础性条件。贫弱群体的突出特征在于其无法通过个体能力获取尊严生活的物质条件，物质帮助权一开始产生的意义在于对社会贫困群体人性尊严的保护，避免其由于没有足够的物质条件而产生个人尊严的贬损。

（三）优生优育原则

优生优育原则是利用遗传学原理，来保证子代有正常生存能力并用有效手段降低胎儿缺陷发生率。2021 年 5 月 31 日，中共中央政治局召开会议，审议《关于优化生育政策促进人口长期均衡发展的决定》。会议指出，进一步优化生育政策，实施一对夫妻可以生育三个子女政策及配套支持措施，有利于改善我国人口结构、落实积极应对人口老龄化国家战略、保持我国人力资源禀赋优势。中共中央、国务院《关于优化生育政策促进人口长期均衡发展的决定》对实施三孩生育政策及配套支持措施做出重大决策部署，并把提高优生优育服务水平作为重要内容，进行重点规划和安排，优生优育服务工作必将迎来一个加快发展的新阶段。三孩生育政策和配套支持措施的实施，给优生优育服务工作提出了新的更高的要求，构建完备的服务体系，强化基层能力建设，着力提高优生优育服务水平成为日益紧迫的任务。政策与法律支持和指导优生优育服务不仅是社会责任，家庭的主动性也很重要，只有家庭与社会相互融合、携手共进，才能取得事半功倍的效果。家庭在优生优育方面的职能概括来讲，一是健康生育，二是科学养育。健康生育就是遵循孕前孕期、产前产后母子保健要求，注重个人健康维护，确保母子平安顺利，出生人口素质优良，尽可能降低出生缺陷风险。科学养育并不是越复杂越烦琐越好，而是根据婴幼儿的发育特点和成长规律，针对性地开展家庭喂养照料和儿童早期发展，科学养育的实质是既要按科学方法抚养孩子，又要立足现实，不盲目跟风攀比，减少一些不必要的花销，尽可能地节省养育成本。随着社会的发展，优生优育理念逐渐受到适龄夫妇的重视，现已逐步发展为公众较认可的保健原则。自三孩政策开放后，新生儿缺陷应当引起足够重视。引起新生儿发育缺陷的因素较多，其中，家族遗传史、既往孕史、孕妇自身健康状态、用药史、错误的生活及饮食习惯等因素为临床较认可的影响因素。因此，孕妇能够获得医学指导，加强孕妇孕前及孕中检查，及时发现影响新生儿发育的危险因素，并采取措施预防，是改善孕妇妊娠结局，提高人口质量的关键。

（四）分级分类指导原则

国务院卫生行政部门主管全国母婴保健工作，根据不同地区情况提出分级分类指导原则，并对全国母婴保健工作实施监督管理。国务院其他有关部门在各自职责范围内，配合卫生行政部门做好母婴保健工作。

三、母婴保健主要法律制度

我国在法律上规范母婴保健主要为了保障母亲和婴儿健康，提高出生人口素质。与母婴保健相关的法律制度也成为母婴保健问题得以解决的重要法宝，以下分述之。

（一）计划生育制度

无论是发达国家还是发展中国家，人口问题一直是各国忧心的重大问题。同样，人口问题始终是制约我国全面协调可持续发展的重大问题，是影响经济社会发展的关键因素。据国家统计局发布的最新数据显示，截至2021年底全国人口为14.13亿。其中，出生人口1062万，死亡人口1014万，人口净增长48万，自然增长率为千分之零点三四。当前，我国人口问题也越来越突出。主要矛盾从总量压力向结构性挑战转变。第七次全国人口普查结果显示，我国劳动年龄人口减少，而人口老龄化正在逐步加快。与2010年相比，劳动年龄人口减少4000多万；60岁及以上人口比例为18.70%，比2010年提高5.44个百分点。人口学家围绕总和生育率的真实水平展开激烈而持久的争辩，直到最近几年才形成我国生育水平处于1.5~1.8之间的共识。[1] 因此，我国采取综合措施，调控人口数量，提高人口素质，推动实现适度生育水平，优化人口结构，促进人口长期均衡发展。

1. 计划生育制度溯源

计划生育制度的目的是有计划地控制人口出生规模，强调晚婚、晚育、少生、优生，以确保人口与经济、社会、资源和环境协调发展。计划生育制度在提高人口质量、缓解我国人口压力、促进供需平衡、提高家庭生活水平以及促进男女平等等诸多方面具有极大的实行的必要性。我国的计划生育政策始于马寅初先生对解放初期经济状况和人口规模之间存在冲突的判断，我国《宪法》第25条明确表达了计划生育政策的正确理解，国家推行计划生育，使人口的增长同经济和社会发展计划相适应。[2] 2020年通过的《民法典》婚姻家庭编第1041条在婚姻家庭法的基本原则中，删除了"实行计划生育"的内容。这是因为，国家长时间实行独生子女的计划生育政策，限制了人口增长，使后备劳动力大大减少，出现较大的社会问题，

---

〔1〕 徐俊：《我国计划生育政策的反思与展望——由"单独二孩"引发的思考》，载《人口与经济》2014年第6期。

〔2〕 王宏亮：《改革开放40年生育政策的理解、问题和转变》，载《人口与计划生育》2018年第7期。

需要适当调整计划生育政策，以改变目前的状况，故删除了"实行计划生育"的规定，不再将其作为婚姻家庭编的基本原则。[1]

2. 计划生育制度的政策变迁

第一，鼓励生育阶段（1949—1953年）。这一阶段的时间为新中国成立之初，当时我国人民刚刚获得和平与稳定的内部环境，可以说是百废待兴，急需通过经济的发展来解决自身的温饱问题。所以，我国相关部门大力宣传鼓励生育政策，并且尝试了奖励多子女母亲政策，想要以此为社会的发展带来更多的劳动力。

第二，节制生育与反复阶段（1954—1959年）。新中国刚成立，为了促进经济发展，采取了扩张性的生育政策，短时间内人口的规模严重扩张，人与自然资源的矛盾也逐渐显现出来。党和政府意识到了无限制的人口扩张违背了社会发展的规律，应当采取一定的措施，对人口数量的扩张加以限制。但是，1958年爆发的大跃进活动，严重阻碍了计划生育发展，使其被扼杀在萌芽状态，而原有的鼓励生育的思想重新占据了主流，人口的控制没有取得显著的成效。

第三，计划生育思想复苏阶段（1960—1969年）。这一阶段，受到"大跃进"以及"人民公社化运动"的影响，我国经济不但没有达到预期的发展要求，甚至还有所倒退，陷入了艰难的境地。但与此同时，我国的人口规模依然不断地扩大，人与资源的矛盾日益尖锐。党重新认识到了人口的无节制增长，会对人民的生产生活以及国家经济的发展造成很大的影响，所以在城市以及人口密集的农村提出了控制人口的政策，使得人口自然增长率可以维持在合理的区间之内。除此之外，党还提出了"晚育"的政策，想要借此达到控制人口的目的。

第四，计划生育政策萌芽与落实阶段（1970—1984年）。在这一时期，

---

〔1〕　杨立新:《民法典婚姻家庭编完善我国亲属制度的成果与司法操作》，载《清华法学》2020年第3期。

人与自然的关系更加紧张，我国的资源逐渐不能满足人们日益增长的需求。基于此，党将计划生育政策的落实作为了其工作的重点。在党的领导下，国务院成立了专门的工作机构——计划生育领导小组，并且在全国各地设立了相应的工作点，大力推进"晚、稀、少"这一生育政策的落实。20 世纪 70 年代，国家推行的是"最多两个"的人口生育政策，到 20 世纪 80 年代，变成了独生子女政策以及对二胎的限制。

第五，计划生育政策调整阶段（1984—1999 年）。在 20 世纪七八十年代，党所采用的计划生育政策在农村地区的落实过程中，受到了严重的阻碍。故而，党在我国农村地区，对计划生育政策做出了一定的调整。1984 年中央 7 号文件提出，在我国农村地区可以适当放宽计划生育政策，即二胎的生育门槛有所降低。在这一时期，党坚持计划生育的政策不动摇，出台了多项相关的文件，并且将"计划生育"列为基本国策之一，将其放在与社会经济发展同等重要的地位。

第六，"二孩政策"酝酿和实施阶段（2000—2021 年）。在 2000—2013 年区间内，我国的人口一直表现出较为稳定的低水平增长，所以党的人口生育政策，也从人口数量的控制，转变为人口结构的调整。在这一背景下，党和政府提出了"单独二孩"的政策，鼓励夫妻双方一方为独生子女的家庭，可以生两个孩子，想要通过这一政策，解决我国劳动力结构性短缺的问题，为我国经济的发展创造动力。"单独二孩"政策出台两年后，并没有明显地改善我国的人口结构失衡的状况，因此，国家在 2015 年的十八届五中全会上提出了二孩政策，这也是为了改善近些年来，稳定低水平生育率所带来的劳动力结构性短缺问题以及社会化的养老问题。但这并不意味着我们完全抛弃计划生育的基本国策，人与自然的矛盾依然存在，所以这一国策也必须得到长期的坚持。

第七，"三孩政策"的正式出台阶段（2021 年 8 月 20 日）。2021 年 5 月 31 日，中共中央政治局召开会议，审议《关于优化生育政策促进人口长期均衡发展的决定》，进一步优化生育政策，实施一对夫妻可以生育三个子女政策及配套支持措施，有利于改善我国人口结构、落实积极应对人口老龄化国家战略、保持我国人力资源禀赋优势。2021 年 8 月 20 日，全国人大常委会会议表决通过了《关于修改〈中华人民共和国人口与计划生育法〉的决定》，修改后的《人口与计划生育法》第 18 条第 1 款规定，国家提倡适龄婚育、优生优育，一对夫妻可以生育三个子女。三孩政策，是中国积极应对人口老龄化而实行的一种计划生育政策，也是我国优化生育政策的产物，在该政策指引下我国将以达到适度生育水平为目标。

（二）自愿婚检制度

由于婚检有重大意义，可以为夫妻的婚姻生活和母婴保健提供医学保障，所以国家提倡婚检。婚检能够检测出双方身上带有的隐性疾病，做到早诊断早治疗，能给新人的婚后生活带来保障，也能为下一代的健康提供科学保障。婚检会根据新人的检查结果，判断出双方家族所患疾病的遗传率，帮助新人推测出下一代孩子的健康指数和患病概率，并为此提供科学性建议，实现优生优育。我国在 2003 年 10 月前，一直将婚检作为重点检查的项目，婚检报告是领取结婚证的必备材料，属于强制性婚检制度。2003 年 10 月颁布的《婚姻登记条例》，取消了强制婚检的制度，改"强制"为"自愿"。自此，婚前检查成为自愿选择的检查项目。《婚姻登记条例》取消强制性婚检后，我国的婚检率一度呈断崖式下降，为此，黑龙江省、广州市等地先后恢复了强制婚检。2005 年，《黑龙江省母婴保健条例》在国务院《婚姻登记条例》之后仍然规定了强制性婚检，但因为黑龙江省的这一地方性法规在《母婴保健法》上具有规范的依据，至今仍然存续。

自愿婚检制度与《母婴保健法》的规定并不一致。《母婴保健法》第 12 条规定：男女双方在结婚登记时，应当持有婚前医学检查证明或者医学鉴定证明；第 8 条第 1 款规定的婚检主要是检查三类疾病：严重遗传性疾

病、指定传染病及有关精神病;[1] 第 9 条和第 10 条区分了不宜结婚和不宜
生育两种情形。[2] 这些规定与自愿婚检制度存在一定分歧。于是，2021 年
12 月 21 日，全国人大常委会法制工作委员会在关于 2021 年备案审查工作
情况的报告中指出：国务院《婚姻登记条例》规定的办理结婚登记应出具
的证明材料中，不包括婚前医学检查证明。有公民对此规定提出审查建议，
认为该规定与《母婴保健法》关于结婚登记应当持有婚前医学检查证明的
规定不一致。我们审查认为，自 2003 年 10 月《婚姻登记条例》实施以来，
婚前医学检查事实上已成为公民的自愿行为;自 2021 年 1 月 1 日起施行的
《民法典》规定了婚前重大疾病的告知义务，将一方隐瞒重大疾病作为另一
方可以请求撤销婚姻的情形予以规定，没有再将"患有医学上认为不应当
结婚的疾病"规定为禁止结婚的情形。我们与国务院有关部门沟通，推动
根据《民法典》精神适时统筹修改完善有关法律法规制度。其实，《母婴保
健法》的立法目的在于"保障母亲和婴儿健康，提高出生人口素质"，而不
是对结婚行为进行规范。而《民法典》的相关规定则是针对结婚行为及其
法律效果的规范。两者目的并不相同，但因为结婚与男女双方的身体健康、
生育之间存在关联性，《民法典》与《母婴保健法》之间有关联事项，《母
婴保健法》又设置了引用性条款而没有自行规定禁止结婚的事项。所以，
两者并不冲突。故而，法工委声称需要"统筹修改完善"相关规定，而不
是在冲突的法条之间进行选择。

实践中，上海市闵行区法院 2021 年 1 月 4 日适用《民法典》宣判了一
起撤销婚姻关系案。李某与江某订婚后开始同居。2020 年 4 月，李某怀孕，

---

[1]《母婴保健法》第 8 条规定，婚前医学检查包括对下列疾病的检查：①严重遗传性疾病；
②指定传染病；③有关精神病。经婚前医学检查，医疗保健机构应当出具婚前医学检查证明。

[2]《母婴保健法》第 9 条规定，经婚前医学检查，对患指定传染病在传染期内或者有关精神
病在发病期内的，医师应当提出医学意见；准备结婚的应当暂缓结婚。第 10 条规定，经婚前医学检
查，对诊断患医学上认为不宜生育的严重遗传性疾病的，医师应当向男女双方说明情况，提出医学
意见；经男女双方同意，采取长效避孕措施或者施行结扎手术后不生育的，可以结婚。但《中华人
民共和国婚姻法》规定禁止结婚的除外。

6月，双方登记结婚。婚后经江某坦白，李某方知对方患艾滋病多年。虽然李某确实并未被传染，她还是决定终止妊娠并提起诉讼。法院经审理后作出判决，对这段婚姻予以撤销。婚检与疾病相关，而疾病又影响着婚姻的效力。《中华人民共和国婚姻法》规定：患有医学上认为不应当结婚的疾病者禁止结婚；若已登记结婚，婚后仍未治愈的，婚姻无效。《民法典》则规定：一方患有重大疾病，若不如实告诉对方，对方可向法院请求撤销婚姻关系。立法的改变显而易见：第一，婚姻的性质从"无效"变成了"可撤销"，选择权交给了当事人；第二，疾病的种类由"医学上认为不应当结婚的疾病"变为"重大疾病"，范围扩大了。婚姻以感情为基础，疾病不该成为幸福生活无法逾越的障碍，显然，《民法典》更好地体现了婚姻自由原则。根据《民法典》精神，适时更新《宪法》上的婚姻自由观，也就是意味着应按照《民法典》精神的方向去解释《宪法》第49条[1]所保障的婚姻自由：国家应当更加尊重婚姻的个人自由属性，而不是站在社会本位的立场去认识婚姻自由。但无论强制还是倡导，大力推进全民免费婚检的保障工作，切实保护个人健康信息不被非法泄露，不断探索强制与自愿等多样的婚检形式，以及通过各种方式切实提高婚检普及率都是母婴保健的重要保障制度。

（三）孕前与孕产期保健制度

孕前与孕产期保健制度主要包括孕前检查、孕前优生健康检查及孕产期保健。具体从法律层面关注以下三点：

1. 孕前检查

孕前检查是保障母婴健康，提高人口质量的重要预防手段。孕前常规检查的疾病类型主要包括生殖系统疾病、传染病、心血管疾病、内科疾病等。若女性孕前存在上述疾病，不仅可加大孕妇自身的妊娠风险，还可影

---

〔1〕《宪法》第49条规定，婚姻、家庭、母亲和儿童受国家的保护。夫妻双方有实行计划生育的义务。父母有抚养教育未成年子女的义务，成年子女有赡养扶助父母的义务。禁止破坏婚姻自由，禁止虐待老人、妇女和儿童。

响胎儿生长发育，引发流产、胎儿宫内窒息、新生儿发育畸形等不良妊娠结局。该检查对于促进生殖健康、预防出生缺陷、提高婚育质量和出生人口素质具有重要作用。《基本医疗卫生与健康促进法》明确将婚前保健、孕产期保健纳入基本医疗卫生服务。《健康中国行动（2019—2030 年)》明确将"主动接受婚前医学检查和孕前优生健康检查"纳入评估指标体系，将健康教育、婚前医学检查、孕前优生健康检查、增补叶酸作为重点任务，列入妇幼健康促进及健康知识普及专项行动。国务院办公厅《关于印发医疗卫生领域中央与地方财政事权和支出责任划分改革方案的通知》明确将孕前优生健康检查、增补叶酸预防神经管缺陷项目划入基本公共卫生服务，中央财政和地方财政共同承担支出责任。因此，要进一步深化统筹推进孕前保健服务重要性的认识，全面加强孕前保健和出生缺陷一级预防，不断提高服务可及性、促进服务均等化，有力有效推进出生缺陷综合防治，不断提高出生人口素质和妇女儿童健康水平。

2. 孕前优生健康检查

孕前优生健康检查，可帮助医生及时了解孕妇妊娠状态，及时发现孕妇疾病，并采取对应措施干预，以降低不良妊娠结局发生率。同时，孕前多种方式的健康宣教，可提高备孕女性对怀孕的认知，进而增强其自我管理能力，提高对孕前、孕期检查的重视度，还可帮助备孕女性或孕妇纠正错误的饮食及生活习惯，促进生殖健康，最终提高妊娠质量，改善妊娠结果，保障新生儿出生安全和防治出生缺陷儿童。事实上母婴安全、孩子健康可以为家庭节省医疗、康复、护理等相关费用支出，也能增强人们在生育上的安全感、获得感和幸福感。

3. 孕产期保健

除了《母婴保健法》，《孕产期保健工作管理办法》和《孕产期保健工作规范》也共同综合规制了孕产期保健。孕产期保健是指各级各类医疗保健机构为准备妊娠至产后 42 天的妇女及胎婴儿提供全程系列的医疗保健服务。孕产期保健应当以保障母婴安全为目的，遵循保健与临床相结合的工作方针。孕产期保健包括孕前、孕期、分娩期及产褥期各阶段的系统保健。医疗保健机构为妇女提供分娩期保健，包括对产妇和胎儿进行全产程监护、安全助产及对新生儿进行评估及处理。对高危孕妇进行专案管理，密切观察并及时处理危险因素。

（四）生育保险制度

生育保险制度，是国家通过立法，在怀孕和分娩的妇女劳动者暂时中断劳动时，由国家和社会提供医疗服务、生育津贴和产假的一种社会保险制度，国家或社会对生育的职工给予必要的经济补偿和医疗保健的社会保险制度。我国生育保险待遇主要包括两项：一是生育津贴，二是生育医疗待遇。其宗旨在于通过向职业妇女提供生育津贴、医疗服务和产假，帮助他们恢复劳动能力，重返工作岗位。国家通过建立生育保险制度为生育妇女提供生育津贴、医疗服务和产假待遇，保障其身体健康，并为婴儿的哺育和成长创造良好的条件，因此，生育保险对社会劳动力的生产与再生产具有十分重要的保护作用。《中华人民共和国社会保险法》第53条规定，职工应当参加生育保险，由用人单位按照国家规定缴纳生育保险费，职工不缴纳生育保险费。《中华人民共和国社会保险法》第54条规定，用人单位已经缴纳生育保险的，其职工享受生育保险待遇；职工未就业配偶按照国家规定享受生育医疗费用待遇。所需资金从生育保险基金中支付。上述规定说明我国生育保险的范围覆盖了所有用人单位及其职工，并且扩大到了用人单位职工的未就业配偶。然而，"全面三孩"政策出台后，高龄产妇群体会成为三孩生育的主力之一，而高龄产妇所面对的生育风险也比适龄产妇多得多，生育保险医疗保障的范围并不包括高龄产妇要做的检查，比如地中海贫血筛检、脊髓性肌肉萎缩症基因测试、羊水穿刺、染色体检查等，从孕前到产后，生育保险中针对高龄产妇产检、医疗报销的费用非常少，其中大部分需要自费，昂贵的检查费用、医疗费用成为目前阻碍女性生育的原因之一。因此，应完善生育保险的覆盖范围以提高女性的生育意愿，给予女性生育前后充分的医疗保障、津贴补助。无论针对育龄还是高龄产妇孕期前后所需的健康检查费用、医疗药品费用等囊括在生育保险中。

（五）生育奖励制度

男女双方的生育行为虽然具有私人属性，但生育事关国家人口结构、事关国家和民族的未来，具有重要的社会意义。因此，男女双方因生育行为产生的成本，政府应当承担一定职责，不能完全由企业和个人承担。在域外如俄罗斯就出台了许多优惠政策鼓励国民生育，提高生育率也成为俄罗斯当下制定国家政策的优先事项之一，俄罗斯总统普京提议，政府可考虑向居住在远东地区的家庭提供一次性100万卢布（约合9万元人民币）的社会补助，前提是该家庭需生育三个或以上的孩子。[1] 在我国，2021年修正的《人口与计划生育法》第四章多个法律条文[2]共同构建了按人口政策有计划地生育时会获得奖励的制度。其中主要措施包括获得物质奖励、延长生育假的奖励或者其他福利待遇、独生子女父母奖励以及女方生育奖励假和男方陪护假。同时，财政部人口计生委关于印发《全国农村部分计划生育家庭奖励扶助专项资金管理办法（试行）》的通知确立了农村计划生育家庭奖励制度，其中包括两个主要内容：

第一，在国家提倡一对夫妻生育一个子女期间，夫妻自愿终身只生育一个子女的，发给《独生子女父母光荣证》，继续享受下列优待：①从领证之月起到子女14周岁止，每月发给5元至20元的独生子女保健费。②农村

---

〔1〕《普京亲自提议，生三胎有望奖励"百万"，俄专家：非常正确的倡议》，载《环球时报》，https://baijiahao.baidu.com/s? id=17141240898620162395&wfr=spider&for=pc& searchword=俄罗斯生育奖励政策，最后访问日期：2021年12月20日。

〔2〕《人口与计划生育法》第23条规定，国家对实行计划生育的夫妻，按照规定给予奖励。第25条第1款规定，符合法律、法规规定生育子女的夫妻，可以获得延长生育假的奖励或者其他福利待遇。第31条第1~3款规定，在国家提倡一对夫妻生育一个子女期间，自愿终身只生育一个子女的夫妻，国家发给《独生子女父母光荣证》。获得《独生子女父母光荣证》的夫妻，按照国家和省、自治区、直辖市有关规定享受独生子女父母奖励。法律、法规或者规章规定给予获得《独生子女父母光荣证》的夫妻奖励的措施中由其所在单位落实的，有关单位应当执行。

集体经济组织分配集体经济收益、征地补偿费时，对独生子女家庭增加一人份额；在划分宅基地、扶持生产、介绍就业等方面，对独生子女家庭给予照顾。第二，农村部分计划生育家庭奖励扶助（以下简称"农村奖扶"）对象每人每月 80 元，指国家"提倡一对夫妻生育一个子女"期间（1973 年 1 月 1 日至 2015 年 12 月 31 日），曾经生育（收养）了子女且同时符合以下基本条件的合法夫妻：本人为农村居民；未违反计划生育法律法规和政策规定的生育数量多生育子女；未违反计划生育法律法规、政策和相关法律法规规定收养子女；现存一个子女或现存两个女孩或子女死亡现无子女。

（六）人工辅助生殖技术规章制度

人工辅助生殖技术规章制度在母婴保健及优生优育方面具有特殊地位，计划生育要求优生并保证国家人口素质的提高。辅助生殖技术是人类辅助生殖技术（Assisted Reproductive Technology，ART），指采用医疗辅助手段使不育夫妇妊娠的技术，包括人工授精（Artificial Insemination，AI）和体外受精-胚胎移植（In Vitro Fertilization and Embryo Transfer，IVF-ET）及其衍生技术两大类。而 ART 在临床中正好能遏止遗传病的传递，是实现优生的重要手段。有遗传缺陷的育龄夫妇，不论是否不育，都可采用 ART 的供精、供卵、供胚或胚胎移植前遗传学诊断等方法，切断导致遗传病发生的有缺陷基因与异常染色体和后代传递，保证生育健康婴儿。目前人工辅助生殖技术主要法律依据是自 2001 年 8 月 1 日起施行的《人类辅助生殖技术管理办法》。在人工辅助生殖技术中，关于代孕的争议最为常见。大多数观点认为，我国法律明确禁止代孕，依据是《人类辅助生殖技术管理办法》第 3 条关于"人类辅助生殖技术的应用应当在医疗机构中进行，以医疗为目的，并符合国家计划生育政策、伦理原则和有关法律规定。禁止以任何形式买卖配子、合子、胚胎。医疗机构和医务人员不得实施任何形式的代孕技术"的规定。然而，无锡市中级人民法院在"首例冷冻胚胎权属纠纷案"中作出判决认为：《人类辅助生殖技术管理办法》有关"胚胎不能买卖、赠送和禁止实施代孕"的规定，并未否定权利人对胚胎享有的相关权利，且这些规定是卫生行政管理部门对相关医疗机构和人员从事人工生殖辅助技术的管理规定，故南京鼓楼医院不得基于部门规章的行政管理规定，对抗当事人基于私法所享有的正当权利。因而，《人类辅助生殖技术管理办法》第3条作为卫生行政管理部门的规章，只能对医疗机构和医务人员形成约束。不过，不论法律对代孕以及其他人工辅助生殖技术如何进行管理，以及是否禁止代孕，都不妨碍对通过代孕以及其他人工辅助生殖技术所生子女的生的尊严进行保护。这是对待人工辅助生殖技术所生子女法律地位的最根本要求。同样，现行法律对同性恋的态度也不影响人工辅助生殖技术所生子女法律地位的认定。在我国的法律环境下，通过人工辅助生殖技术生育子女，往往限定在具有合法婚姻关系的夫妻之间，只有合法夫妻才能决定是否通过人工辅助生殖技术生育子女。在客观上，同性伴侣如果想要生育子女，须通过人工辅助生殖技术进行，否则无法实现。同性伴侣通过代孕的方式生育子女，显然存在更大的法律障碍。尽管如此，在现实生活中仍然出现了这样的案件。对于这一类通过人工辅助生殖技术出生的子女法律地位的认定，同样需要遵从基本的要求，承认该子女的法律地位，而不是否定他们的客观存在。[1] 维护人工辅助生殖技术所生子女的生的尊严，不仅要在积极层面承认该子女的法律地位，也在消极层面要求该子女不得受到任何歧视。人工辅助生殖技术所生子女不得受到歧视，主要指的是应当平等对待该子女与自然生育所生子女，不能出现差别待遇，人工辅助生殖技术所生子女应当与自然生育方式所生子女的法律地位相一致，处于平等状态。2020年12月29日公布的《最高人民法院关于适用〈中华人民共和国民法典〉婚姻家庭编的解释（一）》第40条规定，婚姻关系存续期间，夫妻双方一致同意进行人工授精，所生子女应视为婚生子女，父母子女间

---

〔1〕 杨立新、李怡雯：《保障人工辅助生殖技术所生子女的生的尊严——认定人工辅助生殖技术所生子女的法律地位的基准点》，载《中国应用法学》2021年第3期。

的权利义务关系适用《民法典》的有关规定。这一规定无疑为解决有关人工授精家庭的问题提供了法律上的依据，填补了立法上的空白。

（七）禁止非医学需要的胎儿性别鉴定与和选择性别人工终止妊娠管理制度

根据 2016 年实施的《禁止非医学需要的胎儿性别鉴定和选择性别人工终止妊娠的规定》确立的终止妊娠管理制度主要包括禁止非医学需要的胎儿性别鉴定、终止妊娠的手术及终止妊娠药品管理等多方面的内容。以下对该制度做出如下解读：

1. 终止妊娠与堕胎权的法律争议

在我国，堕胎一直是一个敏感话题，原因主要有二：一是由于我国普通群众对于生殖这一事物天然的保守观念；二是由于我国的计划生育制度导致的社会舆论对堕胎的容忍态度。但是近年来，随着我国社会经济的发展以及法制建设的进步，传统堕胎观念与人权的冲突日益彰显，堕胎权随之成为我国法学界的前沿话题。所以我国现行法律制度对堕胎权并没有明确的规定。就世界范围而言，有一些国家和地区由于国情和宗教文化等原因是禁止堕胎的，即堕胎权并不是在世界上所有国家和地区都普遍得到认可和存在的。但是就我国的现实情况而言，除因违反政策规定被强制堕胎的情况以外，妇女也可以要求医疗机构帮助其完成堕胎，也就是说某种程度上妇女享有实质意义上的堕胎权，即怀孕妇女可以自愿、自由地堕胎。改革开放以来，人们的观念在改变，由传统转向开放，尤其是性观念和性行为，在我国的计划生育服务主要针对已婚育龄妇女的情况下，未婚青少年的人工流产问题尤为突出。首先，堕胎低龄化和重复堕胎率呈现逐年上升的态势，堕胎现状堪忧；其次，行使堕胎权利所引发的权利义务关系也需要由法律层面对其进行制约。但是由于我国妇女在自发性堕胎行为上的法律制约的缺乏，导致堕胎行为的泛滥与一系列的法律、社会问题的产生。

（1）堕胎行为关系到妇女的生命健康权。而生命健康权是最基本的人权，如果堕胎权没有得到法律上的明确，堕胎行为得不到法律上的制约，将不利于保障妇女的基本权益。

（2）堕胎行为关系到家庭、社会的和谐。家庭被认为是社会的细胞，而生育是家庭生活的核心目的之一。从生理学的角度而言，生育不仅是配偶之间的双方行为，更是双方的权利，直接关系到配偶之间的利益；从社会学的角度而言，生育涉及家庭其他成员乃至整个社会的利益。所以堕胎权如果只是狭隘设定、约束在它的传统框架内，甚至连权利的内容和范围都得不到明确的话，会使家庭利益和社会利益遭受到巨大的不确定性，这种不确定性主要体现在家庭和社会的稳定延续发展上。

（3）堕胎权还涉及胎儿的基本权益。过于强调孕妇堕胎的自我决定权，会弱化对胎儿的保护和对堕胎的监管。保障胎儿权益不仅是优生优育的要求，也是社会基本伦理道德的朴素体现，更是保护人类后代的需要。所以就我国现今鼓励适度生育的政策来看，确有必要明确堕胎权的行使范围，并对其在我国的发展做出相应的规范，只有这样才能更好地保障母婴儿保健，维护家庭和谐以及社会公众的利益，促使国家政策得到良性实施。

2. 终止妊娠的手术管理制度

终止妊娠的手术管理制度主要包括以下内容：①禁止非法开展终止妊娠手术。②符合法定生育条件，妊娠14周以上孕妇不得终止妊娠。有四种例外情形：因胎儿有严重遗传疾病的；胎儿有严重缺陷的；因严重疾病继续妊娠可能危及孕妇生命安全或者严重危害孕妇健康的；经批准的医疗保健机构鉴定认为需要终止妊娠的。以上四种因医学需要终止妊娠的，必须提供本人身份证及省卫生厅批准的医疗保健机构出具的医学鉴定意见。③符合程序要件。比如符合法定生育条件妊娠14周以上的孕妇终止妊娠时，必须查验本人身份证、省卫生厅批准并公布的医疗保健机构出具的终止妊娠医学鉴定意见；又比如在开展为孕妇检查、终止妊娠、取环等业务时，需查验相关证明，签署"知情同意书"及"人工终止妊娠诚信承诺书"。

3. 终止妊娠药品以及超声诊断仪、染色体检测专用设备等医疗器械管理制度

对终止妊娠药品实行目录管理，建立终止妊娠药品销售、采购、使用登记制度，禁止药品零售企业销售终止妊娠药品。同时，建立医疗器械销售企业销售超声诊断仪、染色体检测专用设备等医疗器械以及医疗卫生、教学科研机构购买相应医疗器械时的资质查验、购销记录制度。

因此，该规定对母婴保健、性别歧视及新生儿男女比例失调等提供法律保障，建立起部门配合、共同治理出生人口性别比偏高问题的工作机制，将禁止"两非"工作纳入计划生育目标管理责任制，明确了组织、介绍实施"两非"行为的法律责任并构建了涵盖相关医疗广告、医疗器械和药品的监管制度以及有奖举报制度。

（八）配套公共服务制度

母婴保健需要提供更优质更完善的公共服务并建立配套公共服务制度。主要措施如下：

1. 推动建立普惠托育服务体系

根据普惠托育服务体系建设目标，规定县级以上各级人民政府综合采取规划、土地、住房、财政、金融、人才等措施，推动建立普惠托育服务体系，提高婴幼儿家庭获得服务的可及性和公平性。同时，明确规定国家鼓励和引导社会力量兴办托育机构，支持幼儿园和机关、企业事业单位、社区提供托育服务。

2. 促进婴幼儿场所及配套服务设施建设

县级以上地方各级人民政府应当在城乡社区建设改造中，建设与常住人口规模相适应的婴幼儿活动场所及配套服务设施。公共场所和女职工比较多的用人单位应当配置母婴设施，为婴幼儿照护、哺乳提供便利条件。

3. 加强婴幼儿照护支持与指导

县级以上各级人民政府应当加强对家庭婴幼儿照护的支持和指导，增

强家庭的科学育儿能力。医疗卫生机构应当按照规定为婴幼儿家庭开展预防接种、疾病防控等服务，提供膳食营养、生长发育等健康指导。在法律中规定婴幼儿照护支持与指导，有利于促进婴幼儿照护服务专业化、规范化发展。同时，增加规定国家支持有条件的地方设立父母育儿假，倡导夫妻共同承担育儿责任，增强家庭育儿能力。

（九）儿童养育保障制度

儿童群体是典型的依赖人群，童年期是人的生理、心理和社会角色发展的关键时期，为儿童身心健康成长提供必要的社会条件，给予儿童快乐必需的保护、照顾、健康和良好教育，将为儿童一生的发展和培养合格公民奠定重要的基础。儿童生理心理发育的特殊性决定了他们在家庭、社会生活中处于弱势状况，处于最易受伤害的地位，处于最需要社会保护的状态。慈幼和保护儿童是现代民族主权国家最基本的政府职责与社会责任。确保所有儿童身心健康成长直接关系国家的根本利益，直接关系中华民族伟大复兴，直接关系国家繁荣富强。更准确地说，现代政府的基本职能是为所有公民提供公共服务、社会服务与社会福利服务。政府的基本职责不是创造财富，而是如何公平合理地分配社会财富，营造公平的社会环境。坚持儿童利益最大化，是养育孩子的基本原则。联合国《儿童权利公约》和我国一系列有关未成年人的法律文件都有相应规定，在处理与孩子相关的问题上，应以儿童最大利益原则作为对未成年人的特殊保护。在家庭日常生活中，父母在处理孩子和大人的利益关系时，同样要坚持儿童最大利益原则。这个原则的基本内涵包括：把儿童视为拥有权利的个体，而不是父母的私有财产；儿童利益必须高于成人社会利益；处理相关问题时全方位考虑儿童的长远利益和根本利益，以最有益于儿童的发展为出发点。现代儿童福利制度与儿童健康照顾服务体系恰恰相反，国家在儿童保护中承担无限的责任。国家与贫困、患病、弃婴、残疾儿童、童工、女童、离异家庭的儿童、单亲家庭的儿童、流浪儿童、贫困家庭的儿童和其他困境儿童、问题儿童建立直接保护关系，确保所有儿童身心健康成长，进而维护家庭稳定和生活质量，推动社会发展和文明进步。因此，儿童养育保障制度应当包含以下内容：

1. 儿童基本医疗制度

如建立健全全国统筹的儿童医疗保险制度，将大病、罕见病、残疾儿童纳入儿童医疗保险制度范围，扩大免费计划免疫服务范围，为所有儿童免费接种疫苗，这也是所有儿童平等享受国家儿童福利制度的体现。

2. 儿童健康管理制度

以儿童体格生长监测、营养与喂养指导、心理和行为发育评估、眼保健和口腔保健、听力障碍评估为重点，积极推进国家基本公共卫生服务儿童健康管理项目。将儿童健康管理纳入家庭医生签约服务，鼓励设立多种类服务包，提供多元化、多层次、个性化儿童保健服务。建立健全高危儿转诊服务网络和机制，规范高危儿童管理。加强对幼儿园、托育机构卫生保健业务指导。

3. 儿童心理健康促进制度

加强儿童心理行为发育监测与评估，探索建立以儿童孤独症等为重点，在社区可初筛、县级能复筛、专业医疗机构诊断和康复的服务网络。推动妇幼保健机构、儿童医院、二级以上综合医院、精神专科医院开设儿童精神心理科或儿童心理保健门诊，加强儿童精神心理专科建设，促进儿童心理学科发展。加强社会宣传健康促进，营造心理健康从儿童抓起的社会氛围。针对孕产妇及家庭成员、儿童家长、幼儿园和托育机构工作人员、学校教师，普及儿童心理行为发育健康知识，开展生命教育和性教育，培养儿童珍爱生命的意识和情绪管理与心理调适能力。

4. 儿童健康责任制度

该制度以习近平总书记关于注重家庭家教家风建设的重要论述为指导，以《中华人民共和国家庭教育促进法》为导向，以优化儿童发展的家庭环境、支持促进家庭与家长切实履行儿童养育与健康保障的主体责任为宗旨，围绕强化落实家庭特别是父母履行养育儿童的主体责任，以及强化政府对家庭的支持保障两大主线，发挥家庭立德树人的作用，培养儿童好思想、好品行、好习惯，教育引导父母落实监护责任，树立科学育儿的理念，积极践行和传承好家风、建立平等和谐的亲子关系，构建家庭健康教育指导服务体系，完善支持家庭生育养育教育的法律法规政策。

5. 儿童重点疾病防控制度

以肺炎、腹泻、手足口病等儿童常见疾病为重点，推广儿童疾病防治适宜技术。提高儿童血液病、恶性肿瘤等重病诊疗和医疗保障能力。实施国家免疫规划，规范开展儿童预防接种，维持较高水平的国家免疫规划疫苗接种率。坚持常规和应急结合，加强突发公共卫生事件中儿童医疗救治，保障儿童必要应急物资储备。做好新型冠状病毒肺炎等新发传染病疫情防控中儿童健康评估与干预。加强儿童碘缺乏病的防控工作，开展定期监测，消除碘缺乏危害并保障儿童碘营养水平适宜。做好农村地区儿童氟斑牙和大骨节病的筛查与防控，保护儿童牙齿、骨骼健康发育。

6. 儿童中医药保健制度

在基层医疗卫生机构运用中医药技术方法开展儿童基本医疗和预防保健。各级妇幼保健机构要建立儿科中西医协作诊疗制度，将中医纳入多学科协作诊疗会诊体系。积极推广应用小儿推拿等中医药适宜技术，强化中医药在儿童医疗保健中的重要作用。

因此，儿童期是儿童生理、心理、人格、角色发展和儿童社会化的关键时期，需要计划生育、生殖健康、体质发育、食品营养、计划免疫接种和其他多种妇幼保健服务，而关涉儿童健康的公共卫生、健康环境及生物安全等都需要国家及政府履行保障责任，国家和政府有义务为所有儿童身心健康成长提供全方位全周期的保护。

综上所述，加强母婴保健的法律保障将是国家人口发展战略要求实现促进人的全面发展，家庭和谐幸福，实现适度生育水平和人口长期均衡发展等多重目标的关键环节，以习近平同志为核心的党中央高度重视妇女事业发展，习近平总书记就促进妇女发展、保障妇女权益、发挥妇女"半边天"作用发表一系列重要讲话。国家在出台法律、制定政策、编制规划、部署工作时充分考虑两性现实差异和妇女的特殊利益，母婴在健康方面的权益得到保障，获得感、幸福感、安全感才会持续增加。

第二节　老年人保健法

一、老年人保健法概述

在老化过程中，由于自身免疫力下降、社交活动减少等因素使然，老年人身心会逐渐发生有害性的改变。对这一改变如不施以合理"干预"，就会加剧老年人身心健康受损，这必定会增加国家医疗成本并降低老年人的劳动供给。因此，为老年人提供高效便捷的养老保健和健康服务显属必要。值得说明的是，老年人健康服务权并非等同于"老年人健康权"。健康权主要关注的是形而上的国家为保障老年人健康而需承担的义务，如发展医疗事业、建立国家医疗保障制度等，老年人健康服务权关注的则是形而下的老年人个体的健康与保健服务。当然，老年人健康服务权与健康权在内涵与外延上具有交叉性。鉴于此，老年人保健亦应包括以下内容：

（一）老年人享有健康预防保健服务的权利

为老年人提供健康预防保健服务，主要目的是促进或维持老年人身体健康以减少疾病的发生率。老年人健康预防保健服务权，是指老年人有权要求国家（政府）在现有医疗水平内提供基础性和专业性的健康预防保健服务。参酌预防医学分类，老年人享有的健康预防保健服务应分为三个层次：一是病因预防，二是临床前期预防，三是临床期预防。同理，强调老年人享有健康预防保健服务的权利，不是为了减免赡养义务人的责任，而是意在阐释国家在老年人健康保障方面所应承担的责任。

（二）老年人享有必要的基本药物和医疗救助的权利

一是老年人享有获得基本药物的权利。基本药物，是指维持老年人健康需要的最重要、最基本的不可缺少的药物。从民生视角观之，国家需向老年人提供充足的基本药物供其使用（充足性），并让老年人及其赡养义务人在其经济承受能力范围内能普遍获得所需的基本药物（可及性）。二是老年人享有获得医疗救助的权利，这主要是指当老年人罹患癌症、帕金森、心肌梗死等重大疾病及严重的慢性病（如糖尿病等）并发症，在无力支付医疗费用之时，有权请求国家予以必要的救助。赋予老年人享有医疗救助的权利及要求国家承担医疗救助的义务，不是要否定赡养义务人的义务。当然，如何分配好国家和赡养义务人在老年人医疗救助方面的责任，这有待于进一步研究厘清。

（三）老年人享有获得健康保健信息与教育的权利

为老年人提供健康保健信息与教育，有利于改变老年人的不良生活习惯。为确保老年人健康，国家要向老年人提供健康保健信息与教育，倡导老年人从事合适的运动，形成正确的饮食习惯，增进老年人的心理健康。国家还应向有关机构、组织及人员提供老年人健康保健信息并对其开展教育，使其在得到教育的基础上能够运用这些知识去促进老年人健康。

二、老年人保健法基本原则

（一）平等原则

健康权是我国公民的一项基本权利，平等性是老龄健康权利的主体特征，它具体包括两个方面的内容：其一，老龄一代和年轻一代的健康权利主体资格平等；其二，所有的老龄一代健康权利主体资格平等，不因经济地位、社会身份、受教育程度、地区以及性别等不同而有所差异。前者强调健康机会的代际平等，后者强调健康机会在代内平等基础上健康结果的相对一致性。老年人毕其一生为家庭和社会所做的贡献是法律赋予老年人相应的社会权利的重要价值依据。我国现行法律法规对老年人健康权利的确认和维护，从根本上看是由社会主义初级阶段的按劳分配原则决定的，是按劳分配原则在法律领域的具体体现，反映了劳动与享受相统一、贡献与权利相对等以及先期积累和延后消费相协调的社会主义劳动价值观。

健康权利主体资格的普遍享有及其代际平等和代内平等是实现社会公正的客观要求，也是推进健康老龄化的制度伦理机制。社会发展是代代相续的历史过程，老龄群体的健康发展是社会健康发展不可缺少的内容，老龄一代的健康发展为促进年轻一代的健康成长和人类社会的可持续发展奠定了生命伦理基石。[1]

（二）优先原则

老龄健康权利本质上是一种法伦理权，具有明确的法律权属和利益要求；而从其优先性来看，更多体现的是以善德为基础的道德权利。加拿大哲学家 L. W. 萨姆纳（L. W. Sumner）曾说："我拥有道德权利的前提，是该权利在某种世俗规则体系中能得到道义上的认可。"老龄健康权利及其优先性在我国现行法律体系和道德规范中得到认可，与我国源远流长的孝道伦理文化密切相关。

（三）发展原则

老龄社会是人类社会发展的必经阶段，是人口结构变迁的产物。老龄化社会的到来，从根本上看源于生产力和生产关系、经济基础和上层建筑之间的矛盾运动；是一个国家或地区在生产力较为发达的历史阶段，人均寿命逐渐延长、健康余寿逐年增加，且老龄人口占比达到一定规模的结果。不论是个体生命的老龄期，还是基于人口结构变迁的老龄社会，都处于不断的运动、变化和发展过程中。健康发展不仅指个体生命运动的良性循环

---

〔1〕　刘喜珍：《新时代老龄健康权利的平等性、优先性、发展性》，载《伦理学研究》2020 年第 4 期。

状态，而且指一个国家或地区人口健康水平稳步提高的趋势；它既是个体生命力的正向勃发，也是社会文明进步、综合国力不断提高的力量彰显。健康权是一种十分重要的主体权利，主权国家是保障公民健康权利的关键责任主体。满足人民日益增长的健康生活需要、促进人民健康发展，是推进国家健康治理体系和健康治理能力现代化的重要基础，也是老龄健康权利制度伦理保障的价值目标。从社会的经济发展状况出发进行相应的健康制度建构，是保障人民健康权利、促进人民健康发展的重要前提。然而，由于发展的不平衡不充分，当前我国健康资源总量难以满足人民日益增长的健康需要；健康资源分配存在城乡之间、区域之间、阶层之间以及代与代之间不同程度的公平失衡现象，亟待纠偏。这就决定了健康制度建构要从人民的实际健康状况及其健康需求出发，既要最大限度地满足人民群众尤其是弱势群体的健康需求，又要充分利用和开发健康资源，由此不断促进人民健康发展，并推进健康中国战略的全面实施。老年人自身是健康发展的首要责任主体，老龄群体的客观存在及其不同的健康需求为医疗卫生保健产业的发展提供了巨大的空间，依托于老龄医养医康产业的社会经济发展是健康发展的题中之义。

三、老年人保健主要法律制度

（一）基本医疗保险制度

当前世界范围内的医疗模式主要分为四种：以英国、意大利、瑞典为代表的全民免费医疗；以美国为代表的市场化医疗保险；以德国、日本为代表的社会医疗保险；以新加坡为代表的全民储蓄医疗。四种模式所对应的政府医疗服务义务也不尽相同。英、德两国政府在医疗服务保障方面投入了大量资金，体现了医疗服务的绝对公平性，保证所有公民均能享有医疗保障。但是政府财政投入的比重过多和监管缺位也导致医疗服务运行效率低下，国有资产流失，医疗费用上涨，政府背负过重的财政负担。对此，英国在1990年颁布的《国民卫生服务和照顾法》，将竞争机制引入了国民卫生服务体系，扩大了私营医院和商业医疗保险的作用，其目的是要将国家干预与竞争机制结合起来，实现公平与效率的双重目标。德国同样在1993年的《卫生保健改革法》中对原制度进行了改革，允许投保人自由选择医疗保险机构和医疗服务机构，促进保险机构间的竞争。美国实行市场化医疗保险模式，但高昂的保险费造成4000万人没有任何医疗保障，急剧上涨的医疗费用又使更多人获取医疗服务困难。解决医疗保障制度的缺位成为奥巴马政府的改革措施之一。2010年，美国国会通过了奥巴马政府的医疗改革法案，补助无力支付参保费的穷人，从而使参保率从85%提升至95%。可见，各国医疗保障制度改革的特点表现为：走向有管理型的市场化，治疗疾病费用以医疗保险支付为主，政府集中于解决医疗市场失灵，保障基本的医疗服务。

根据我国目前的经济发展和财力水平以及西方国家"过度福利拖累经济发展"的教训，我国基本采用了以德、日为代表的社会医疗保险模式，利用保险"我为人人，人人为我"的众人互助共济功能、分散风险功能解决个人和国家财政都无法承担的医疗费用的筹措，由国家、个人、用人单位共同承担基本医疗保险资金的缴纳。我国于1998—2007年间，先后建立了城镇职工医疗保险、新型农村合作医疗、城镇居民医疗保险三种基本医疗保险制度。城镇职工基本医疗保险的保险费由用人单位和职工共同缴纳，城镇居民基本医疗保险和新型农村合作医疗的保险费由个人缴纳和政府补助共同承担。到2013年，我国新型农村合作医疗每人缴费标准提升到340元，各级政府将为每位参保人补助280元。到2015年，《"十二五"期间深化医药卫生体制改革规划暨实施方案》提出政府补助标准将提高到每人每年360元以上。个人的医疗费用主要通过医疗保险基金支付。到目前为止，我国95%以上的人口参加了基本医疗保险，解决了人民特别是农村人口无钱看病的问题。[1]

但是城乡分割、三元并立的医疗保障体系，严重影响了"人人公平享有基本医疗保障"目标的实现。健康公平一直被世界卫生组织看作人类健康事业和医疗保障制度的核心目标和价值取向。推进城乡医疗保险制度整合是深化我国医疗保障体制改革的优先目标。为此，2009 年的《中共中央、国务院关于深化医药卫生体制改革的意见》明确提出建立城乡一体化的基本医疗保障管理制度。国务院于 2016 年初出台了《国务院关于整合城乡居民基本医疗保险制度的意见》，对城乡基本医疗保险制度整合提出统一覆盖范围、统一筹资政策、统一医保目录、统一定点管理、统一基金管理的"六统一"要求。

（二）长期护理制度

中国共产党十九大报告提出，"提高保障和改善民生水平，加强和创新社会治理"；其中，"积极应对人口老龄化，构建养老、孝老、敬老政策体系和社会环境"成为重中之重。目前，我国 60 周岁以上的老人已超过 2.3 亿人，失能、半失能老人超过 4000 万人。预计到 2030 年和 2050 年，我国的失能老人将分别达到 6168 万和 9750 万人。老年人的长期护理问题已成为应对人口老龄化、决胜全面建成小康社会的关键。对此，《中国老龄事业发展"十二五"规划》明确提出"研究探索老年人长期护理制度"。"探索建立长期护理保险制度"也被纳入《"十三五"国家老龄事业发展和养老体系建设规划》。2016 年起，全国有 15 个城市开展长期护理保险试点。[2]

国家在长期护理制度中的责任，承载着全面建成小康社会、实现社会公平正义等诸多价值目标。在人口老龄化背景下，长期护理需求已演化为一种新型社会风险，国家仅承担兜底责任的制度模式已难以回应需求。立

---

[1] 陈云良：《基本医疗服务法制化研究》，载《法律科学（西北政法大学学报）》2014 年第 2 期。

[2] 谢冰清：《我国长期护理制度中的国家责任及其实现路径》，载《法商研究》2019 年第 5 期。

足于我国国情,国家在长期护理制度中从兜底责任转向担保责任成为应然之选。实现国家担保责任,应主要围绕法制规划、服务供给和调控方式三个方面展开。首先,建立蕴含社会连带思想之长期护理社会保险制度,并完善社会救助、社会福利等法律制度中有关长期护理的相关规定,以建立体系化的长期护理保障制度。其次,确立国家对照护需求者——主要是老年人——的长期护理之担保责任。在强化并支持以家庭作为核心供给主体的基础上,引导构建多元化、社会化的护理服务供给体系。最后,从单一的国家高权管制模式转向政府引导管制、社会自我管制与契约课责机制等相结合的多层次、分散化调控模式,以确保长期护理服务的品质和相关法律主体的权益。然而,上述路径的实现无疑都关联着更为深层次的问题。我国的社会保险制度并不是从社会连带、社会团结的理念发展而来,而是在特定社会背景和政治考量下由国家主导建立起来的。社会保险的筹资模式、权责机制、实施方式等制度内容均是由国家规划、主导与执行,该项制度所蕴含的风险分摊、社会互助等精神并未深入人心,市场、社会各部门的积极性和参与度不高。此外,长期护理保险与其他社会保险最大的区别在于其以服务给付为核心,强调的是人的服务,并且是长期性、持续性的服务给付。这种给付需求不仅会带来人力资源上的难题,而且更容易导致利益冲突并滋生道德风险。如何积极促进国家职能转变,协助、引导长期护理保险中的关系人以社会团结、互助之方式积极应对社会风险,促使长期护理趋向多元化、社会化发展,充分调动私主体在长期护理服务供给中的积极性,在保障供给主体权益的同时确保其履行任务的公益性,进一步合理定位国家、家庭和市场的角色与分工,以重新平衡各自在长期护理中的责任,继而最终确保国家责任、社会责任的实现等诸多问题,均有待做进一步深入研究。

(三) 安宁疗护制度

安宁疗护是指为疾病终末期或老年患者在临终前提供身体、心理、精神等方面的照料和人文关怀等服务，控制痛苦和不适症状，提高生命质量，帮助患者舒适、安详、有尊严地离世。自 2020 年 6 月 1 日起施行的《基本医疗卫生与健康促进法》第 36 条第 1 款明确规定，各级各类疗卫生机构应当分工合作，为公民提供预防、保健、治疗、护理、康复、安宁疗护等全方位全周期的医疗卫生服务。第一次在法律层面明确了安宁疗护作为全方位全周期医疗卫生服务的内容之一。

作为尊严死亡的替代或者辅助措施，安宁疗护对于缓解病人痛苦、维护生命尽头的尊严，具有不容低估的重要价值。例如，澳大利亚维多利亚州 2017 年《自愿协助死亡法案》第 5 条第（d）项规定，每个临终病人都应当得到高质量的疗护，最大限度地减少病人的痛苦，提高病人的生命质量。即便有些学者对生命自决权存在疑虑，但在论及安宁疗护时，仍然主张维护生命尊严与患者临终关怀并不矛盾，可以从维护生命尊严的角度做出人格权编承认对患者的临终关怀之解释。强调安宁疗护权的独立价值，并将其与生命自决权区分开来，有助于消除对尊严死亡的不当误解。有意见认为，安乐死的合法化，是为了缓解医疗系统不堪重负的局面，即医疗系统无需投入资源解决安宁疗护面临的问题。如果奉行此种功利主义考虑，将尊严死亡作为安宁疗护资源不足的替代措施，尊严死亡的正当性势必遭到质疑。实际上，安宁疗护与尊严死亡并不是非此即彼，而是相辅相成的关系。对于不符合尊严死亡适用条件的情形，为缓解病人的痛苦，可以采取安宁疗护措施。对于符合尊严死亡适用条件的情形，也可以先行采取安宁疗护，在必要的情况下，才根据病人意愿实行尊严死亡。

（四）意定监护制度

几十年来，亿万人民群众积极响应党和国家号召，实行计划生育，为我国经济社会发展做出了重要贡献。保障计划生育家庭养老合法权益是坚持以人民为中心的发展思想的重要体现。独生子女家庭本质上是风险家庭，独生子女家庭具有天然的结构性缺陷与系统性风险，给我国人口安全造成了极大的威胁。计划生育人为催生了数以亿计的风险家庭，而且严格的人口控制政策，加大了社会的风险系数，百万"失独"家庭就是这一风险的具体显现。《中国老龄事业发展报告（2013）》显示，我国的"失独"家庭以每年7.6万的数量递增。"失独"父母内心痛苦，数百万"失独"家庭对于社会而言是一个永远的痛。此外，独生子女政策的推行还给家庭和社会制造了诸如贫困、妇孺身心健康受损、道德、腐败、党群干群关系紧张、人口逆淘汰、国防等方面的风险。[1] 一方面，在国家提倡一对夫妻生育一个子女期间，按照规定应当享受计划生育家庭老年人奖励扶助的，继续享受相关奖励扶助，并在老年人福利、养老服务等方面给予必要的优先和照顾。另一方面，获得《独生子女父母光荣证》的夫妻，独生子女发生意外伤残、死亡的，按照规定获得扶助，县级以上各级人民政府应建立健全扶助措施。最后，保障失独家庭老人的养老问题，失独家庭是中国特定时期的产物，随着社会的发展，失独老人的养老问题越来越受到社会的关注，意定监护无疑是一剂良方佳策，意定监护制度在我国法治体系中存在的时间不过十年，在2012年修订的《中华人民共和国老年人权益保障法》第26条首次规定了意定监护制度，2017年《中华人民共和国民法总则》中将意定监护的对象由60岁以上的老人扩展到18周岁以上的成年人，2021年生效的《民法典》第33条再次出现了意定监护制度。随着中国老龄化社会的加剧，意定监护制度逐渐为社会公众所知晓并运用。所谓意定监护，是指成年人在民事行为能力健全时，以信任为基础为自己选定未来的监护人，并通过协议等方式，预先为自己"失能失智"时的生活照管、医疗救治、财产管理、维权诉讼等事项做出安排，以确保自己晚年能够安养和善终。意定监护制度是《民法典》中意思自治原则的体现，该制度能够保障民事主体的自由选择权和自主决定权，该制度旨在解决当事人养老难、监护难

---

〔1〕　徐俊：《我国计划生育政策的反思与展望——由"单独二孩"引发的思考》，载《人口与经济》2014年第6期。

等问题。针对不同家庭的不同需求，应厘清"政府主导、民政统筹、部门配合、社会参与"的思路，搭建政策支撑平台，将各职能部门针对失独老人的政策进行统筹和整合，构建以政府为主导的社会养老服务体系。以大数据为依托，对失独家庭的核心养老需求进行分类，在此基础上进行精准服务和指导。重燃失独者对美好生活的希望，形成长效的物质和情感并重的双重关怀机制，努力构建老有所养、老有所医、老有所乐的和谐社会大家庭。

综上所述，随着我国社会结构的转变、社会制度的变迁、社会改革的进行，经济迅猛发展的同时也出现诸多社会问题。2016年8月19日，习近平总书记在全国卫生与健康大会上强调，要重视重点人群健康，保障妇幼健康，为老年人提供连续的健康管理服务和医疗服务，努力实现残疾人"人人享有康复服务"的目标，关注流动人口健康问题，深入实施健康扶贫工程。国民的健康问题成为国家重要战略工程，一系列新理念、新政策的成形和落实，必将为健康行业带来正向而深远的影响。从公益健康角度，要实现健康中国，必须高度重视特殊病患群体的健康需求，千方百计调动社会各方力量，发挥好公益救助的杠杆作用，真正解决特殊群体的实际问题，打开行业链的根本症结，确保让有限的医疗资源更加精准、可持续地服务到民众个体。

第八章　突发公共卫生事件应急和应对法

第一节　突发公共卫生事件应急和应对法概述

突发公共卫生事件，是指突然发生，造成或者可能造成社会公众健康严重损害的重大传染病疫情、群体性不明原因疾病、重大食物和职业中毒以及其他严重影响公众健康的事件。突发公共卫生事件通常可分为：①重大传染病疫情，指重大传染病疫情的暴发和流行，如 SARS 疫情、新冠肺炎疫情；②群体性不明原因疾病，指一定时间内在某个相对集中的区域内多发的、有重症病例和死亡病例发生的疾病；③食物中毒事件，指食物中毒导致的危害公共健康的事件；④其他严重影响公众健康的卫生事件，如严重威胁或危害公众健康的水污染、环境污染等事件。突发公共卫生事件因其"突发性"和"公共性"，导致其影响大、需要快速反应应对，突发公共卫生事件的预防、治理和救助，与一国的经济发展、民生建设密不可分，也十分考验一国政府的公共卫生治理能力，包括公共卫生法制水平，政府不同部门的协作能力、应急能力等，是一个国家公共卫生防控能力的综合体现。

突发公共卫生事件常常呈现出以下特点：一是成因的多样性。突发公共卫生事件的引发原因是多样的，包括生物因素、自然灾害以及各种事故灾难等。在特定的公共卫生事件中，引发原因也极有可能是复杂、多元和难以明确的。二是传播的广泛性。当前我们正处于全球化时代，传染病可以随着人群的流动实现无国界的传播。因此突发公共卫生事件往往会成为国际公共卫生事件。对于国际公共卫生事件，会随着国际交往和人员流动增加传播的风险，这需要世界各国协同共治。就 2020 年新冠疫情而言，我国武汉暴发新冠疫情后，政府宣布封城，就是为了避免人员流动带来的疫情的快速传播。三是其防控呈现综合性、共同治理的特点。突发公共卫生事件的防控需要社会共同参与。首先，相关行政机构、事业单位应当参与共同防控，不仅卫生行政主管部门、疾控部门、医疗机构应当参与防控，其他主体如交通、出入境检疫、公安等主体，都应履行好应对突发公共卫生事件的基本职责。其次，各基层机构，如居民委员会、村民委员会应当加强居住小区、村庄的防控工作，避免突发公共卫生事件的继续蔓延和扩大。最后，普通民众也应参与公共卫生事件的防控，管好自身行为，服从指挥和管理，尽快取得公共卫生事件的防控成功。

突发公共卫生事件给经济和社会带来巨大破坏和威胁，随之产生了一些法律问题：一方面常态社会下运行的法律制度在突发公共卫生事件中难以适用，需要制定应对突发公共卫生事件的法律措施；另一方面常态社会下畅行无阻的私权在非常态社会下随着突发公共事件的发生、救援和恢复重建，可能会受到种种限制、克减甚至是剥夺，这类冲突表现形式多样，如财物的征收征用、人身自由的限制、病患的强制隔离治疗、飞行登机的安全检查、药品专利的强制许可、疫区辐射区的管制等，而透过诸多非常态社会中的法律难题，可以抽离出其共有的内在的核心问题，即突发公共卫生事件中公共利益和私权之间的冲突，这种公共利益与私权冲突的命题存在于多种场域，具有很强的普遍性。[1] 公权力和私权利、公共利益和个人利益的平衡在突发公共卫生事件应急处置中变得尤为重要。当然，在突

---

〔1〕 伏绍宏、牛忠江：《突发公共卫生事件中公共利益与私权冲突法律平衡的路径选择》，载《社会科学研究》2012 年第 2 期。

发公共卫生事件的紧急状态下，政府的首要目标应为控制事件并消除影响，使社会恢复到正常、安全、稳定的状态，即安全和秩序价值具有优先性。为达致上述目的，有时候必须以私权受一定程度的克减为代价。但是，需要指出的是，对私权的克减并不是无条件的和绝对的，必须有严格的适用条件和程序、强度的限制，必须受到一系列诸如比例原则、正当法律程序原则等基本原则的限制。

基于突发公共卫生事件的特点与危害，世界各国都十分重视相关法律制度的建构与完善，以有效、及时地防控突发公共卫生事件给国家社会和民众带来的灾害。如美国在应对突发公共卫生事件上形成了较为完备的法律体系，其于1988年颁布了《斯塔福减灾和紧急事件援助法》，1994年又通过了《公共卫生服务法》，通过法律规定，对紧急事件尤其是传染病公共卫生事件予以有效防控。日本颁布了《灾害对策基本法》，该法案对灾害的预防、应急和重建问题进行了系统化规定，是日本防控灾害、进行应急治理的主要法律。

我国政府也十分重视公共卫生事件，通过不断完善法制建设加强对突发公共卫生事件的防控和应对。我国突发公共卫生应急法制的历程可分为三个阶段：

第一阶段，SARS暴发后，国务院及其卫生行政部门制定了多部规范性文件，如《卫生部关于将传染性非典型肺炎（严重急性呼吸道综合征）列入法定管理传染病的通知》（卫疾控发〔2003〕84号）；《卫生部、财政部、铁道部、交通部、民航总局关于严格预防通过交通工具传播传染性非典型肺炎的通知》（卫机发〔2003〕8号）；《卫生部关于印发〈传染性非典型肺炎临床诊断标准（试行）〉的通知》（卫机发8号）等。

与此同时为了有效预防、及时控制和消除突发公共卫生事件的危害，保障公众身体健康与生命安全，维护正常的社会秩序，《突发公共卫生事件应急条例》作为行政法规于2003年5月9日公布施行。不少专家对该条例出台的法律意义予以较高评价。应松年教授认为："在群策群力、万众一心抗击'非典'的斗争中，我们已经积累了许多适合中国国情的防治经验，类似医疗防治、疫情通报以及各方面的组织协调等，都摸索出了一些切实可行、行之有效的方法和制度，将这些经验及时上升、固定为法律制度，不仅是战胜'非典'的需要，而且对于防治其他突发性传染病，乃至今后可能产生的疫情，都具有普遍意义。"马怀德教授认为："条例一个重要特点就是建立处理突发公共卫生事件的指挥机构，负责对突发公共卫生事件应急处理的统一领导、统一指挥，并授予特别的权力。全国突发公共卫生事件应急指挥部属于法规授权成立的临时机构，作为国务院处理突发公共卫生事件的应急处理组织，享有法规授予的特别行政权力：指挥卫生行政主管部门和其他有关部门，督察和指导地方，调集人员、储备物资、交通工具等，必要时对人员进行疏散或隔离，对疫区实行封锁，根据需要对食物和水源采取控制，处分政府以及政府部门有关负责人。"北京大学公法研究中心主任姜明安认为，政府为了有效、及时处理突发公共卫生事件，应对危机，必须对公民平时享有的某些权利、自由加以限制，如限制或停止集市、集会，要求停工、停止、停课，临时征用房屋、交通工具，封锁疫区以及强制疏散、强制隔离、强制检疫、强制治疗等。很显然，在突发公共卫生事件来临，威胁大多数人的生命、健康的情况下，政府采取上述措施是完全必要的。[1]

第二阶段，2004 年 12 月 1 日修订后的《传染病防治法》正式施行，该法对传染病的预防、疫情报告通报和公布、疫情控制、医疗救治、监督管理、保障措施等方面规定了较为详尽的法律制度。该法从实现个人权利与公共利益的平衡出发，设定了疫情防控中有关限制人身自由的措施，从根本上消除了这些措施在法律根据方面的合法性缺陷，完成了立法领域的决

---

〔1〕 朱玉等：《突发公共卫生事件应急条例：为战胜非典提供保障》，载新华网，http://www.sina.com.cn，最后访问日期：2003 年 5 月 13 日。

定性工作。[1]

第三阶段,《突发事件应对法》由第十届全国人民代表大会常务委员会第二十九次会议通过并公布,自 2007 年 11 月 1 日起施行。第 3 条第 1 款规定,本法所称的突发事件,指突然发生,造成或者可能造成严重社会危害,需要采取应急处置措施予以应对的自然灾害、事故灾难、公共卫生事件和社会安全事件。公共卫生事件是《突发事件应对法》规定的重要内容。该法对突发事件的预防与应急准备、监测与预警、应急处置与救援、事后恢复与重建等制度给予了详尽规定。

2020 年 2 月 14 日,习近平总书记在中央全面深化改革委员会第十二次会议上指出,要研究和加强疫情防控工作,从体制机制上创新和完善重大疫情防控举措,健全国家公共卫生应急管理体系,提高应对突发重大公共卫生事件的能力水平。2020 年 3 月 10 日,习近平总书记在湖北省考察新冠肺炎疫情防控工作时指出,要着力完善公共卫生应急管理体系,强化公共卫生法治保障,改革完善疾病预防控制体系、重大疫情防控救治体系,健全重大疾病医疗保险和救助制度,健全统一的应急物资保障体系,提高应对突发重大公共卫生事件的能力和水平。这体现了我国政府对突发公共卫生事件的重视,不断完善相关法制建设,不断总结实践经验,提升公共卫生治理能力。

第二节　突发公共卫生事件应急和应对法基本原则

一、预防为主、常备不懈的原则

突发公共卫生事件由于其突发性,往往对一国公共卫生防控体系具有

---

〔1〕　陈越峰:《从形式合法到裁量正义——传染病防治中限制人身自由措施的合法性证成》,载《政治与法律》2011 年第 10 期。

重大考验，检验着一国公共卫生防控的综合实力。突发公共卫生事件中，事态紧急，防控任务大，快速及时反应能力要求突出，权力布局与物资储备工作必须保障，常态社会的法律制度和执法手段难以有效应对。然而，突发公共卫生事件又并非经常发生，政府应对事件的反应能力和执法能力不能像常态社会法律制度和执法工作那样得到长期反复的检验和训练。因此，突发公共卫生事件的法律防控，呈现出防控任务重和执法频率有限的突出矛盾。而解决这一突出矛盾的关键就在于确立预防为主，常备不懈的基本原则，对突发公共卫生事件保持警醒，一旦发生便能快速应对。

预防为主、常备不懈的基本原则，要求提高全社会对突发公共卫生事件的防范意识，落实各项防范措施，做好人员、技术、物资和设备的应急储备工作。对各类可能引发突发公共卫生事件的情况要及时进行分析、预警，做到早发现、早报告、早处理。要求各级政府结合本地实际情况，制定本行政区域的突发事件应急预案，建立和完善突发事件监测与预警系统。

二、统一领导、分级负责的原则

根据突发公共卫生事件的性质、范围和危害程度，对突发公共卫生事件实行分级管理。各级人民政府负责突发公共卫生事件应急处理的统一领导和指挥，各有关部门按照预案规定，在各自的职责范围内做好突发公共卫生事件应急处理的有关工作。

突发事件发生后，国务院设立全国突发事件应急处理指挥部，由国务院有关部门和军队有关部门组成，国务院主管领导人担任总指挥，负责对全国突发事件应急处理的统一领导、统一指挥。国务院卫生行政主管部门和其他有关部门，在各自的职责范围内做好突发事件应急处理的有关工作。

突发事件发生后，省、自治区、直辖市人民政府成立地方突发事件应急处理指挥部，省、自治区、直辖市人民政府主要领导人担任总指挥，负责领导、指挥本行政区域内突发事件应急处理工作。县级以上地方人民政府卫生行政主管部门，具体负责组织突发事件的调查、控制和医疗救治工作。县级以上地方人民政府有关部门，在各自的职责范围内做好突发事件应急处理的有关工作。

三、依靠科学原则

突发公共卫生事件应急工作要充分尊重和依靠科学，要重视开展防范和处理突发公共卫生事件的科研和培训，为突发公共卫生事件应急处理提供科技保障。

突发公共卫生事件应急法律制度的建设，必须坚持依靠科学原则，应当基于突发公共卫生事件的发生原因和种类，确定科学合理的防控措施。如对于传染病疫情，就必须基于流行病学的控制路径，控制传染源，切断传播途径，保护易感人群。县级以上各级人民政府应当组织开展防治突发事件的相关科学研究，建立突发事件应急流行病学调查、传染源隔离、医疗救护、现场处置、监督检查、监测检验、卫生防护等有关物资、设备、设施、技术与人才资源储备，所需经费列入本级政府财政预算。

四、社会共治原则

突发公共卫生事件的发生涉及面广，持续的时间长，耗费的社会资源巨大，由于政府在资源掌握、人员结构、组织体系等方面的局限性，仅靠政府一元主体无法有效应对危机。政府虽然是危机应对中的最主要角色，但不是唯一的参与主体。不管是在危机预警、危机准备，还是在灾难救助阶段，都不应该忽视甚至排斥非政府组织、各类企事业单位以及个人，而应当积极吸纳、引导和发挥他们的作用。

《突发公共卫生事件应急条例》主要目的是建立一个统一、高效、有权威的突发公共卫生应急处理机制。有学者将其确立的应急处理机制称为公共危机的单边治理模式：在公共危机的单边治理模式下，国家和政府组织由于其所承担的社会服务职能以及其拥有的权力和资源，往往被视为危机管理的唯一主体，至少是政府处于单一主体的地位上，其他社会组织和民众被置于被动和配合的执行地位。[1] 随着国家治理的转型，部分国家应急权力开始向社会或非政府组织转移，他们利用自己的专业特长积极参与突发公共卫生事件应对，取得了良好的社会效果，社会组织的自治权得到尊重和重视，民主和法治得到进一步张扬和体现。

《突发事件应对法》确立了社会共治的基本原则。该法明确规定，国家鼓励公民、法人和其他组织为人民政府应对突发事件工作提供物资、资金、技术支持和捐赠。自然灾害、事故灾难或者公共卫生事件发生后，履行统一领导职责的人民政府可以组织公民参加应急救援和处置工作，要求具有特定专长的人员提供服务。公民、法人和其他组织有义务参与突发事件应对工作。突发事件发生地的居民委员会、村民委员会和其他组织应当按照当地人民政府的决定、命令，进行宣传动员，组织群众开展自救和互救，协助维护社会秩序。在危急状态下应该构建一种政府为主导，所有利益相关者共同参与的协同治理的应对模式。

五、比例原则

突发公共卫生事件的应对往往需要采取紧急措施，而紧急措施的实施应当遵从比例原则的精神，在此比例原则拘束行政行为，要求行政行为符合适当性、必要性和均衡性要求。《突发事件应对法》第 11 条第 1 款规定，有关人民政府及其部门采取的应对突发事件的措施，应当与突发事件可能造成的社会危害的性质、程度和范围相适应；有多种措施可供选择的，应当选择有利于最大限度地保护公民、法人和其他组织权益的措施。法律不能对社会生活的所有问题都作出详尽的规定，尤其在疫情防控中，要求法律对传染病疫情进行事前预判并制定十分有针对性的举措更加困难，这就必须赋予行政机关在行政管理的过程中根据具体情况进行具体判断的权利，这就是所谓的自由裁量权。王名扬认为，自由裁量是指行政机关对于作出

---

〔1〕 胡象明、唐波勇：《论利益相关者合作逻辑下的公共危机治理——以汶川"5.12"地震为例》，载《武汉大学学报（哲学社会科学版）》2010 年第 2 期。

何种决定有很大的自由，可以在各种可能采取的行动方针中进行选择，根据行政机关的判断采取某种行动，或不采取行动。行政机关自由选择的范围不限于决定的内容，也可能是执行任务的方法、时间、地点或侧重面，包括不采取行动的决定在内。[1] 自由裁量权极易被滥用，很难被控制，其一旦被滥用，将造成严重的危害结果，其可能违背法律授权的目的，干扰和破坏法治；侵害行政相对人权利，导致行政权力的异化，最终危害正常的公共秩序。正如历史学家阿克顿勋爵所说："权力有腐败的趋势，绝对的权力绝对地腐败。"[2]

比例原则是控制自由裁量权，将其形式保持在适度范围内的利器，防止行政自由裁量权被滥用，维护行政机关和相对人之间，公共利益和个人利益之间的平衡。在卫生应急法律制度的建设初期，受到追问的主要是相关限制人身自由措施是否有法律上的依据。在相关法律制度基本建设完成后，尤其是在《传染病防治法》完成修订之后，有关行政措施的采取固然仍需要具备法律上的依据，但仅仅如此已不能确保有关措施的合法性，还必须体现有关措施运用的合目的性、必要性和平衡性。在防控甲型 H1N1 流感过程中，公共舆论就对政府提出了"过度反应"的质疑，以及对于"密切接触者"限制人身自由措施的设定和运用进行检视。从中可以看出，合乎比例逐渐成为判断限制人身自由措施合法性的重心所在。

首先，审查突发公共卫生事件中行政行为是否能实现防控公共卫生事件的目的。其次，审查手段与目的是否相称。为了实现法定目的，行政机关必须采取一定的措施。如果只有一个可供选择的措施，那么行政机关无可选择只能实施这个措施，但是实践中情况往往不是如此，常常存在多个手段可以达到法定目的。行政机关选择措施必须符合最小侵害原则的要求，只能选择对相对人权益最小侵害的方式，否则就是手段与目的不相称。不

---

〔1〕　王名扬：《美国行政法》，中国法制出版社 1995 年版，第 545 页。
〔2〕　龚祥瑞：《比较宪法与行政法》，法律出版社 1985 年版，第 472 页。

合比例的措施将会造成对个人权利的过度侵害，使公共利益和个人利益的关系失去平衡。最后，审查损害是否与收益平衡。行政行为的行使所产生的收益必须大于对公民权利造成的损害，这就实现了损害与收益间的平衡。

第三节　突发公共卫生事件应急和应对主要法律制度

一、预防与应急准备制度

突发性大规模传染病应急管理的"一案三制"是指应急管理预案、应急管理体制、应急管理机制和应急管理法制，因为预警制度是应急管理制度的重要组成部分，所以应急管理"一案三制"也规定了相应的突发性大规模传染病预警制度的内容。

（一）应急预案的制定是预防突发公共卫生事件的首要措施

应急管理预案是国家突发事件管理机关针对突发事件的预防和准备、监测与预警、处置与救援、恢复与重建，以及应急管理的组织、指挥、保障等内容而制定的行动方案。

立法规定国家建立健全突发事件应急预案体系，国务院卫生行政主管部门按照分类指导、快速反应的要求，制定全国突发事件应急预案，报请国务院批准。省、自治区、直辖市人民政府根据全国突发事件应急预案，结合本地实际情况，制定本行政区域的突发事件应急预案。突发事件应急预案应当根据突发事件的变化和实施中发现的问题及时进行修订、补充。

全国突发事件应急预案应当包括以下主要内容：突发事件应急处理指挥部的组成和相关部门的职责；突发事件的监测与预警；突发事件信息的收集、分析、报告、通报制度；突发事件应急处理技术和监测机构及其任务；突发事件的分级和应急处理工作方案；突发事件预防、现场控制，应急设施、设备、救治药品和医疗器械以及其他物资和技术的储备与调度；

突发事件应急处理专业队伍的建设和培训。

我国突发公共卫生事件应急管理预案的编制和修订工作是从 2003 年的"非典"疫情之后开始的。2004 年 1 月,国务院会同各部门召开了制定和完善突发公共事件应急预案的工作会议,并于随后的 4 月和 5 月印发了《国务院有关部门和单位制定和修订突发公共事件应急预案框架指南》和《省(区、市)人民政府突发公共事件总体应急预案框架指南》。此后又召开了专项应急预案审核会,并签署了 105 件专项预案和部门预案。2006 年公布施行了《国家突发公共卫生事件应急预案》,主要内容根据突发公共卫生事件性质、危害程度、涉及范围,将突发公共卫生事件划分为特别重大(Ⅰ级)、重大(Ⅱ级)、较大(Ⅲ级)和一般(Ⅳ级)四级,分别用红色、橙色、黄色和蓝色标示。

特别重大突发公共卫生事件(Ⅰ级)包括:①肺鼠疫、肺炭疽在大、中城市发生并有扩散趋势,或肺鼠疫、肺炭疽疫情波及 2 个以上省份,并有进一步扩散趋势。②发生传染性非典型肺炎、人感染高致病性禽流感病例,并有扩散趋势。③涉及多个省份的群体性不明原因疾病,并有扩散趋势。④发生新传染病或我国尚未发现的传染病发生或传入,并有扩散趋势,或发现我国已消灭的传染病重新流行。⑤发生烈性病菌株、毒株、致病因子等丢失事件。⑥周边以及与我国通航的国家和地区发生特大传染病疫情,并出现输入性病例,严重危及我国公共卫生安全的事件。⑦国务院卫生行政部门认定的其他特别重大突发公共卫生事件。

重大突发公共卫生事件(Ⅱ级)包括:①在一个县(市)行政区域内,一个平均潜伏期内(6 天)发生 5 例以上肺鼠疫、肺炭疽病例,或者相关联的疫情波及 2 个以上的县(市)。②发生传染性非典型肺炎、人感染高致病性禽流感疑似病例。③腺鼠疫发生流行,在一个市(地)行政区域内,一个平均潜伏期内多点连续发病 20 例以上,或流行范围波及 2 个以上市(地)。④霍乱在一个市(地)行政区域内流行,1 周内发病 30 例以上,或波及 2 个以上市（地），有扩散趋势。⑤乙类、丙类传染病波及 2 个以上县（市），1 周内发病水平超过前 5 年同期平均发病水平 2 倍以上。⑥我国尚未发现的传染病发生或传入，尚未造成扩散。⑦发生群体性不明原因疾病，扩散到县（市）以外的地区。⑧发生重大医源性感染事件。⑨预防接种或群体性预防性服药出现人员死亡。⑩一次食物中毒人数超过 100 人并出现死亡病例，或出现 10 例以上死亡病例。⑪一次发生急性职业中毒 50 人以上，或死亡 5 人以上。⑫境内外隐匿运输、邮寄烈性生物病原体、生物毒素造成我境内人员感染或死亡的。⑬省级以上人民政府卫生行政部门认定的其他重大突发公共卫生事件。

较大突发公共卫生事件（Ⅲ级）包括：①发生肺鼠疫、肺炭疽病例，一个平均潜伏期内病例数未超过 5 例，流行范围在一个县（市）行政区域以内。②腺鼠疫发生流行，在一个县（市）行政区域内，一个平均潜伏期内连续发病 10 例以上，或波及 2 个以上县（市）。③霍乱在一个县（市）行政区域内发生，1 周内发病 10~29 例或波及 2 个以上县（市），或市（地）级以上城市的市区首次发生。④一周内在一个县（市）行政区域内，乙、丙类传染病发病水平超过前 5 年同期平均发病水平 1 倍以上。⑤在一个县（市）行政区域内发现群体性不明原因疾病。⑥一次食物中毒人数超过 100 人，或出现死亡病例。⑦预防接种或群体性预防性服药出现群体心因性反应或不良反应。⑧一次发生急性职业中毒 10~49 人，或死亡 4 人以下医学教育网整理。⑨市（地）级以上人民政府卫生行政部门认定的其他较大突发公共卫生事件。

一般突发公共卫生事件（Ⅳ级）包括：①腺鼠疫在一个县（市）行政区域内发生，一个平均潜伏期内病例数未超过 10 例。②霍乱在一个县（市）行政区域内发生，1 周内发病 9 例以下。③一次食物中毒人数 30~99 人，未出现死亡病例。④一次发生急性职业中毒 9 人以下，未出现死亡病例。⑤县级以上人民政府卫生行政部门认定的其他一般突发公共卫生事件。

根据分级负责的原则，发生突发公共卫生事件后，政府应当积极履责，尽快应对。发布三级、四级警报，宣布进入预警期后，县级以上地方各级人民政府应当根据即将发生的突发事件的特点和可能造成的危害，采取下列措施：启动应急预案；责令有关部门、专业机构、监测网点和负有特定职责的人员及时收集、报告有关信息，向社会公布反映突发事件信息的渠道，加强对突发事件发生、发展情况的监测、预报和预警工作；组织有关部门和机构、专业技术人员、有关专家学者，随时对突发事件信息进行分析评估，预测发生突发事件可能性的大小、影响范围和强度以及可能发生的突发事件的级别；定时向社会发布与公众有关的突发事件预测信息和分析评估结果，并对相关信息的报道工作进行管理；及时按照有关规定向社会发布可能受到突发事件危害的警告，宣传避免、减轻危害的常识，公布咨询电话。发布一级、二级警报，宣布进入预警期后，县级以上地方各级人民政府除采取上述规定的措施外，还应当针对即将发生的突发事件的特点和可能造成的危害，采取下列一项或者多项措施：责令应急救援队伍、负有特定职责的人员进入待命状态，并动员后备人员做好参加应急救援和处置工作的准备；调集应急救援所需物资、设备、工具，准备应急设施和避难场所，并确保其处于良好状态、随时可以投入正常使用；加强对重点单位、重要部位和重要基础设施的安全保卫，维护社会治安秩序；采取必要措施，确保交通、通信、供水、排水、供电、供气、供热等公共设施的安全和正常运行；及时向社会发布有关采取特定措施避免或者减轻危害的建议、劝告；转移、疏散或者撤离易受突发事件危害的人员并予以妥善安置，转移重要财产；关闭或者限制使用易受突发事件危害的场所，控制或者限制容易导致危害扩大的公共场所的活动；法律、法规、规章规定的其他必要的防范性、保护性措施。

（二）突发事件监测与预警系统是防控突发公共卫生事件的关键措施

县级以上地方人民政府应当建立和完善突发事件监测与预警系统。

县级以上各级人民政府卫生行政主管部门，应当指定机构负责开展突发事件的日常监测，并确保监测与预警系统的正常运行。县级人民政府应当对本行政区域内容易引发自然灾害、事故灾难和公共卫生事件的危险源、危险区域进行调查、登记、风险评估，定期进行检查、监控，并责令有关单位采取安全防范措施。省级和设区的市级人民政府应当对本行政区域内容易引发特别重大、重大突发事件的危险源、危险区域进行调查、登记、风险评估，组织进行检查、监控，并责令有关单位采取安全防范措施。县级以上地方各级人民政府按照本法规定登记的危险源、危险区域，应当按照国家规定及时向社会公布。

监测与预警工作应当根据突发事件的类别，制定监测计划，科学分析、综合评价监测数据。对早期发现的潜在隐患以及可能发生的突发事件，应当依照规定及时报告。

（三）物资储备和技术保障是防控突发公共卫生事件的重要措施

国家建立健全应急物资储备保障制度，完善重要应急物资的监管、生产、储备、调拨和紧急配送体系。设区的市级以上人民政府和突发事件易发、多发地区的县级人民政府应当建立应急救援物资、生活必需品和应急处置装备的储备制度。

国务院有关部门和县级以上地方人民政府及其有关部门，应当根据突发事件应急预案的要求，保证应急设施、设备、救治药品和医疗器械等物资储备。县级以上各级人民政府应当加强急救医疗服务网络的建设，配备相应的医疗救治药物、技术、设备和人员，提高医疗卫生机构应对各类突发事件的救治能力。设区的市级以上地方人民政府应当设置与传染病防治工作需要相适应的传染病专科医院，或者指定具备传染病防治条件和能力的医疗机构承担传染病防治任务。

国家建立健全应急通信保障体系，完善公用通信网，建立有线与无线相结合、基础电信网络与机动通信系统相配套的应急通信系统，确保突发事件应对工作的通信畅通。

二、报告与信息发布制度

为加强突发公共卫生事件与传染病疫情监测信息报告管理工作，提供及时、科学的防治决策信息，有效预防、及时控制和消除突发公共卫生事件和传染病的危害，保障公众身体健康与生命安全，根据《传染病防治法》和《突发公共卫生事件应急条例》等法律法规的规定，原卫生部于2003年颁布《突发公共卫生事件与传染病疫情监测信息报告管理办法》（已被修改）。该办法规定国务院卫生行政部门对全国突发公共卫生事件与传染病疫情监测信息报告实施统一监督管理。县级以上地方卫生行政部门对本行政区域突发公共卫生事件与传染病疫情监测信息报告实施监督管理。任何单位和个人必须按照规定及时如实报告突发公共卫生事件与传染病疫情信息，不得瞒报、缓报、谎报或者授意他人瞒报、缓报、谎报。

（一）组织管理

国家建立公共卫生信息监测体系，构建覆盖国家、省、市（地）、县（区）疾病预防控制机构、医疗卫生机构和卫生行政部门的信息网络系统，并向乡（镇）、村和城市社区延伸。

国家建立公共卫生信息管理平台、基础卫生资源数据库和管理应用软件，适应突发公共卫生事件、法定传染病、公共卫生和专病监测的信息采集、汇总、分析、报告等工作的需要。

各级疾病预防控制机构按照专业分工，承担责任范围内突发公共卫生事件和传染病疫情监测、信息报告与管理工作，具体职责为：①按照属地化管理原则，当地疾病预防控制机构负责，对行政辖区内的突发公共卫生事件和传染病疫情进行监测、信息报告与管理；负责收集、核实辖区内突发公共卫生事件、疫情信息和其他信息资料；设置专门的举报、咨询热线电话，接受突发公共卫生事件和疫情的报告、咨询和监督；设置专门工作人员搜集各种来源的突发公共卫生事件和疫情信息。②建立流行病学调查队伍和实验室，负责开展现场流行病学调查与处理，搜索密切接触者、追踪传染源，必要时进行隔离观察；进行疫点消毒及其技术指导；标本的实验室检测检验及报告。③负责公共卫生信息网络维护和管理，疫情资料的报告、分析、利用与反馈；建立监测信息数据库，开展技术指导。④对重点涉外机构或单位发生的疫情，由省级以上疾病预防控制机构进行报告管理和检查指导。⑤负责人员培训与指导，对下级疾病预防控制机构工作人员进行业务培训；对辖区内医院和下级疾病预防控制机构疫情报告和信息网络管理工作进行技术指导。

各级各类医疗机构承担责任范围内突发公共卫生事件和传染病疫情监测信息报告任务，具体职责为：①建立突发公共卫生事件和传染病疫情信息监测报告制度，包括报告卡和总登记簿、疫情收报、核对、自查、奖惩。②执行首诊负责制，严格门诊工作日志制度以及突发公共卫生事件和疫情报告制度，负责突发公共卫生事件和疫情监测信息报告工作。③建立或指定专门的部门和人员，配备必要的设备，保证突发公共卫生事件和疫情监测信息的网络直接报告。门诊部、诊所、卫生所（室）等应按照规定时限，以最快通讯方式向发病地疾病预防控制机构进行报告，并同时报出传染病报告卡。报告卡片邮寄信封应当印有明显的"突发公共卫生事件或疫情"标志及写明 XX 疾病预防控制机构收的字样。④对医生和实习生进行有关突发公共卫生事件和传染病疫情监测信息报告工作的培训。⑤配合疾病预防控制机构开展流行病学调查和标本采样。

流动人员中发生的突发公共卫生事件和传染病病人、病原携带者和疑似传染病病人的报告、处理、疫情登记、统计，由诊治地负责。铁路、交通、民航、厂（场）矿所属的医疗卫生机构发现突发公共卫生事件和传染病疫情，应按属地管理原则向所在地县级疾病预防控制机构报告。军队内的突发公共卫生事件和军人中的传染病疫情监测信息，由中国人民解放军卫生主管部门根据有关规定向国务院卫生行政部门直接报告。军队所属医疗卫生机构发现地方就诊的传染病病人、病原携带者、疑似传染病病人时，应按属地管理原则向所在地疾病预防控制机构报告。

各级政府卫生行政部门对辖区内各级医疗卫生机构负责的突发公共卫生事件和传染病疫情监测信息报告情况，定期进行监督、检查和指导。

（二）应急报告制度

国家建立突发事件应急报告制度。国务院卫生行政主管部门制定突发事件应急报告规范，建立重大、紧急疫情信息报告系统。

突发事件应急报告的具体情形包括：发生或者可能发生传染病暴发、流行；发生或者发现不明原因的群体性疾病；发生传染病菌种、毒种丢失以及发生或者可能发生重大食物和职业中毒事件。

应急报告的主体和流程包括：突发事件监测机构、医疗卫生机构和有关单位发现有上述情形之一的，应当在 2 小时内向所在地县级人民政府卫生行政主管部门报告；接到报告的卫生行政主管部门应当在 2 小时内向本级人民政府报告，并同时向上级人民政府卫生行政主管部门和国务院卫生行政主管部门报告。

县级人民政府应当在接到报告后 2 小时内向设区的市级人民政府或者上一级人民政府报告；设区的市级人民政府应当在接到报告后 2 小时内向省、自治区、直辖市人民政府报告。

省、自治区、直辖市人民政府应当在接到报告后 1 小时内，向国务院卫生行政主管部门报告，国务院卫生行政主管部门对可能造成重大社会影响的突发公共卫生事件，应当立即向国务院报告。

任何单位和个人对突发事件，不得隐瞒、缓报、谎报或者授意他人隐瞒、缓报、谎报。

（三）调查制度

接到突发公共卫生事件报告的地方卫生行政部门，应当立即组织力量对报告事项调查核实、判定性质，采取必要的控制措施，并及时报告调查情况。

不同类别的突发公共卫生事件的调查应当按照《全国突发公共卫生事件应急预案》的规定要求执行。

突发公共卫生事件与传染病疫情现场调查应包括以下工作内容：流行病学个案调查、密切接触者追踪调查和传染病发病原因、发病情况、疾病流行的可能因素等调查；相关标本或样品的采样、技术分析、检验；突发公共卫生事件的确证；卫生监测，包括生活资源受污染范围和严重程度，必要时应在突发事件发生地及相邻省市同时进行。

各级卫生行政部门应当组织疾病预防控制机构等有关领域的专业人员，建立流行病学调查队伍，负责突发公共卫生事件与传染病疫情的流行病学调查工作。接到甲类传染病、传染性非典型肺炎和乙类传染病中艾滋病、肺炭疽、脊髓灰质炎的疑似病人、病原携带者及其密切接触者等疫情报告的地方疾病预防控制机构，应立即派专业人员赶赴现场进行调查。接到其他乙类、丙类传染病暴发、流行疫情报告后，应在12小时内派专业人员赶赴现场进行调查。各级疾病预防控制机构负责管理国家突发公共卫生事件与传染病疫情监测报告信息系统，各级责任报告单位使用统一的信息系统进行报告。各级各类医疗机构应积极配合疾病预防控制机构专业人员进行突发公共卫生事件和传染病疫情的调查、采样与处理。

（四）通报制度

县级以上地方各级人民政府应当建立或者确定本地区统一的突发事件信息系统，汇集、储存、分析、传输有关突发事件的信息，并与上级人民政府及其有关部门、下级人民政府及其有关部门、专业机构和监测网点的突发事件信息系统实现互联互通，加强跨部门、跨地区的信息交流与情报合作。

国务院卫生行政主管部门应当根据发生突发事件的情况，及时向国务院有关部门和各省、自治区、直辖市人民政府卫生行政主管部门以及军队有关部门通报。

突发事件发生地的省、自治区、直辖市人民政府卫生行政主管部门，应当及时向毗邻省、自治区、直辖市人民政府卫生行政主管部门通报。接到通报的省、自治区、直辖市人民政府卫生行政主管部门，必要时应当及时通知本行政区域内的医疗卫生机构。

县级以上地方人民政府有关部门，已经发生或者发现可能引起突发事件的情形时，应当及时向同级人民政府卫生行政主管部门通报。

国境口岸所在地卫生行政部门指定的疾病预防控制机构和港口、机场、铁路等疾病预防控制机构及国境卫生检疫机构，发现国境卫生检疫法规定的检疫传染病时，应当互相通报疫情。发现人畜共患的传染病时，当地疾病预防控制机构和农、林部门应当互相通报疫情。

（五）举报制度

国家建立突发事件举报制度，公布统一的突发事件报告、举报电话。任何单位和个人有权向人民政府及其有关部门报告突发事件隐患，有权向上级人民政府及其有关部门举报地方人民政府及其有关部门不履行突发事件应急处理职责，或者不按照规定履行职责的情况。接到报告、举报的有关人民政府及其有关部门，应当立即组织对突发事件隐患不履行或者不按照规定履行突发事件应急处理职责的情况进行调查处理。

对举报突发事件有功的单位和个人，县级以上各级人民政府及其有关部门应当予以奖励。

（六）信息发布制度

国务院卫生行政主管部门负责向社会发布突发事件的信息。必要时，可以授权省、自治区、直辖市人民政府卫生行政主管部门向社会发布本行政区域内突发事件的信息。

突发公共卫生事件和传染病疫情发布内容包括：突发公共卫生事件和传染病疫情性质、原因；突发公共卫生事件和传染病疫情发生地及范围；

突发公共卫生事件和传染病疫情的发病、伤亡及涉及的人员范围；突发公共卫生事件和传染病疫情处理措施和控制情况；突发公共卫生事件和传染病疫情发生地的解除。

信息发布应当及时、准确、全面。

三、应急处理制度

（一）应急预案的启动

突发公共卫生事件发生后，卫生行政主管部门应当组织专家对突发公共卫生事件进行综合评估，初步判断突发公共卫生事件的类型，提出是否启动突发应急预案的建议。在全国范围内或者跨省、自治区、直辖市范围内启动全国突发公共卫生事件应急预案，由国务院卫生行政主管部门报国务院批准后实施。省、自治区、直辖市启动应急预案，由省、自治区、直辖市人民政府决定，并向国务院报告。

全国突发事件应急处理指挥部对突发事件应急处理工作进行督察和指导，地方各级人民政府及其有关部门应当予以配合。省、自治区、直辖市突发事件应急处理指挥部对本行政区域内突发事件应急处理工作进行督察和指导。省级以上人民政府卫生行政主管部门或者其他有关部门指定的突发事件应急处理专业技术机构，负责突发事件的技术调查、确证、处置、控制和评价工作。

国务院卫生行政主管部门对新发现的突发传染病，根据危害程度、流行强度，依照《传染病防治法》的规定及时宣布为法定传染病；宣布为甲类传染病的，由国务院决定。

（二）应急措施的实施

应急预案启动后，突发事件发生地的人民政府有关部门，应当根据预案规定的职责要求，服从突发事件应急处理指挥部的统一指挥，立即到达规定岗位，采取有关的控制措施。医疗卫生机构、监测机构和科学研究机构，应当服从突发事件应急处理指挥部的统一指挥，相互配合、协作，集中力量开展相关的科学研究工作。

为确保快速、有效地应急处理突发公共卫生事件，政府及有关机关应当实施以下措施：第一，突发公共卫生事件发生后，国务院有关部门和县级以上地方人民政府及其有关部门，应当保证突发公共卫生事件应急处理所需的医疗救护设备、救治药品、医疗器械等物资的生产、供应；铁路、交通、民用航空行政主管部门应当保证及时运送。第二，根据突发公共卫生事件应急处理的需要，突发公共卫生事件应急处理指挥部有权紧急调集人员、储备的物资、交通工具以及相关设施、设备；必要时，对人员进行疏散或者隔离，并可以依法对传染病疫区实行封锁。第三，突发公共卫生事件应急处理指挥部根据突发公共卫生事件应急处理的需要，可以对食物和水源采取控制措施。第四，县级以上地方人民政府卫生行政主管部门应当对突发公共卫生事件现场等采取控制措施，宣传突发公共卫生事件防治知识，及时对易受感染的人群和其他易受损害的人群采取应急接种、预防性投药、群体防护等措施。第五，国务院卫生行政主管部门或者其他有关部门指定的专业技术机构，有权进入突发事件现场进行调查、采样、技术分析和检验，对地方突发事件的应急处理工作进行技术指导，有关单位和个人应当予以配合；任何单位和个人不得以任何理由予以拒绝。第六，对新发现的突发传染病、不明原因的群体性疾病、重大食物和职业中毒事件，国务院卫生行政主管部门应当尽快组织力量制定相关的技术标准、规范和控制措施。

相关主体应当采取以下紧急措施：第一，在交通工具上发现根据国务院卫生行政主管部门的规定需要采取应急控制措施的传染病病人、疑似传染病病人，其负责人应当以最快的方式通知前方停靠点，并向交通工具的营运单位报告。交通工具的前方停靠点和营运单位应当立即向交通工具营运单位行政主管部门和县级以上地方人民政府卫生行政主管部门报告。卫生行政主管部门接到报告后，应当立即组织有关人员采取相应的医学处置措施。交通工具上的传染病病人的密切接触者，由交通工具停靠点的县级以上各级人民政府卫生行政主管部门或者铁路、交通、民用航空行政主管部门，根据各自的职责，依照传染病防治法律、行政法规的规定，采取控制措施。涉及国境口岸和入出境的人员、交通工具、货物、集装箱、行李、邮包等需要采取传染病应急控制措施的，依照国境卫生检疫法律、行政法规的规定办理。第二，医疗卫生机构应当对因突发事件致病的人员提供医疗救护和现场救援，对就诊病人必须接诊治疗，并书写详细、完整的病历记录；对需要转送的病人，应当按照规定将病人及其病历记录的复印件转送至接诊或者指定的医疗机构。医疗卫生机构内应当采取卫生防护措施，防止交叉感染和污染。医疗卫生机构应当对传染病病人密切接触者采取医学观察措施，传染病病人的密切接触者应当予以配合。医疗机构收治传染病病人、疑似传染病病人，应当依法报告所在地的疾病预防控制机构。接到报告的疾病预防控制机构应当立即对可能受到危害的人员进行调查，根据需要采取必要的控制措施。第三，传染病暴发、流行时，街道、乡镇以及居民委员会、村民委员会应当组织力量，团结协作，群防群治，协助卫生行政主管部门和其他有关部门、医疗卫生机构做好疫情信息的收集和报告、人员的分散隔离、公共卫生措施的落实工作，向居民、村民宣传传染病防治的相关知识。

突发公共卫生事件，特别是重大突发公共卫生事件一旦发生，往往波及范围大，常常超出一个行政区域或某个部门的管辖范围，需要多地多部门共同配合，联防联控。在我国现行的应急管理体制下，突发公共卫生事件的联动机制还不完善，应通过修改法律法规，构建科学合理的跨地区、跨部门联动机制，以有效防控应对突发公共卫生事件。

四、事后恢复与重建制度

《突发事件应对法》和《突发公共卫生事件应急条例》相比，从内容上看，它覆盖了"预防、预备、监测、预警、处置、恢复重建"的全过程。

该法做到了以"危机处置"为中心向两端延伸，前端以"监测"为重点，重在规范判断进入应急管理阶段的依据，保证信息畅通和判断准确；后端延伸到"恢复重建"。这样该法实现了"从预防开始到重建结束"的整体覆盖，提供了一个系统、完备的权利、义务框架。

突发事件的威胁和危害得到控制或者消除后，履行统一领导职责或者组织处置突发事件的人民政府应当停止执行依照本法规定采取的应急处置措施，同时采取或者继续实施必要措施，防止发生自然灾害、事故灾难、公共卫生事件的次生、衍生事件或者重新引发社会安全事件。善后处理主要包括：第一，后期评估。突发事件应急处置工作结束后，履行统一领导职责的人民政府应当立即组织对突发事件造成的损失进行评估，组织受影响地区尽快恢复生产、生活、工作和社会秩序，制定恢复重建计划，并向上一级人民政府报告。第二，奖励。对参加突发事件应急处理做出贡献的人员，给予表彰和奖励。第三，抚恤和补助。对因参与应急处理工作致病、致残、死亡的人员，按照国家有关规定，给予相应的补助和抚恤。第四，征用物资劳务的补偿。突发公共卫生事件应急工作结束后，地方各级人民政府应组织有关部门对应急处理期间紧急调集、征用有关单位、企业、个人的物质和劳务进行合理评估，给予补偿。《突发事件应对法》第12条规定，有关人民政府及其部门为应对突发事件，可以征用单位和个人的财产。被征用的财产在使用完毕或者突发事件应急处置工作结束后，应当及时返还。财产被征用或者征用后毁损、灭失的，应当给予补偿。虽然该法没有更为详细的具有可操作性的规定，但是对行政征用作出了"应当给予补偿"的规定不得不说是一大立法上的进步。由此我们可以看出《突发事件应对法》秉承公共利益优先的原则的同时，越来越重视公民权利保障。第五，责任追究。对在突发公共卫生事件的预防、报告、调查、控制和处理过程中，有隐瞒、缓报、谎报突发公共卫生事件的，玩忽职守、失职渎职的，拒绝配合调查、扰乱社会和市场秩序的依法追究法律责任。

第九章　国际公共卫生法

第一节　国际公共卫生法概述

地球是人类赖以生存的一个整体生态系统，它的各个部分是相互联系、相互影响和相互制约的。新型冠状病毒肺炎（COVID-19）疫情在世界各地不断蔓延的事实再次引起了全球对国际公共卫生治理的重新审视，在重大传染病等非传统安全威胁面前，以国家主权为基石的国家政治疆域很难独自解决病毒的传播以及防治，人类终将是一个紧密的命运共同体。[1]

从历史和现实来看，全球事务治理可以有多种方式，如霸权治理、均势治理、规则治理。但是，在全球治理视野下，为了避免国家之间因为利益冲突带来的各自为政乃至相互倾轧，就需要通过国际合作制定国际规范，并建立相应的国际制度来推进国际法之治。法治能够以制度维护国际安全，以规范促进国际公正，以共识促进国际发展；法治也是维护国际社会秩序的有效方式，是适合全球化时代的治理手段。构建人类卫生健康共同体，

---

〔1〕 于文龙、宫梦婷：《习近平全球卫生治理重要论述的核心要义探析》，载《湖南行政学院学报》2020 年第 4 期。

还需要坚持国际法治。[1]

一、国际公共卫生法的概念

公共卫生法是指调整公共卫生活动中形成的社会关系的一系列法律规范的总和。作为卫生法的重要组成部分，公共卫生法的主要目的，是以公众健康为中心，以预防为主要途径或方法。公共卫生法并不是一部法典，而是由一系列不同效力的法律法规组成的体系，从广泛意义上，它包括所有有关预防疾病、增进和保障公众健康的法律规范。公共卫生法律体系的不断完善是提升国家公共卫生治理水平的重要考量。

国际公共卫生法是指在国际交往中形成的，旨在调整国家之间、国家与国际组织相互之间在保护人类健康活动中所产生的有关预防疾病、增进和保障公众健康的国际条约、协定以及国际组织和国际会议的有关决议、相关软法等的总称。

在全球治理背景下，健康问题已经成为全人类需要共同面对的问题。通过加强国际组织对公共卫生安全的管理和协调，共同努力实现全球公共卫生合作，逐步完善国际公共卫生治理法治体系，建立共同的治理机制，构筑人类命运共同体逐渐为世界各国所认可。

二、国际公共卫生法的原则

（一）全人类达到尽可能高的健康水平的总体利益原则

WHO 在《2000 年人人健康：全球策略》中提出"健康是一项基本人权，是全世界的一项目标"，也是全人类总体利益的重要体现，而人类生存环境、生活环境的卫生状况直接关系着人体健康，劳动者的健康状况又直接制约着生产力的提高和社会经济的发展。因此，使全世界人民获得可能

---

〔1〕 毛俊响：《构建人类卫生健康共同体需要坚持国际法治》，载光明网，https：//article. xuexi. cn/articles/index. html? art_id = 9518760356563470748&item_id = 9518760356563470748& study_style_id = feeds_default&t = 1609318844837&showmenu = false&ref_read_id = 369c1bf2 − 79a8 − 4fb0 − a491−c2c0018a55aa_1647216486286&pid = &ptype = −1&source = share&share_to = wx_single，最后访问日期：2022 年 3 月 14 日。

的最高水平的健康，以保障全球经济的持续发展和促进人类社会的进步，是国际公共卫生法的基本原则。健康权作为人权最基本的组成部分，政府和社会应当赋予民众享有平等获得健康保障及基本医疗卫生服务的机会，而这与民众的个人天赋、能力无关。"构建人类卫生健康共同体"理念要求各国政府及国际社会平等保护每个人的健康权利，不能因国籍、性别、年龄、宗教、经济能力等因素差异影响个人实现其健康权利。各国政府负有最大限度地保障国民健康原则的义务。具体体现在以下两方面：一是在现有的物质条件下，尽最大努力保障个人的健康权利。二是在传染病全球大流行暴发的紧急情势下，将生命健康作为优先保障的目标，因为一旦人们失去生命与健康，经济发展等所有人类活动都将失去意义。

（二）人体健康保护的合作原则

全球卫生安全是当代全球治理的三大战略性议题之一，构建科学有效的全球卫生治理模式和体系结构，对化解全球安全危机至关重要。习近平主席倡导国际社会积极开展协同治理。2015 年 11 月 15 日，习近平主席在二十国集团领导人第十次峰会第一阶段会议上关于世界经济形势的发言中指出，面对全球化时代的非传统安全威胁，"没有哪一个国家可以独善其身，协调合作是我们的必然选择"。[1]

人类生活的相互依存，环境卫生与人类健康的相互联系和影响，随着人类社会的进步愈趋明显，人类健康受到了来自生存环境的政治、经济、文化、技术、自然诸因素的全方位威胁，而这些因素是由许多国家、民族共同造成的，所以，维护和增进人类健康，需要整个国际社会的合作和共同努力，在国际合作中共同发展，创造一个有利于人类健康的公共生存环境，这就要求国际社会制定一些保护人类健康的国家行为规范，通过国际卫生立法协调人类健康和生存环境的关系。

---

〔1〕 于文龙、宫梦婷：《习近平全球卫生治理重要论述的核心要义探析》，载《湖南行政学院学报》2020 年第 4 期。

（三）公平分配国际卫生资源的原则

支撑人类健康和开展人人享有健康活动不可缺少的是卫生人力、卫生经费、卫生设施等卫生资源。随着人口的增长，受人类卫生资源的有限性以及其他社会和经济的原因的影响，不同地区和国家之间，同一国家的城乡之间，不同阶层之间在卫生的资源分配和享有健康保健方面存在很大差别。因此，除了需要各个国家以自给的原则来满足卫生方面的需求外，同时所有的国家和人民都必须承担寻求社会和经济平衡发展的责任，建立新的国际卫生秩序，能较公平地分配卫生资源。[1] 世界各国家和地区贫富差距大，医疗水平参差不齐，对卫生援助的需求也存在较大差异，因此国际社会在提供公共卫生资源时，应当尊重受援助国卫生事业发展的自主性，针对其医疗卫生发展特点提供援助。因此，要切实保障低收入国家的基本权益。在制定国际法规则时，应强调体现发达国家与发展中国家的共同意志，充分考虑低收入国家的具体情况，在保障形式公平的同时更加注重实质公平。例如，根据《名古屋议定书》，国际社会应公平分配因使用遗传资源获得的利益；在《全球疫苗行动计划》的指导下，通过调整疫苗技术转让与研发等方式，提高发展中国家生产、储备疫苗的能力，逐步实现其获得疫苗的可持续性。疫苗作为抗击疫情的重要公共产品，其研发与生产往往要依靠国际合作才能完成，疫苗分配更应遵循公平正义，优先向发展中国家提供。[2]

三、国际公共卫生法的渊源

国际公共卫生法的渊源是指国际公共卫生法的表现形式。国际公共卫生法的渊源主要包括各类国际卫生条约或协定，有关国际公共卫生治理的宣言、决议以及相关软法。

---

〔1〕　孙东东：《卫生法学》（第3版），高等教育出版社2021年版，第342页。

〔2〕　黄素梅、潘信：《国际公共卫生法律治理中我国面临的挑战与对策》，载《湖南人文科技学院学报》2022年第1期。

（一）国际卫生条约或协定

国际卫生条约是国家之间、国家与国际组织相互之间缔结的为确定它们之间维护人体健康的权利义务关系而达成的协定，按照名称的不同，包括条约、协定、公约、议定书等。按缔结主体的个数不同，可分为双边条约和多边条约。如：《国际卫生条例》《1961年麻醉品单一公约》《儿童权利公约》等。参加条约的国家都直接受其约束。但是，并不是所有的国际卫生条约或协定都是一般国际卫生法渊源，只有造法性条约即多边条约或国际公约，才是现代一般国际卫生法的主要渊源之一。因为造法性国际卫生条约以确立或变更国际卫生法规为内容，参加国家多，具有一般国际卫生法的效力。因为现代国际卫生法的原则、规则和制度，主要是规定于国际卫生条约之中，国际社会也主要是采取国际卫生条约的形式规定国际卫生法原则、规则和制度的。条约有其明确性，所包含的规则为国家的明示同意，对国家有直接的拘束力。因此，国际法院对于陈述的争端主要适用国际卫生法来解决。同时，为了适应国际社会的发展，国家通过条约而同意的规则较易制定和变动。契约性的双边条约只对少数缔约国有效，因而不是一般国际卫生法的主要渊源。

（二）国际组织和国际会议的宣言、决议

国际组织和国际会议的决议是指政府间国际组织在其职权范围内做出的涉及国际卫生关系的决定或决议，包括采取"宣言"形式的决议。非政府间国际组织的决议虽然对于国际卫生关系有影响，但在法律上对于国家没有任何拘束的效力。在诸多的国际组织中，主要是联合国，联合国主要机关的决议在国际上不仅有政治意义，还有法律意义。例如，联合国大会通过的《儿童生存、保护和发展世界宣言》《保护精神病患者和改善精神保健的原则》。有时一些有明确主题的国际会议也会通过有关决议，但其一般是建议性质，没有法律拘束力，不构成法律规范。如世界卫生大会通过的《阿拉木图宣言》《国际人口与发展会议行动纲领》等。这些决议虽然是原则性的规定，有待具体化和规范化，但是，它们作为国际卫生法的渊源，其作用是非常重要的。

（三）软法

软法这一概念最早是由英国学者麦克奈尔提出的，相比较"硬法"，软法形式具有多元性，内容也具有很大的灵活性，广泛运用于国际金融法、国际环境法等领域中。[1] 在国际公共卫生领域也存在大量国际软法。其中以世界卫生组织的软法规范最为典型。世界卫生组织除了一些通过世界卫生大会生效的国际条约和条例外，其法律体系中存在着大量软法规范。

世界卫生组织对于软法重视的原因一般有：首先，在早期的公共卫生治理领域，传染病是主要议题，因此世界卫生组织更倾向于运用国际条约来解决当时较为严峻的传染病问题。而国际条约作为当时国际法领域主流的法律形式，普遍运用于国际社会的经济、政治、人权等各个领域。20世纪中叶，国际社会仍然将国际条约运用于公共卫生领域，期待通过缔结《国际卫生条例》来调整日渐增多的国际卫生问题。然而，因为早期《国际卫生条例》存在效力上的缺陷，以及各国由于自身政策问题对《国际卫生条例》的忽略，导致《国际卫生条例》失去约束力，逐渐成为一纸空文。加之公共卫生问题常常需要运用科学技术去解决，在未被科学技术证实之前，国际社会不太愿意快速缔结一项国际条约。因此国际软法以其灵活性和较高的适应性，转而被世界卫生组织广泛运用于公共卫生领域。[2] 其次，公共卫生涉及极为复杂多变的医学问题，只依靠国际协定难免挂一漏万。各国不愿放弃在公共卫生上的行动自由，也使世界卫生组织一直急于制定、

---

〔1〕 王铁崖主编的《国际法》第14章"国际环境法"认为，软法是指在严格意义上不具有法律拘束力，但又具有一定法律效果的国际文件。国际组织和国际会议的决议、决定、宣言、建议和标准等绝大多数都属于这一范畴。参见王铁崖主编《国际法》，法律出版社1995年版，第456页。王曦编著的《国际环境法》认为，软法是不具有法律约束力的文件，例如国际组织大会的宣言、决议、行动计划等，这类文件虽不具有法律约束力，却往往有助于国际习惯的形成和条约的产生，对各国的行为具有一定的影响力。参见王曦编著：《国际环境法》，法律出版社1998年版，第70页。

〔2〕 参见龚向前：《传染病控制之国际法问题研究》，武汉大学2005年博士学位论文。

实施公共卫生方面的国际公约和规章，使得有关许多公共卫生领域存在法律空白。比如：在传染病领域，世界卫生组织仅制定了《国际卫生条例》这一个有法律约束力的国际条约。《世界卫生组织组织法》第 21 条以列举的方式规定了世界卫生大会可以制定国际条约的 5 个领域，在这些领域中，世界卫生组织并未制定相应的国际条例。而"软法"机动灵活，不仅能保持与科学认识的同步，也有利于具体情况具体分析。世界卫生组织通过"软法"的方式对有关问题做出一种界定，不仅填补了国际规制上的真空，也有利于引导各国实践朝着符合国际潮流的方向迈进。如果各国在公共卫生措施上尚存在较大的政策差异，更好的选择是依靠建议性方针，而不是有法律拘束力的条约。

世界卫生组织具有《世界卫生组织组织法》授权的制定国际软法的权力，可以确立和修订公共卫生领域的各类名称和术语，并且能够制定与食品、药品、公共健康有关的国际标准等。这些标准和指南大致可以分为突发事件防范和应对、医药问题、反生物恐怖主义、卫生标准、人权主义等几个方面。在突发事件防范和应对领域，世界卫生组织从公共卫生角度出发，向国际社会提供具有科学价值的建议、政策和方针。如在开展预防和控制埃博拉病毒的相关工作时，世界卫生组织成立了应对埃博拉病毒病咨询小组，该咨询小组向世界卫生组织和联合国不断提出独立指导意见。在此次应对新冠疫情的工作中，世界卫生组织先后发布包括国际人员流动、国际贸易、诊疗与诊断方案的研发在内的 7 项建议。而后，根据疫情防控工作的开展和推进，先后多次更新疫情应对建议。在药品领域，世界卫生组织早在 2002 年便出版了《药物处方范例录》。作为世界卫生组织出版的第一部有关处方药品的使用指南，该文件针对 300 多种处方药物的用法、注意事项和基本信息提供参考，帮助医疗工作者和广大患者正确地使用各类处方药品。而世界卫生组织的软法规范最为密集的领域则是卫生标准领域，如《健康饮用水标准》《空气质量标准》。尽管这些文件并未直接对各成员国的行为作出强制规定，但因其具有权威性、准确性和及时性，绝大多数情况下能作为基本的行为准则而被有效地遵守和执行。[1]

四、世界卫生组织体系下的国际公共卫生法

作为联合国的一个专门机构，世界卫生组织承担着维护公共卫生健康的专业职能，是目前全球公共卫生治理的组织机制基础。

作为联合国下属的一个专门机构，世界卫生组织负责联合国系统内卫生问题的指导和协调，对全球卫生事务提供领导。世界卫生组织依托建立的《世界卫生组织组织法》是世界卫生组织的章程，世界卫生组织的工作由其最高决策机构世界卫生大会以及执行卫生大会的决定和政策的执行委员会来进行管理。

依靠 19 世纪中叶至 20 世纪中后期建立的"检疫标准""组织框架"和"疫情预警和通报系统"，世界卫生组织协调各国，防止和应对传染病的国际传播，推动了国际公共卫生体系的建设，形成了世界卫生组织体系下的包括 3 项国际条约的国际公共卫生法：2003 年《世界卫生组织烟草控制框架公约》及 2012 年《消除烟草制品非法贸易议定书》是世界卫生组织在"烟草控制"领域的国际法。《国际卫生条例（2005）》为控制传染病国际传播规定了缔约国义务和启动国际关注的突发公共卫生事件的法律程序。3 项国际条约共同构成国际卫生法最基本的法律体系。[2] 世界卫生组织在保障条约遵守方面，不仅充分借鉴了其他国际法领域遵约机制中的"大会"保障机构和"报告"追踪评价机制，还在"突发公共卫生事件"领域创新设立了独立的监督和咨询机制以求全面和客观地考察《国际卫生条例（2005）》的实施效果。WHO 法律框架下多元主体间合作与援助平台的构建，是推进全球公共卫生治理的重要一环。WHO 公共卫生治理工作的领导者，应当发挥自身协调能力，整合各方优势资源，使多元合作的治理模式

---

〔1〕　马林：《新冠疫情挑战下的 WHO 法律治理研究》，西北大学 2020 年硕士学位论文。

〔2〕　季华：《世界卫生组织体系下的国际卫生法律机制：历史与现状》，载《国际法学刊》2020 年第 3 期。

迈向制度化和法律化。[1]

构建人类卫生健康共同体对国际法治发展提出新要求。首先，人类卫生健康共同体是在新冠肺炎疫情大流行的背景下而提出的重大倡议，但它着眼的又不仅仅是重大传染性疾病，还包括贫困、贸易、环境、生物安全与公共健康问题。当前，除了传染病、烟草、生物安全等有限领域以外，公共卫生领域的许多问题缺乏统一的国际法律规范，如人类生殖、人类克隆、器官移植等。其次，构建人类卫生健康共同体还需要为国际非政府组织参与提供稳定的法律制度安排。从全球公共卫生合作的历史来看，基金会、跨国公司等国际非政府组织凭借其自身优势，广泛参与全球公共卫生治理，在防治传染病与慢性病、促进儿童与妇女的健康保护、改善公共卫生条件等方面发挥了非常重要的作用，成为全球公共卫生治理的重要力量。相应的，国际法也需要为国际非政府组织参与全球公共卫生治理提供稳定的法律制度安排。[2]

第二节　世界卫生组织

世界卫生组织（World Health Organization，WHO，简称"世卫组织"）是联合国的专门机构，[3] 是联合国系统的一个重要组成部分，是联合国系统内卫生问题的指导和协调机构，只有主权国家才能参加，是国际上最大

---

〔1〕 马林：《新冠疫情挑战下的 WHO 法律治理研究》，西北大学 2020 年硕士学位论文。

〔2〕 毛俊响：《构建人类卫生健康共同体需要坚持国际法治》，载光明网，https://article. xuexi. cn/articles/index. html? art_id = 9518760356563470748&item_id = 9518760356563470748& study_style_id = feeds_default&t = 1609318844837&showmenu = false&ref_read_id = 369c1bf2−79a8−4fb0− a491−c2c0018a55aa_1647216486286&pid = &ptype = −1&source = share&share_to = wx_single，最后访问日期：2022 年 3 月 14 日。

〔3〕 专门机构是指按照成立条约，其任务超出《联合国宪章》第 1 条第 3 项以及第 55 条定义的服务领域但是又与联合国存在联系（《联合国宪章》第 57 条、第 63 条）的国际组织。陈颖健：《公共卫生全球合作的国际法律制度研究》，华东政法大学 2008 年博士学位论文。

的政府间卫生组织。它负责对全球卫生事务提供领导，拟定卫生研究议程，制定规范和标准，阐明以证据为基础的政策方案，向各国提供技术支持，以及监测和评估卫生趋势。世界卫生组织的宗旨是"使全世界人民获得可能的最高水平的健康"。[1]

一、概述

（一）世界卫生组织的成立

19 世纪初期，为了控制霍乱、天花、黄热病的传播，欧洲国家多次召开国际卫生会议，商讨防范疾病传播的措施，由此成立了三大国际卫生组织：泛美卫生组织、国际公共卫生办事处和国际联盟卫生组织。这三大组织共同负责监测传染病的隔离与检疫。但由于各个国家规定的不一致，给国家间人员和货物流动带来诸多不便。第一次世界大战之后，世界经历了传染病疫情带来的痛苦，恶劣的卫生条件导致霍乱、伤寒等传染病流行，威胁着人们的生命安全，使人们意识到有必要建立一个更加庞大、更有组织力和协调能力的卫生组织。第二次世界大战之后，各国进一步认识到健康和安全的重要性，开始将公共卫生确定为实现和平与繁荣的基础，全球对成立一个统一的国际卫生组织的呼声越来越高。

1945 年，在各国领导人讨论建立联合国时，卫生事业也被确立为联合国需要关注与参与的重点领域。1946 年，各国在纽约举行了一次国际卫生大会，签署了《世界卫生组织组织法》，该法于 1948 年 4 月 7 日生效，这个日子便是我们现在每年庆祝的世界卫生日。依据《联合国宪章》第 57 条和《世界卫生组织组织法》，特设联合国专门机关——世界卫生组织，总部设在瑞士日内瓦。截至 2019 年 5 月 31 日，世卫组织共有 6 个区域，194 个会员国及 2 个准会员，[2]其工作人员在 150 多个办事处开展工作，共同致力于增进世界各地每一个人的健康。世卫组织的主要职能包括：促进流行病

〔1〕　参见世界卫生组织网，https：//www.who.int/zh，最后访问日期：2022 年 2 月 6 日。
〔2〕　参见世界卫生组织网，https：//www.who.int/zh，最后访问日期：2022 年 2 月 6 日。

和地方病的防治；提供和改进公共卫生、疾病医疗和有关事项的教学与训练，推动确定生物制品的国际标准。世界卫生组织的成立促进了传染病防控的国际合作。

（二）世界卫生组织的治理结构

世界卫生组织通过其最高决策机构世界卫生大会以及执行卫生大会的决定和政策的执行委员会来进行管理。本组织的首长为总干事，由卫生大会根据执行委员会提名任命。[1]

世界卫生大会是世卫组织的最高决策机构。世卫组织所有会员国派代表团参加大会，并集中研讨执行委员会准备的特定卫生议程。卫生大会一般于每年5月在瑞士日内瓦举行会议。卫生大会的任务包括：①决定本组织的政策。②选定派遣代表参加执委会的会员。③任命总干事。④审查执委会与总干事的工作报告及业务活动，并指示执委会关于应需采取行动、调查研究或报告的事项。⑤设置本组织工作所必需的各种委员会。⑥监督本组织的财务政策，并审查和通过预算。⑦指示执委会及总干事，就卫生大会认为适当的任何卫生事项，提请各会员、各政府或非政府的国际组织给予注意。⑧邀请与本组织职责有关的任何国际的或全国性的组织，政府的或非政府的组织派遣代表，在卫生大会所指定的条件下，参加卫生大会或由委员会召开的会议，但无表决权。至于全国性的组织，须经有关政府同意后始得邀请。⑨考虑联合国大会、经济及社会理事会、安全理事会或托管理事会所提出的有关卫生问题的建议，并向其报告本组织就上述建议所采取的步骤。⑩根据本组织与联合国的协定，向经济及社会理事会提出报告。⑪提倡并指导本组织工作人员进行有关卫生的研究工作。自行设立研究机构，或经会员国政府同意与其官方的或非官方的机构合作进行。⑫设置其他必要的机构。⑬采取其他适当的行动以进一步实现本组织的目的。除此之外，卫生大会有权通过有关本组织职权范围内的任何公约或协定。

---

〔1〕 参见世界卫生组织网，https：//www.who.int/zh，最后访问日期：2022年3月2日。

通过此项公约或协定，须经卫生大会三分之二的多数票决定。经各个会员依照各国立法程序予以接受后，此项公约或协定即可生效。卫生大会有权通过关于下列各项规章：①防止国际疾病蔓延的环境卫生及检疫方面的要求和其他程序。②疾病、死因及公共卫生设施的定名。③可供国际通用的诊断程序标准。④在国际贸易中交流的生物制品、药品及其他类似制品的安全、纯度与效能的标准。⑤在国际贸易中交流的生物制品、药品及其他类似制品的广告与标签。

执行委员会是世界卫生组织的执行机关，主要职能是执行卫生大会的决定和政策，向其提供建议并普遍促进其工作。执行委员会设主席、副主席和报告员，目前主席是肯尼亚卫生部的代理卫生局长帕特里克·阿莫斯博士（Patrick Amoth）。执行委员会由 34 名在卫生专门技术方面著有成就的委员组成，这些个人均由世界卫生大会选举有权供职的会员国指派。当选会员国的任期为 3 年。执委会主要会议于 1 月举行，商定即将召开的卫生大会议程和通过呈交卫生大会的决议，第二次较短会议于 5 月紧接卫生大会之后举行，审议较为行政性的事项。

世界卫生组织总干事是世卫组织的首席技术和行政官员，负责监督本组织的国际卫生工作政策。总干事由卫生大会根据执委会提名任命，其任用条件由卫生大会决定。在卫生大会上，将以无记名投票方式任命下一任总干事。总干事可以连任一次。现任世卫组织总干事是来自埃塞俄比亚的谭德塞博士（Tedros Adhanom Ghebreyesus），他于 2017 年 5 月 23 日通过会员国在第七十届世界卫生大会上投票当选，于 2017 年 7 月 1 日就任，任期五年，后于 2022 年 5 月第七十五届世界卫生大会上获得多数票而连任。谭德塞博士是世界卫生大会首次从多名候选人中选出的世卫组织总干事，也是世卫组织这个全球公共卫生领导机构首位来自世卫组织非洲区域的首长。

秘书处有秘书长一人及本组织所需之技术与行政人员若干人。秘书长经执行委员会推选，由卫生大会任命。秘书长于执行委员会一般权力下，为本组织之技术与行政首长。秘书长为卫生大会、执行委员会、本组织各委员会、小组委员会及本组织所召开各种会议之当然秘书，秘书长得委派人员代行此项职务。秘书长或其代表为执行职务，得与会员国商定考察程序，直接进入该会员国之各机关，尤其是卫生机关，以及政府或非政府之全国卫生组织为考察之必要，并得与其工作范围属于本组织职权下之国际机关取得直接联络；应随时将一切有关各区域之事宜，通知各该管理区域行政局；应编造本组织当年财政收支报告及概算送交执行委员会；应依照卫生大会所订办事人员条例之规定，委任秘书处人员。

（三）世界卫生组织的治理结构章程

世界卫生组织的治理需要一定的章程作为引导。章程是世界卫生组织制度的核心，也是治理的基础。世卫工作在章程的框架下运转，达到一种"章程"和"治理"的良性循环。

1946 年 6 月 19 日至 7 月 22 日在纽约召开的国际卫生会议通过了《世界卫生组织组织法》[1]。《世界卫生组织组织法》作为世界卫生组织的章程，由 61 个国家代表于 1946 年 7 月 22 日签署，并于 1948 年 4 月 7 日生效。

《世界卫生组织组织法》是世界卫生组织的基本组成文件，是各缔约方为创建世界卫生组织并赋予其自主性而缔结的多边协议。

二、《世界卫生组织组织法》的基本原则

所有人都应享有最高标准的健康，无论其种族、宗教、政治信仰、经济或社会情境如何。这一原则一直指导着世界卫生组织的工作。多年来，人们团结在一起重申和加强这一原则。例如 1978 年的《阿拉木图宣言》，其中规定的人人享有卫生保健的理想目标，今天仍然是推动全民健康覆盖的

---

〔1〕 该法于 1948 年 4 月 7 日生效。第二十六、二十九、三十九和五十一届世界卫生大会分别于 1977 年 2 月 3 日、1984 年 1 月 20 日、1994 年 7 月 11 日和 2005 年 9 月 15 日对该法进行过四次修正。未经特殊说明，本文所指《世界卫生组织组织法》均为 2005 年最新修正版。该法中文文本，参见世界卫生组织网，https：//www.who.int/zh，最后访问日期：2022 年 2 月 7 日。

前沿和核心问题。[1]

《世界卫生组织组织法》规定了9项原则,签订国承认《世界卫生组织组织法》各项原则,以求彼此及与其他方面之合作,共同促进及保护各民族之健康。具体概括为以下三个原则:

(一) 全球治理合作原则

全球化带来了资金、货物和人员的快速、自由流动,加速了贸易自由化,促进了全球经济的发展,为人类健康状况的改善奠定了良好的基础。同时也便利了疾病及有害物质的跨国流动,从而影响到人类的健康。面对全球公共卫生问题,任何一个国家都不能独善其身,如何调和彼此利益并协同行动,是关乎全球卫生治理和卫生安全的关键问题。

《世界卫生组织组织法》指出,各民族之健康为获致和平与安全之基本,须赖于个人间与国家间之通力合作。任何国家促进及保护健康之成就,全人类实利赖之。各国间对于促进卫生与控制疾病,进展程度参差,实为共同之危祸。而以控制传染病程度不一为害尤甚。[2] 人类是命运共同体,应团结合作,加强全球公共卫生治理,以推动共同构建人类卫生健康共同体。

(二) 条约必须遵守原则

条约必须遵守原则是国际法的核心问题之一,以此为基础构建的国际法体系才能稳定发展。条约的遵守机制主要产生于国际组织内部,是国际组织主导和推动国际立法进程的产物。[3] 世卫组织在国际公共卫生领域独有的地位,主要指其依据主权国家赋予的权限,并在权限范围内开展国际立法和履约管理等活动。这里的国际立法是指世卫组织依据《世界卫生组

---

[1] 参见世界卫生组织网,https://www.who.int/zh,最后访问日期:2022年3月2日。

[2]《世界卫生组织组织法》前言。

[3] 季华:《世界卫生组织体系下的国际卫生法律机制:历史与现状》,载《国际法学刊》2020年第3期。

织组织法》第 19 条和第 21 条进行条约立法。[1] 在《世界卫生组织组织法》第 20 条和第 22 条中，世卫组织对公约、协定以及规章的效力及实施进行了概括的规定。

《世界卫生组织组织法》作为世界卫生组织的组织文件是该组织正常运行的基础性文件，目前仍然具有国际法效力，对全体缔约国具有拘束力。《世界卫生组织组织法》规定，各国间对于促进卫生与控制疾病，进展程度参差，实为共同之危祸。而以控制传染病程度不一为害尤甚。人类卫生健康共同体乃至人类命运共同体的构建是所有国家之需求。如果各国仅以自己的利益为出发点，将削弱条约存在的意义。从而使得现有国际法的"法律性"也失去效力，对国际法律关系和法律秩序产生一定的影响。

（三）保护人类健康权益原则

《世界卫生组织组织法》在前言，第一、二章明确了"世卫组织"的目标、宗旨和职能。根据该法，世卫组织通过调动政府间和非政府间机构积极性，协调各机构的方式，以"促进和保护全人类健康最高水平"为目标和宗旨。[2]

《世界卫生组织组织法》不仅扩大健康的解释为体格、精神与社会之完全健康状态，更指出，享受最高而能获致之健康标准，为人人基本权利之一，不因种族、宗教、政治信仰、经济或社会情境各异，而分轩轾。《世界卫生组织组织法》从人类的共同利益来认识公共健康合作的重要性。任何国家促进及保护健康之成就，全人类实利赖之。儿童之健全发育，实属基要。使能于演变不息之整个环境中融洽生活，对儿童之健全发展实为至要。推广医学，心理学及有关知识之利益于各民族，对于健康之得达完满，实为至要。

---

〔1〕 季华：《世界卫生组织体系下的国际卫生法律机制：历史与现状》，载《国际法学刊》2020 年第 3 期。

〔2〕 季华：《世界卫生组织体系下的国际卫生法律机制：历史与现状》，载《国际法学刊》2020 年第 3 期。

瑞典病理学家福克·亨斯成说过："人类的历史即其疾病的历史。"疾病或传染病大流行伴随着人类文明进程而来，并对人类文明产生深刻和全面的影响 。伴随人类疾病史的发展，解决全球公共卫生问题的途径逐渐由国内卫生治理、国际卫生治理发展到全球卫生治理。全球卫生治理的实现需要不同层次的各类行为体，各国政府、政府间的国际组织、国际非政府组织等联结在一起，以保障人类健康权为共同目标，采取相互合作和协调的方式，通过制定和实施全球规范、原则、计划和政策解决全球公共卫生问题，实行"各种路径的综合治理"的方式解决全球公共卫生问题，更加有效地应对突发的全球公共卫生危机。

三、《世界卫生组织组织法》基本法律制度

世界卫生组织依托建立的《世界卫生组织组织法》包括前言和正文，正文有十九章，不仅规定了世卫组织的机构安排，还确定了不同机构的权限及法律效力。[1]

（一）宗旨和任务

《世界卫生组织组织法》第一章规定了世界卫生组织的宗旨，使全世界人民获得可能达到的最高的健康水平。世卫组织的宗旨是极为广阔的，健康不仅为疾病或羸弱之消除，而系身体，精神与社会之完全健康状态。对健康概念的这一界定也扩大了世界卫生组织的职能。

为达成宗旨，《世界卫生组织组织法》第二章规定了世界卫生组织的任务。其中世卫组织的核心任务是与联合国、专门机构、各国政府卫生行政主管、各学术或职业团体及其所认为适当的其他组织建立并维持有效的关系，指导和协调国际卫生工作。在核心任务下，世界卫生组织有三个方面的功能：第一，设置规范性标准。包括制定并修订有关疾病、死因、以及公共卫生实施方面的国际定名；规定诊断程序标准；发展、建立、并促进

---

〔1〕 季华:《世界卫生组织体系下的国际卫生法律机制：历史与现状》，载《国际法学刊》2020年第3期。

食品、生物制品、药物及其他类似制品的国际标准。第二，对医疗事务提供技术建议和帮助。这是世界卫生组织的主要任务。它包括根据各国政府申请或愿意接受的情况下，提供适当的技术援助，并在紧急情况下给予必要的救济；根据联合国申请，对特殊组合，例如联合国托管区人民，提供或协助提供卫生业务与设备；设置并维持行政与技术业务，包括流行病学及统计业务；促成并推进消灭流行病、地方病及其他疾病的工作；与其他专门机构合作，加强防止意外创伤事故；与其他专门机构合作，促成增进营养、住宅建设、环境卫生、文娱、经济或工作的条件以及其他环境方面的保健工作。第三，倡导在健康政策上的变化，包括提议国际公约、协定与规章的签订及对其他国际卫生事态，提出建议并执行由此授予与世界卫生组织目的相一致的各项任务。

关于健康权的认识，突破了传统只从细菌、病毒等致病因素解决健康问题的思路，关注到不合理的经济和社会结构也是造成疾病流行的原因。世界卫生组织对健康不良的原因和后果的理解也在逐步地加深，世界卫生组织开始从疾病为中心到更为关注疾病产生的社会经济原因。除卫生服务之外，改善健康取决于社会、经济、政治和文化因素，尤其是贫穷，这是造成健康不良的重要因素。在健康内涵的广泛定义下，世界卫生组织的职能也得到了前所未有的扩张。为了实现健康，世界卫生组织的职能不能只局限在卫生领域，而必须通过参与多个领域的合作。世界卫生组织不再坚持技术性，进入了更为麻烦的政治争论的领域。

（二）会员资格

《世界卫生组织组织法》第三章规定了世界卫生组织会员与准会员。

1. 会员国

（1）通过接受《世界卫生组织组织法》签订国成为世卫组织会员国。联合国会员国，依其本国宪法程序，签订或以其他方法接受《世界卫生组织组织法》，成为世卫组织会员国。应邀派遣观察员出席 1946 年于纽约举行之国际卫生会议之国家：依据本国宪法程序以及《世界卫生组织组织法》第十九章规定的无条件接受之签署，经批准手续始生效力之签署，接受，其中之一程序成为《世界卫生组织组织法》签订国，被接纳为世卫组织会员国。但签订或接受本组织法应于卫生大会第一届开会前为之。

（2）通过申请成为世卫组织会员国。申请经由卫生大会过半数票批准后，即得加入为会员国，但以不违背根据第十六章业经通过之联合国与本组织所订之协定为限。

2. 准会员国

不能自行负责处理国际关系的领土或领土群，经负责对该领土或领土群国际关系的会员国或政府当局代为申请，并经卫生大会通过，得为本组织准会员。

综上，世界卫生组织接受会员的条件和程序是比较简单的。不能自行负责处理国际关系的领土和领土群成为世卫组织准会员制度的存在，主要考虑到联合国专门机构本身职能需要技术性和专业性的国际合作，因此参加国家和地区越多，它们就越能发挥它的合作作用。因此世界卫生组织在吸收成员时有一种便于国际行政上的考虑，他们所规定的成员取得条件和程序上比一般的政治性组织要简单一些，还允许那些非自治领土或地区参与其组织，以便在更为广泛的范围内进行必要的合作。[1]

（三）区域安排

《世界卫生组织组织法》第 44 条规定，卫生大会应视设立区域组织之需要，随时划定区域。经划定区域内过半数会员国同意，设立区域组织，以应该区域之特别需要。每一区域只应有一个区域组织。世界卫生组织会员国分成六个区域，每个区域设立一个区域办事处：非洲区域办事处、美洲区域办事处、东南亚区域办事处、欧洲洲区域办事处、东地中海区域办事处、西太平洋区域办事处。

---

〔1〕　江国青：《联合国专门机构法律制度研究》，武汉大学出版社 1993 年版，第 79 页。

区域组织应设立区域委员会及区域行政局。区域委员会应视其需要，时常开会，并择定每次开会地点。区域委员会应自行制定议事规则。区域行政局为区域委员会的执行机关，受本组织秘书长基于一般权力之指挥。区域行政局应于该管区域内执行卫生大会及执委会之决议。区域行政局局长为区域行政首长，由执委会商得区域委员会同意任命之。区域行政局办事人员之委派由秘书长与区域委员会协议决定。

区域委员会的任务包括：①制定纯属区域性问题的管理方针。②监督区办事处的业务活动。③建议区办事处召开技术性会议及其他卫生业务方面的工作或调查。这类工作按区委会的意见能在这区域内促进本组织的目的。④与联合国的各有关区委会，其他专门机构的区委会以及其他与本组织有共同利益的区域性国际组织进行合作。⑤通过总干事，向本组织提出对于比区域性具有更广泛意义的国际卫生问题的意见。⑥如本组织总部所拨的区预算经费不足以执行该区任务时，建议有关区域内各会员国政府追加拨款。⑦其他由卫生大会、执委会或总干事可能授予的任务。

（四）表决程序

在投票权的分配上，世界卫生组织采取了一国一票的制度。在投票权的集中上，世界卫生组织采取了多数决定的原则。卫生大会对于重要问题的决议须有出席及投票会员的三分之二多数的表决。对于其他问题的决议，包括须经三分之二多数通过的其他各项问题，须经出席及投票的会员半数以上表决通过。执委会与各委员会的表决，参照以上规定执行。

采用多数决定的原因在于专门性国际组织的目的性非常明确，其权力行使服务于成员国所规定的共同目的，组织成员的各种活动都与该组织的专业领域紧密联系，合作意向十分明确，反映在条约上，采用多数或者特定多数表决制，简化条约缔结的基本步骤。如果专门性国际组织完全以一致通过为原则，其组织作用和管理能力将会受到极大的限制。[1]

---

〔1〕 陈颖健：《公共卫生全球合作的国际法律制度研究》，华东政法大学 2008 年博士学位论文。

（五）预算与费用

秘书长应编制本组织之常年预算概算提交执行委员会。执行委员会应审查此项预算概算，并附建议提交卫生大会。以不违反本组织与联合国之协定为限，卫生大会应审核通过各项预算概算，并依照卫生大会所定之等级比例表，规定各会员国之费用分担额。卫生大会，或执行委员会代卫生大会行使职权，得接受管理各方对本组织所为之赠与。此项赠与所附条件须经卫生大会或执行委员会认许并须符合本组织宗旨政策。为应对紧急事项及意外变故起见，应设特别基金，备执行委员会斟酌动用。

（六）法律行为能力，特权及豁免

世卫组织为实现其目的与行使其职权，在各会员国领土内应享有其所必需的法律地位。世卫组织为实现其目的与行使其职权，在各会员国领土内应享有其所必需的特权与豁免权。会员国代表，执行委员会办事人员，及本组织专门及行政人员，亦应同样享有为执行本组织职务所必需之特权与豁免权。

（七）各国提交报告的义务

报告分为主动提交和被动提交两种。世界卫生组织要求每个会员国应就其改进本国人民健康所采取的措施与所取得的成就，就本组织向其提出的建议以及执行各种公约、协定与规章所采取的措施向其提出年度报告。同时每个会员应就其本国已公布的有关卫生方面的重要法律、规章、官方报告与统计，及时送交本组织。各个会员国应根据卫生大会所制定的格式，提出有关统计与流行病学的报告。被动提交是指在世卫组织执委会要求下，每个会员国应尽可能将有关卫生之额外情况提交执行委员会。

根据《世界卫生组织组织法》，除了不履行财政义务规定相应的处置，即"卫生大会认为情形适当时，可停止该会员国所享有之选举特权及便利"，对于各项通报义务，各会员国虽均"应"（shall）履行，但没有不履行的相应处置。即便对于未履行财政义务的会员国，也只是"可"酌定停止其享有的选举权及便利。可以说,《世界卫生组织组织法》对会员国设置的是原则性义务,或者说,这些义务所针对的事项具有一般性。[1]

第三节 《国际卫生条例》

《国际卫生条例》(International Health Regulations, IHR)是全世界普遍认可的条约,过去 10 年来,《国际卫生条例》一直是全球卫生安全的治理框架,拥有 196 个缔约国。它是当前国际法体系中唯一致力于预防和控制疾病国际传播的,具有约束力的全球性法律文书。世界卫生组织负责监督《国际卫生条例》的实施,其领导地位和有效运转是该条例有效实施的前提。[2]《国际卫生条例(2005)》于 2007 年 6 月 15 日生效,是一部具有普遍约束力的国际卫生法,包括世界卫生组织的所有会员国,中华人民共和国是《国际卫生条例(2005)》的缔约国。

一、《国际卫生条例》的发展

14 世纪,黑死病在欧洲蔓延。在亚得里亚海东岸的拉古萨共和国首先颁布了对海员的管理规则。城市较远的地方被指定为登陆之所,所有怀疑被感染的人必须被隔离居住后才被允许入境。由此产生了防治传染病的公共卫生制度——检疫制度和隔离制度。也就是说,早期各国处理公共卫生问题主要通过国家治理的形式。但是人类疾病的历史表明在一个社会中发生的疾病会对另外一个社会产生影响。因此,控制疾病尤其是传染病的发生和传播,仅仅依靠国内公共卫生治理是不够的。国际的公共卫生合作对于控制疾病的发生和传播具有极为重要的作用。

---

〔1〕 张乃根:《构建人类卫生健康共同体的若干国际法问题》,载《甘肃社会科学》2021 年第 3 期。

〔2〕 [美] 劳伦斯·戈斯汀、丽贝卡·卡茨:《国际卫生条例:全球卫生安全的治理框架》,孙婵译,载《地方立法研究》2020 年第 3 期。

　　越来越多的国家意识到，为免遭传染病的侵袭和缓解由防病措施给贸易带来的负面影响，需要进行国际合作。1851 年，11 个欧洲国家和土耳其参加了在法国巴黎召开的第一次国际卫生会议，讨论霍乱、鼠疫、黄热病的预防。会议历时 6 个月，签订了世界第一个地区性《国际卫生公约》。标志着在传染病控制上的国际合作正式开始，标志着国际卫生检疫法的开端，推动了各国卫生检疫机构的建立和立法，为条例的形成和世界卫生组织的建立做了准备。这个阶段的国际卫生合作，最先只是在欧洲国家间展开的，后来随着美洲国家的加入以及国际联盟对国际卫生事务的介入，参与国越来越多。刚开始，国际社会通常是隔好几年甚至十几年才召开一次国际会议或制定一个协议，到后来合作步伐逐渐加快。但是当时的国际卫生合作，缺乏对人类整体利益的认识，它并不是为了整个世界卫生状况的全面改进，而是仅仅是从本国的国家利益出发。历史学家发现，促成欧洲国家开展国际合作的一个重要原因是害怕欧洲以外地区特别是近东和远东地区的传染病传入。最初的国际合作是为了保护某些所谓的"开化"的国家，特别是欧洲国家不受"不开化"的国家特别是东方国家的沾染。[1]

　　尽管在 1851—1945 年间制定了很多的国际条约。然而，到了二战后期，有关传染病控制的国际法是含混不清和不令人满意的。1948 年宣告成立的世界卫生组织，首先考虑的就是统一传染病控制的国际规则。1951 年，第四届世界卫生大会，通过了《国际公共卫生条例》。1969 年，第二十二届世界卫生大会对《国际公共卫生条例》进行了修改、充实，并改称为《国际卫生条例（1969）》。[2] 具体修改包括：5 种国际监测传染病：流感、脊髓灰质炎、疟疾、斑疹伤寒、回归热；4 种检疫传染病：鼠疫、霍乱、天花、黄热病；3 种通报传染病：鼠疫、霍乱和黄热病。该条例把先前对各成员国

---

　　〔1〕　王虎华、丁成耀、李春林：《论传染病的国际控制与国家的国际法义务》，载《政治与法律》2003 年第 5 期。

　　〔2〕　当时条例的英文名称是"International Sanitary Regulations"，1969 年世界卫生大会按照修订程序把"International Sanitary Regulations"更名为"International Health Regulations"。

生效的多个公约和协议组合成了一个单一的法律文件，为控制传染病的国际扩散提供了一整套统一的、普遍适用的法律规范。

近30年来，由于国际疾病谱发生了巨大变化，新发传染病不断增多，人类对卫生需求不断增加，卫生检疫内容不断延伸，尤其是20世纪后期，全球化进程加速，人员和物资的国际流动快速、频繁，疾病国际传播的风险大大增加，原有的《国际卫生条例（1969）》条款不足以调整卫生检疫关系，规范法律关系主体的行为。[1] 比如，为国家设定的通报义务仅限于三类疾病的暴发上，而实际上，严重危害人类的传染病至少有几十种。对这些疾病的忽略，必然制约其效能的发挥。为此，各国根据本国的实际情况，尤其针对新出现的传染病开展卫生检疫工作，制定了各自的法规、规定。这种现象导致各国在卫生检疫措施上存在较大差异，国际卫生检疫秩序比较混乱。每个成员国有充分的权力把他国的传染病"阻挡"于国门之外，然而世界卫生组织在控制传染病方面没有任何主动采取行为的权力。[2]《国际卫生条例（1969）》既没有有关执行的强制性规定，也没有为促进各国贯彻其所做建议的鼓励措施，是否执行建议取决于各国是否愿意向世界卫生组织提交报告。[3]

为了应对新发传染病的出现和国际传播，1995年召开的世界卫生组织第四十八届世界卫生大会通过了关于对《国际卫生条例》进行实质性修订的决议。2003年以来SARS和人禽流感疫情的暴发流行增加了修订《国际卫生条例》的紧迫性，国际社会也因此呼吁扩大《国际卫生条例》的适用范围。2003年召开的第五十六届世界卫生大会作为紧急事项讨论了《国际卫生条例》的修订问题，并要求秘书处加快修订工作的进程。2004年1月和9月，世界卫生组织先后两次提出《国际卫生条例》修订草稿，广泛征

---

[1] 孙东东：《卫生法学》（第3版），高等教育出版社2021年版，第356页。
[2] 陈颖健：《公共卫生全球合作的国际法律制度研究》，华东政法大学2008年博士学位论文。
[3] 那力：《国际卫生法的新使命：全球公共健康治理》，载《云南大学学报（法学版）》2008年第6期。

求各成员国意见。2005 年 5 月 23 日，第五十八届世界卫生大会讨论批准了新修订的《国际卫生条例（2005）》，并于 2007 年 6 月 15 日生效。新条约在许多方面对先前规则做了重大修改，全面强化国家在控制传染病方面的国际义务。

二、《国际卫生条例（2005）》的原则

《国际卫生条例（2005）》的目的是："以针对公共卫生风险，同时又避免对国家交通和贸易造成不必要干扰的适当方式，预防、抵御和控制疾病的国际传播，并提供公共卫生应对措施。"

（一）人权原则

《国际卫生条例（2005）》充分尊重人的尊严、人权和基本自由，并具体体现于条文中。第 23 条第 2 款规定：如通过本条第 1 款规定的措施或通过其他手段取得的证据表明存在公共卫生风险，缔约国尤其对嫌疑或受染旅行者可在逐案处理的基础上，根据《国际卫生条例（2005）》采取能够实现防范疾病国际传播的公共卫生目标的干扰性和创伤性最小的医学检查等额外卫生措施。第 3 款规定：未经旅行者本人或其父母或监护人的事先知情同意，不得进行《国际卫生条例（2005）》规定的医学检查、疫苗接种、预防或卫生措施。第 4 款规定：根据缔约国的法律和国际义务，按《国际卫生条例（2005）》接种疫苗或接受预防措施的旅行者本人或其父母或监护人应当被告知接种或不接种疫苗以及采用或不采用预防措施引起的任何风险。缔约国应当根据该国的法律将此要求通知医生。第 32 条旅行者的待遇中规定，在实行《国际卫生条例（2005）》规定的卫生措施时，缔约国应当以尊重其尊严、人权和基本自由的态度对待旅行者，并尽量减少此类措施引起的任何不适或痛苦，其中包括：①以礼待人，尊重所有旅行者；②考虑旅行者在性别、社会文化、种族或宗教方面所关注的问题，以及向接受检疫、隔离、医学检查或其他公共卫生措施的旅行者提供或安排提供足够的食品和饮水、适宜的住处和衣服，保护其行李和其他财物，给予适宜的医疗，以能被听懂的语言（如可能）提供的必要联络手段和其他适当的帮助。

（二）突出国际合作原则

《国际卫生条例（1969）》在治理理念上采取一种较为保守的观念，它并没有将完善缔约国公共卫生核心能力作为传染病防控的途径之一，也不要求缔约国完善国内公共卫生设施，仅仅要求各成员国在各国边境上采取措施以防止传染病的扩散。这种被动的治理方式使得各国严重缺乏主动提升公共卫生能力的意识，并缺乏传染病领域的国际合作意识。

"安全化"框架是《国际卫生条例（2005）》制度设计的突出特点和成功之处，因为当某项事件被贴上了"安全问题"的标签时，该事件的处理将获得最高的优先级，从而回避了烦琐、无意义的政治考量，为及时有效的防疫、救援行动提供强有力的合理性支持。这种"安全化"框架实质上是 WHO 利用自身的专业性换取各会员国部分国家主权的让渡，并通过细致的遵约保障机制，强化了抗疫合作中的国家义务。[1]

《国际卫生条例（2005）》突出了合作和援助机制。为了保证卫生措施顺利执行，有效控制疾病的国际传播，合作至关重要。《国际卫生条例（2005）》设置了合作和援助条款：强调缔约国相互之间的合作、世卫组织与缔约国的合作以及世卫组织与政府间组织和国际机构的合作。《国际卫生条例（2005）》第 44 条第 3 款规定：世卫组织与本条所涉的合作可通过多渠道（包括双边渠道）实施，也可通过区域网络和世卫组织区域办事处以及通过政府间组织和国际机构。《国际卫生条例（2005）》第二编"信息和公共卫生应对措施"在第 14 条规定，世卫组织在实施本条例时应当酌情与其他有关政府间组织或国际机构合作并协调其活动，其中包括通过缔结协定和其他类似的安排。

（三）注重国际贸易与公共卫生治理平衡的原则

《国际卫生条例（2005）》在致力于发展全球公共卫生事业的同时，将

---

〔1〕 魏庆坡：《〈国际卫生条例〉遵守的内在逻辑、现实困境与改革路径》，载《环球法律评论》2020 年第 6 期。

国际贸易纳入其治理领域。力求在采取措施应对突发性公共卫生事件时保障国际贸易的良性发展。亦即 WHO 试图通过《国际卫生条例（2005）》中的相关规定，与国际贸易法达成某种程度上的协调。

三、《国际卫生条例（2005）》的主要内容

《国际卫生条例（2005）》共分 10 编 66 条，即：前言、定义、目的和范围、原则及负责当局；信息和公共卫生应对；建议；入境口岸；公共卫生措施；卫生文件；收费；一般条款；《国际卫生条例》专家名册、突发事件委员会和审查委员会；最终条款。

《国际卫生条例（2005）》还包括 9 个附件：监测和应对、出入境口岸的核心能力要求；评估和通报可能构成国际关注的突发公共卫生事件的决策文件；船舶免予卫生控制措施证书/船舶卫生控制措施证书示范格式；对交通工具和交通工具运营者的技术要求；针对媒介传播疾病的具体措施；疫苗接种、预防措施和相关证书；对于特殊疾病的疫苗接种或预防措施要求；航海健康申报单示范格式；航空器总申报单的卫生部分。

（一）信息和公共卫生应对

1. 缔约国保持充分的公共卫生能力的义务

公共卫生核心能力建设是提升全球公共卫生应对能力的因素之一，也是保障《国际卫生条例（2005）》有效性和权威性的重要条件。只有缔约国具有强大的公共卫生核心能力，才能保证在突发公共卫生事件中与 WHO 的积极正向联动，保证《国际卫生条例（2005）》后续工作的有效开展。

各缔约国应该在不迟于《国际卫生条例（2005）》在该缔约国生效后 5 年内，尽快发展、加强和保持其发现、评估、通报和报告事件的能力，经过一定程序可以获得不超过 2 年的延长期。

《国际卫生条例（2005）》附件 1 规定了监测和应对的核心能力要求，以及指定机场、港口和陆路口岸的核心能力要求。为了指导缔约国发展《国际卫生条例（2005）》规定的核心能力，世界卫生组织于 2010 年发布了

《国际卫生条例核心能力监测框架》（后来加以更新）。《国际卫生条例（2005）》监测框架和随之产生的监测工具确定了 8 种特定的核心能力，以及针对入境口岸和具体风险的 5 种其他能力。根据《国际卫生条例（2005）》第 44 条，缔约国同意尽可能在发展、加强和保持《国际卫生条例（2005）》所要求的公共卫生能力方面的相互合作。根据世界卫生大会决定，缔约国需要在 2012 年之前发展和保持核心能力，并可以申请延期到 2014 年、2016 年完成。2015 年第六十八届世界卫生大会批准了 81 个缔约国延期到 2016 年完成核心能力建设的申请。世界卫生大会同时决定支持 60 个优先国家在 2019 年 7 月前完成核心能力建设。

每个缔约国应该在《国际卫生条例（2005）》对本国生效后两年内评估现有国家机构和资源满足本附件所述的最低要求的能力。根据评估结果，缔约国应制定和实施行动计划，以确保根据第 5 条第 1 款和第 13 条第 1 款的规定在本国全部领土内使上述核心能力到位，并发挥作用。《国际卫生条例（2005）》要求缔约国建立全国范围的国内监控体系。该体系必须满足在附件第一部分中规定的统一和高效的"最低核心要求"，不但能够在短时间内把来自边远地区的一些资料反馈给中央性的行政机关，而且能够分析此类资料并尽快地作出决定。这就要求成员国在国内进行必要的能力建设以应对"具有国际影响的公共卫生紧急事件"。

2. 缔约国的报告义务

该制度是《国际卫生条例（2005）》修订的主要内容之一。成员国所提交报告的内容和范围扩大，这主要针对很多 WHO 成员国的下列情况：一是不健全的国内监督体制意味着他们常常是经过了过长的时间才意识到疾病的出现；二是由于国内政治原因，或出于国际声誉考虑，或由于国内健康机构缺乏诚实的态度而没有报告；三是害怕报告引起其他国家采取过度措施，造成其贸易及旅游业的损失。[1]《国际卫生条例（2005）》将报告范围从原规则中"瘟疫、霍乱和黄热病"三类传染病扩大到既存的、新的和重新出现的疾病，其中包括由非传染疾病所引起的紧急情况。这个变化使条例的适用范围被扩大。它给条例适用范围带来的变化有：一是对人类危害严重的所有生物病源疾病都有可能成为《国际卫生条例（2005）》管辖和调整的对象；二是对人类生命健康及环境卫生损害严重的事件包括化学和核辐射意外等都将成为《国际卫生条例（2005）》管辖和调整的对象；三是管辖和调整具有动态性，今后凡对人类生命和健康的危害达到国际关注程度的都将是《国际卫生条例（2005）》管辖和调整的对象。

具体内容包括：各缔约国应该利用附件2的决策文件评估本国领土内发生的事件。各缔约国应在评估公共卫生信息后24小时内，以现有最有效的通信方式，通过《国际卫生条例（2005）》国家归口单位向世界卫生组织通报在本国领土内发生，并根据决策文件有可能构成国际关注的突发公共卫生事件的所有事件，以及为应对这些事件所采取的任何卫生措施。通报后，缔约国应该继续及时向世界卫生组织报告它得到的关于所通报事件的确切和充分详细的公共卫生信息。必要时，应该报告在应对可能发生的国际关注的突发公共卫生事件时面临的困难和需要的支持。

缔约国如果有证据表明在其领土内存在可能构成国际关注的突发公共卫生事件的意外或不寻常的公共卫生事件，不论其起源或来源如何，应向世界卫生组织提供所有相关的公共卫生信息。若发生在本国领土的事件无需根据第6条通报，特别是现有的信息不足以填写决策文件，缔约国仍可通过《国际卫生条例（2005）》国家归口单位让世界卫生组织对此事件知情，并同世界卫生组织就适宜的卫生措施进行磋商。

新的报告程序旨在使国际关注的突发公共卫生事件的及时而确切的信

〔1〕　那力：《国际卫生法的新使命：全球公共健康治理》，载《云南大学学报（法学版）》2008年第6期。

息尽快地送达世卫组织。世卫组织在必要时能够促进和协调技术援助。及时而透明的事件通报、有关国家和世卫组织对风险的合作评估、有效的风险沟通，这些措施和制度会减少疾病国际传播的可能，也会减少负面影响——其他国家单方面施加贸易或旅行限制的可能性。

这里需要注意的是：《世界卫生组织组织法》与《国际卫生条例（2005）》是两项在不同时间、以不同方式和旨在实现不同目的而由不同国际法主体制定的多边条约，因而决定了两者义务的不同。前者旨在"求各民族企达卫生之最高可能水准"；后者旨在"预防、抵御和控制疾病的国际传播，并提供公共卫生应对措施"。由此决定了两者义务存在一般原则性和具体实施性之分。前者是作为世界卫生组织会员国应尽的常规性义务，提交本国有关年度报告、综合统计报告和立法性文件通报，而后者则针对《国际卫生条例（2005）》附件 2 所明列的疾病或任何可能引起国际公共卫生关注的特定事件，缔约国应履行的具体报告义务。[1]

3. 缔约国的核实义务

世界卫生组织应该要求缔约国对来自除通报和磋商以外的其他来源的、声称该国正发生可能构成国际关注的突发公共卫生事件的报告进行核实。当世卫组织提出要求时，每个缔约国应当核实和提供：①在 24 小时内对世卫组织的要求做出的初步答复或确认；②在 24 小时内提供的关于世卫组织要求中所提及状况的现有公共卫生信息；③在第 6 条所规定评估的前提下向世卫组织报告的信息，其中包括该条陈述的相关信息。具体包括病例定义、实验室检测结果、危险的来源和类型、病例数和死亡数、影响疾病传播的情况及所采取的卫生措施。

4. 缔约国的合作义务

国际合作是国际社会最重要的国际法原则之一。习近平主席在阐述人类命运共同体理念时提到，国家之间要构建对话不对抗、结伴不结盟的伙

---

〔1〕 马忠法：《论全球大流行下国际卫生法治的完善》，载《社会科学辑刊》2021 年第 6 期。

伴关系，大国之间也要尊重彼此核心利益和重大关切，管控好矛盾和分歧。[1]

具体而言，传染病无国界传播重创贸易、旅游、航空等各行各业，甚至导致全球经济停滞不前，凸显出全球公共卫生治理的必要性和现实性，面对日益严峻的公共卫生挑战，国际社会应当务实合作、共抗疫情。与发达国家相比，病毒无国界传播对发展中国家产生了更大的威胁，在增加该国医疗卫生压力的同时，也加重了国家经济负担。全球公共卫生治理能够有效增强世界各国，尤其是发展中国家应对突发疫情的能力，维护人类健康。通过国际卫生援助，医疗体系薄弱的国家和地区可获得物质、技术和人员支持，缓解防疫压力。另外，鼓励当事国参与全球公共卫生治理，与其他国家分享病毒样本和疫情信息，能够推动疫苗和抗病毒药物的研发，从而提高全球公共卫生治理整体水平。[2]

《国际卫生条例（2005）》规定：世界卫生组织在收到可能构成国际关注的突发公共卫生事件的信息后，应该表示愿意与有关缔约国合作，评估疾病国际传播的可能性、对国际交通的可能干扰和控制措施是否适当。这种活动可包括与其他制定标准的组织合作以及建议动员国际援助以支持国家当局开展和协调现场评估。在缔约国提出要求时，世界卫生组织应该提供支持上述建议的信息。

倘若该缔约国不接受合作建议，当公共卫生风险的规模证实有必要时，世界卫生组织可与其他缔约国共享其获得的信息，同时在考虑到有关缔约国意见的情况下鼓励该缔约国接受世界卫生组织的合作建议。

《国际卫生条例（2005）》第44条有关"合作和援助"的规定仅要求缔约国应"尽可能"合作，而未明确合作的具体力度，缔约国的自主选择权

---

〔1〕　习近平：《论坚持推动构建人类命运共同体》，中央文献出版社2018年版，第418页。

〔2〕　黄素梅、潘信：《国际公共卫生法律治理中我国面临的挑战与对策》，载《湖南人文科技学院学报》2022年第1期。

太大，也缺乏正向和积极的理念引导。这与人类命运共同体理念下国家之间积极主动、互帮互助的合作原则显然是有差距的。

（二）建议

1. 临时建议

如果确定国际关注的突发公共卫生事件正在发生，总干事应该发布临时建议。此类临时建议可酌情修改或延续，包括在确定国际关注的突发公共卫生事件已经结束后，根据需要发布旨在预防或迅速发现其再次发生的其他临时建议。

临时建议可包括遭遇国际关注的突发公共卫生事件的缔约国或其他缔约国对人员、行李、货物、集装箱、交通工具、物品和（或）邮包应该采取的卫生措施，其目的在于防止或减少疾病的国际传播和避免对国际交通的不必要干扰。

临时建议可随时撤销，并应在公布 3 个月后自动失效。临时建议可修改或延续 3 个月。临时建议至多可持续到确定与其有关的国际关注的突发公共卫生事件之后的第二届世界卫生大会。

2. 长期建议

世界卫生组织可根据《国际卫生条例（2005）》第 53 条提出关于常规或定期采取适宜卫生措施的长期建议。缔约国可针对正发生的特定公共卫生危害对人员、行李、货物、集装箱、交通工具、物品和（或）邮包采取以上措施，以防止或减少疾病的国际传播和避免对国际交通的不必要干扰。世界卫生组织可根据第 53 条酌情修改或撤销长期建议。

（三）公共卫生措施

缔约国根据《国际卫生条例（2005）》采取的卫生措施应当迅速开始和完成，以透明和无歧视的方式实施。公共卫生措施包括一般的卫生措施和额外的卫生措施。一般措施的规定如下：

1. 到达和离开时的卫生措施

遵循适用的国际协议和《国际卫生条例（2005）》各有关条款，缔约国出于公共卫生目的可要求在到达或离境时旅行者以及对行李、货物、集装箱、交通工具、物品、邮包和尸体（骸骨）进行检查。

通过检查取得证据表明存在公共卫生风险，缔约国尤其对嫌疑或受染旅行者可在逐案处理的基础上，根据《国际卫生条例（2005）》采取能够实现防范疾病国际传播的公共卫生目标的侵扰性和创伤性最小的医学检查等额外卫生措施。根据缔约国的法律和国际义务，未经旅行者本人或其父母或监护人的事先知情同意，不得进行本条例规定的医学检查、疫苗接种、预防或卫生措施，但第31条第2款不在此列。同样，根据《国际卫生条例（2005）》接种疫苗或接受预防措施的旅行者本人或其父母或监护人应该被告知接种或不接种疫苗以及采用或不采用预防措施可能引起的任何风险，当然各种卫生措施的实施都应尽量减少这种危险。

2. 对交通工具和交通工具运营者采取的一般卫生措施

对交通工具运营者、过境船舶和航空器、过境的民用货车、火车和客车，缔约国应该采取符合《国际卫生条例（2005）》的一切可行措施，确保交通工具运营者遵守世界卫生组织建议并经缔约国采纳的卫生措施；告知世界卫生组织建议并经缔约国采纳在交通工具上实施的卫生措施；如果发现有感染源或污染源的证据，需要采取相应的控制措施。对于受染交通工具，如果发现有临床体征或症状和基于公共卫生风险事实或证据的信息，包括感染源和污染源，主管当局应该认为该交通工具受染，可对交通工具进行适宜的消毒、除污、除虫或灭鼠，或使上述措施在其监督下进行；并在每个病例中决定所采取的技术，以保证根据《国际卫生条例（2005）》的规定充分控制公共卫生风险。

3. 对旅行者采取的一般卫生措施

对于接受公共卫生观察的旅行者，除《国际卫生条例（2005）》第43条另有规定外或适用的国际协议另行授权，如在抵达时接受公共卫生观察的可疑旅行者不构成直接的公共卫生风险，而缔约国将其预期到达的时间通知已知入境口岸的主管当局，则可允许该旅行者继续国际旅行。该旅行者在抵达后应向该主管当局报告。

与旅行者入境有关的卫生措施包括：①不得将创伤性医学检查、疫苗接种或其他预防措施作为旅行者进入某个缔约国领土的条件。②如果缔约国根据第 31 条第 1 款要求旅行者接受医学检查、疫苗接种或其他预防措施，而旅行者本人不同意采取任何此类措施或拒绝提供第 23 条第 1 款第 1 项提及的信息或文件，则有关缔约国可根据第 32 条、第 42 条和第 45 条拒绝该旅行者入境。若有证据表明存在危急的公共卫生风险，则缔约国根据其国家法规并出于控制此风险的必要，可强制旅行者接受或根据第 23 条第 3 款建议旅行者接受。在实行本条例规定的卫生措施时，缔约国应该以尊重其尊严、人权和基本自由的态度对待旅行者，并尽量减少此类措施引起的任何不适或痛苦。

4. 对货物、集装箱和集装箱装卸区的特别条款

除非第 43 条规定或经适用的国际协议授权，否则除活的动物外，无须转运的转口货物不应该接受本条例规定的卫生措施或出于公共卫生目的而被扣留。

缔约国应该在可行的情况下确保集装箱托运人在国际航行中使用的集装箱保持无感染源或污染源，包括无媒介和宿主，特别是在拼箱过程中。缔约国应该在可行的情况下确保集装箱装卸区保持无感染源或污染源，包括无媒介和宿主。一旦缔约国认为国际集装箱装卸量非常繁重时，主管当局应该采取符合本条例的一切可行措施，包括进行检查，评估集装箱装卸区和集装箱的卫生状况，以确保本条例规定的义务得到履行。在可行的情况下，集装箱装卸区应配备检查和隔离集装箱的设施。多用途使用集装箱时，集装箱托运人和受托人应当尽力避免交叉污染。

5. 额外的卫生措施

除了一般的常规卫生措施，《国际卫生条例（2005）》并不妨碍缔约国

按照其国家有关法律和国际法之下的义务，执行为了应对特定公共卫生危害或国际关注的突发公共卫生事件而采取的卫生措施。为了防止缔约国仅仅基于本国利益，防止此类措施的滥用，条例规定的条件是：① 可产生与世卫组织的建议相比同样或更大程度的健康保护；或②按第 25 条、第 26 条、第 28 条第 1 款和第 2 款、第 30 条、第 31 条第 1 款第 3 项和第 33 条原本禁止使用，但这些措施须符合本条例。

这些措施对国际交通造成的限制以及对人员的创伤性或干扰性不应大于可合理采取并能实现适当程度保护健康的其他措施。采取额外卫生措施时，缔约国的决定应基于：①科学原则；②对于人类健康危险的现有科学证据；或者此类证据不足时，现有信息包括来自世卫组织和其他相关政府间组织和国际机构的信息；③世卫组织的任何现有特定指导或建议。[1]

程序上，缔约国采取的额外卫生措施对国际交通造成明显干扰措施的，即拒绝国际旅行者、行李、货物、集装箱、交通工具、物品等入境或出境或延误入境或出境 24 小时以上的，应当向世卫组织提供采取此类措施的公共卫生依据和有关科学信息。世卫组织应与其他缔约国分享这种信息并应分享关于所执行卫生措施的信息。世卫组织对缔约国提供的信息和其他相关信息进行评估后，可要求有关缔约国重新考虑对此类措施的执行。缔约国有义务考虑世卫组织的意见和额外卫生措施的标准，在 3 个月内进行复查。

（四）国际关注的突发公共卫生事件的含义及认定程序

"国际关注的突发公共卫生事件"（Public Health Emergency of International Concern，PHEIC），是指"通过疾病的国际传播构成对其他国家的公共卫生风险，并可能需要采取协调一致的国际应对措施的不同寻常的事件"。"国际关注的突发公共卫生事件"的认定标准是：事件的公共卫生影

---

〔1〕 李长升、崔毅：《解读〈国际卫生条例〉（2005）中"额外的卫生措施"》，载《口岸卫生控制》2006 年第 4 期。

响是否严重；事件是否不寻常或意外；是否有国际传播的危险；是否有限制国际旅行或贸易的严重危险。由此我们可以看出，"PHEIC"有如下特点：严重、突然、不寻常、意外；对公共卫生的影响很可能超出受影响国国界；并且可能需要立即采取国际行动。当某种疫情被宣布为"PHEIC"后，WHO 总干事和各成员国需要根据委员会的建议，采取行动应对危机。各成员国均负有对"PHEIC"做出迅速反应的法律义务。[1] 如上所述，《国际卫生条例（2005）》规定，即使针对"PHEIC"，采取的卫生措施也要避免对国际交通和贸易造成不必要干扰。

自 2007 年实施了《国际卫生条例（2005）》以来，世卫组织宣布了六次公共卫生应急事件，前五次分别为 2009 年的甲型 H1N1 流感、2014 年的脊髓灰质炎疫情、2014 年西非的埃博拉疫情、2015—2016 年的"寨卡"疫情，2018 年开始的刚果（金）埃博拉疫情（于 2019 年 7 月宣布）。最近一次就是 2020 年 1 月 30 日，世卫组织宣布新型冠状病毒感染肺炎疫情为"PHEIC"。

具体认定程序是：根据收到的信息，特别是从本国领土上正发生事件的缔约国收到的信息，总干事应该根据本条例规定的标准和程序确定该事件是否构成国际关注的突发公共卫生事件。如果总干事依据本条例规定进行评估，认为国际关注的突发公共卫生事件正在发生，则应该与本国领土上发生事件的缔约国就初步决定进行磋商。如果总干事和缔约国对决定意见一致，总干事应该根据《国际卫生条例（2005）》第 49 条规定的程序就适宜的临时建议征求突发事件委员会的意见。如果总干事和本国领土上发生事件的缔约国未能在 48 小时内就事件是否构成国际关注的突发公共卫生事件取得一致意见，应该根据《国际卫生条例（2005）》第 49 条规定的程序作出决定。

关于本次新型冠状病毒疫情事件中国与总干事意见不一致，于是其在

---

〔1〕 马忠法：《新冠肺炎疫情事件的法律应对》，载《海关与经贸研究》2020 年第 2 期。

2020 年 1 月 24 日并未被 WHO 认定为"PHEIC"，但在北京时间 1 月 31 日凌晨，WHO 总干事谭德塞（Tedros Adhanom Ghebreyesus）在日内瓦召开新闻发布会，宣布新型冠状病毒疫情为"PHEIC"。换而言之，即使缔约国与总干事意见无法达成一致，总干事也可以通过与突发事件委员会的沟通确定该事件是否为"PHEIC"。[1]

总干事仅能针对"PHEIC"发布临时建议，并非长期建议。临时建议《国际卫生条例（2005）》可根据第 49 条规定的程序随时撤销，并应在公布 3 个月后自动失效。临时建议可修改或再延续 3 个月。临时建议至多可持续到确定与其有关的"PHEIC"之后的第二届世界卫生大会。至于临时建议的内容，则可能包括遭遇"PHEIC"的缔约国或其他缔约国对人员、行李、货物、集装箱、交通工具、物品和（或）邮包拟采取的卫生措施，但其目的必须在于防止或减少疾病的国际传播和避免对国际交通的不必要干扰。

根据上述规定，在新冠疫情被宣布为"PHEIC"后，谭德塞对 WHO、中国和其他国家提出了以下 7 项临时建议：①不建议对中国实施旅行和贸易限制，任何措施都应当以证据为基础；②支持和保护医疗系统相对脆弱的国家；③加速科研和疫苗相关研究；④共同对抗谣言和不实信息；⑤各国积极寻找预防、治疗和阻止进一步传播的计划；⑥各国积极与 WHO 分享信息；⑦所有国家共同努力，共同对抗病毒。[2]　由于这些建议不具有法律约束力，"不建议对中国实施旅行和贸易限制，任何措施都应当以证据为基础"这一临时建议被提出后，先后有超过 100 个国家对中国采取了旅游管控措施，违背了 WHO 的临时建议。

《国际卫生条例（2005）》规定，缔约国应该向 WHO 提供所要采取的额外卫生措施的科学依据，由 WHO 进行评估考量之后以决定是否采取，并

---

〔1〕《新型肺炎被 WHO 列为"国际突发公共卫生事件"，我们该担心什么?》，载 https：//baijiahao. baidu. com/s? id=1657233200672982973&wfr=spider&for=pc，最后访问日期：2022 年 3 月 10 日。

〔2〕《新型肺炎被 WHO 列为"国际突发公共卫生事件"，我们该担心什么?》，载 https：//baijiahao. baidu. com/s? id=1657233200672982973&wfr=spider&for=pc，最后访问日期：2022 年 3 月 10 日。

且该额外卫生措施对国际交通和贸易产生的干扰不得大于可以采用的用来保障国家公共卫生系统和公民健康的其他卫生措施。这就表明，缔约国应当结合本国疫情发展状况，在符合最大安全和最小干预理念的框架下，基于科学原则，合理地采取各类额外卫生措施。尽管如此，一些国家还是辩称，其宁愿获取本国安全也不愿意冒任何风险。在强制性"遵约引力"的缺位下，国家可以堂而皇之地以本国利益为优先考量衡量是否遵守《国际卫生条例（2005）》的困境被再次暴露无遗。

"PHEIC"机制作为《国际卫生条例（2005）》的一项重大修改，具有不可忽视的意义。一旦某项公共卫生事件被宣布为"PHEIC"，意味着将会对世界经济、政治、医疗等方面带来巨大的影响。故而作为启动"PHEIC"的唯一决策者，WHO 常常承受着来自各缔约国的质疑与责难。这与"PHE-IC"的启动机制缺乏规范性和透明性有关。总干事与紧急委员会针对"PHEIC"认定程序的所有工作都是不需要对国际社会进行披露的。WHO的"一家之言"，以及总干事在"PHEIC"认定过程中态度的反复，都大大削弱了《国际卫生条例（2005）》的权威性与专业性，使得《国际卫生条例（2005）》丧失公信力。[1]

---

〔1〕 马林：《新冠疫情挑战下的 WHO 法律治理研究》，西北大学 2020 年硕士学位论文。

图书在版编目（ＣＩＰ）数据

公共卫生法学/李筱永主编. —北京：中国政法大学出版社，2023.6
ISBN 978-7-5764-0872-0

Ⅰ.①公⋯　Ⅱ.①李⋯　Ⅲ.①卫生法－研究－中国　Ⅳ.①D922.164

中国国家版本馆CIP数据核字(2023)第107921号

出 版 者　　中国政法大学出版社
地　　 址　　北京市海淀区西土城路 25 号
邮寄地址　　北京 100088 信箱 8034 分箱　邮编 100088
网　　 址　　http://www.cuplpress.com (网络实名：中国政法大学出版社)
电　　 话　　010-58908289(编辑部) 58908334(邮购部)
承　　 印　　固安华明印业有限公司
开　　 本　　720mm×960mm　1/16
印　　 张　　20.5
字　　 数　　280 千字
版　　 次　　2023 年 6 月第 1 版
印　　 次　　2023 年 6 月第 1 次印刷
定　　 价　　82.00 元